데일 카네기의
링컨 이야기

데일 카네기 시리즈 4
데일 카네기의 링컨 이야기

1판 1쇄 펴냄 2015년 1월 15일

지은이   데일 카네기
옮긴이   바른번역
펴낸이   하진석
펴낸곳   코너스톤
주소   서울시 마포구 독막로 15길 3-13
전화   02-518-3919
ISBN   979-11-85546-15-5 14320

데일 카네기 시리즈

4

데일 카네기의

링컨 이야기

데일 카네기 지음   바른번역 옮김

By Dale Carnegie

코너스톤
Cornerstone

시대의 변화를 이겨낸
고전 중의 고전

    모든 것이 워낙 빨리 변화하는 요즘은 불과 한두 해 전의 상품이나 기술, 노하우 등도 시대에 뒤떨어진 퇴물이 되기 십상이다. 이러한 시대상에 맞춰 성공의 방법, 대화의 기술, 인맥을 잘 형성할 수 있는 비법을 가르쳐준다는 책들 역시 하루가 멀다 하고 쏟아져나오고 있는 실정이다. 하지만 그럼에도 불구하고 약 60년 전 세상을 뜬 데일 카네기의 저서들은 아직도 많은 사람들의 사랑을 받으며, 스테디셀러 목록에 굳건히 자리를 잡고 있다. 데일 카네기가 왕성하게 활동하던 시기는 벌써 한 세기가 다 되어가는 오래전인데도 말이다. 그의 조언이 시대를 뛰어넘어 계속 사랑받는 이유는 무엇일까?

    아무리 시간이 흐르고 사회가 변한다 하더라도 인간의 기본적이고 핵심적인 자질은 변하지 않는다. 카네기가 쓴 책들은 학계의 연구자들이 쓴 책처럼 과학적 방법론에 따른 이론 전개

나 학문적 성과를 주 내용으로 하고 있지는 않다. 그보다는 카네기 자신이 오랫동안 직장인, 경영자, 주부 등 많은 성인들에게 효과적인 커뮤니케이션 방법과 인간관계를 개선하는 방법을 가르쳐오면서 직접 경험으로 체득한 효과적인 기술에 대해 이야기하고 있다. 따라서 연역적이라기보다는 귀납적이고, 이론적이라기보다는 실증적이라는 특색 때문에 책을 읽는 독자들이 보다 쉽게 공감하게 된다.

카네기가 주목하고 연구한 수많은 사람 가운데는 유명 인사도 있지만, 널리 알려지진 않았더라도 자기 방면에서 성공을 거두며 행복하게 살아가는 사람도 많다. 카네기가 여러 책에서 자주 언급할 정도로 존경하던 인물은 링컨 대통령이다. 링컨 대통령은 부유한 가문 출신도 아니고, 외모가 좋았던 것도 아니었으며, 훌륭한 교육을 받은 것은 더더욱 아니었다. 상류사회 출신이 아닌지라 도움을 받을 별다른 인맥도 없었다. 대통령이 된 다음에도 많이 배우고 많이 가진 사람들로부터 무시당하기 일쑤였고, 원치 않은 결혼으로 인해 가정생활도 불행했다. 하지만 링컨은 여러 가지 불리한 점을 오히려 성공을 위한 원동력으로 삼았으며, 힘으로 밀어붙일 수 없는 약한 처지였기 때문에 매사에 정치력을 발휘할 수 있었다.

링컨 이외에도 카네기는 1세기 전 세계 각지에서 성공을 일구어낸 여러 유명 인사들에 관해 조사했다. 그러고는 그들이 성공을 일구어낼 수 있었던 작은 차이가 무엇인지에 집중했다. 카네기 스쿨을 통해 수많은 수강생들의 삶을 개선시키면서, 그들이 변화해간 드라마틱한 사례들 역시 책에 수록해놓았다.

고전이란 오랜 시간에 걸쳐 많은 사람들에게 널리 읽히면서 검증된 작품을 말한다. 고전은 시대의 변화를 이기며, 변치 않는 가치를 가진다. 아무리 시대가 급변한다 하더라도 인간사에는 변치 않는 가치, 불변의 원칙이 있기 마련이다. 그런 면에서 인간과 인간 사이의 관계에 집중한 데일 카네기의 저서들은 고전의 반열에 오른 것이 아닌가 생각된다.

수많은 고전들은 계속해서 새로 번역되곤 한다. 사실 시대적 차이 때문에 고전의 번역은 현대 저작물에 비해 녹록치 않다. 하지만 새로이 번역될 때마다 현대의 독자들이 빠르고 정확하게 이해할 수 있도록 대부분 개선되어간다. 데일 카네기의 책역시 이미 여러 차례 번역되어 우리나라에 소개된 바 있지만, 당시의 시대상을 제대로 이해하지 못한 관계로 어이없는 오역이 심심치 않게 발견되곤 했다. 물론 이 번역본 역시 아무런 흠 없이 완벽하다고 할 수는 없겠지만, 가독성을 높이면서 카네기의 저술 원본이 가진 분위기와 메시지를 변색시키는 일이 없도록 최대한 노력했다.

성공을 향한 자신만의 길을 찾는 가장 쉽고 효과적인 방법은 자신의 멘토를 찾고 그의 삶을 들여다보는 것이다. 카네기는 자신이 가장 존경하는 링컨은 물론이고, 우리 주변, 아니 1세기 전에 행복하고 성공한 삶을 살다 간 많은 사람들의 사례와 그들의 성공 노하우를 우리에게 전해주고 있다. 이 책을 번역하며 수많은 사람들의 삶을 변화시킨 그의 조언을 간접적으로나마 전해 들을 수 있었던 것은 나로서도 큰 행운이었다.

역자들을 대표하며
바른번역 김명철

나는 이 책을 왜,
어떻게 쓰게 되었나

몇 년 전 어느 봄날, 나는 런던에 있는 다이사르트 호텔에서 아침 식사를 하고 있었다. 그리고 여느 때처럼 〈모닝포스트〉 신문에 미국에 관한 새로운 소식이 있는지 훑어보았다. 보통은 없었는데, 그날 아침에는 운 좋게도 기대하지 않았던 보물을 발견했다.

지금은 고인이 되었지만 '영국 하원의 아버지'로 불리는 T. P. 오코너가 당시에 '인물과 회고'라는 칼럼을 〈모닝포스트〉에 연재하고 있었다. 그날부터 몇 회에 걸쳐 에이브러햄 링컨의 이야기를 실었는데, 특이하게도 링컨의 정치 활동뿐만 아니라 그의 슬픔, 거듭된 실패, 가난, 앤 러틀리지와의 열애, 그리고 메리 토드와의 비극적인 결혼 등 개인적인 면을 다루었다.

그 연재 칼럼은 흥미롭기도 하고 또 놀랍기도 했다. 나는 링컨의 고향에서 그리 멀지 않은 미국 중서부 지방에서 태어나 20년간 자랐으며, 항상 미국 역사에 상당한 관심을 가지고 있었던 터라 어느 누구보다 링컨의 일생에 대해 잘 안다고 자부하고 있었다. 하지만 사실은 그렇지 않다는 것을 곧 알게 되었다. 미국인인 내가 영국에 와서 영국 신문에 아일랜드 인이 쓴 연재 칼럼을 읽고 나서야, 링컨의 일생이 그 누구보다 흥미롭다는 사실을 알게 되었던 것이다.

혹시 나만 그렇게 링컨에 대해 무지했던 것일까? 하지만 그런 의문은 오래가지 않았다. 이 문제에 관해 여러 미국인들과 이야기를 나눠보았더니 그들도 나와 별반 다를 것이 없었다. 그들이 링컨에 대해 알고 있는 이야기라 해봤자 고작 이런 것들이었다. 그는 통나무집에서 태어났고, 책을 빌리려고 수 킬로미터를 걸어갔다 와서는 난롯가에서 밤새 빌린 책을 읽었으며, 울타리를 만들기 위해 나무를 쪼개었고, 변호사가 되었으며, 우스갯소리를 잘하고, 사람의 다리는 땅에 닿을 정도면 된다고 말했으며, '정직한 에이브'라고 불렸고, 더글러스 판사와 논쟁을 벌였으며, 미국의 대통령이 되었고, 실크 모자를 썼고, 노예들을 해방시켰으며, 게티즈버그에서 연설했고, 장군들에게 위스키를 보내주려고 그랜트 장군이 어떤 위스키를 마시는지 물었고, 워싱턴의 한 극장에서 부스에게 저격당했다는 정도였다.

〈모닝포스트〉에 실린 연재 칼럼을 읽고 난 뒤, 나는 대영박물관 도서관에 가서 링컨에 관한 책을 많이 읽었다. 책을 읽으면 읽을수록 더욱더 링컨에게 매료된 나는 결국 링컨에 관한 책을 쓰기로 결심했다. 하지만 나는 학자나 역사가들처럼 거창한 논문을 쓰고 싶은 생각은 없었고, 그럴 만한 능력이나 기질도 없었으며, 그런 훈련도 받지 못했다. 게다가 이미 그런 종류의 책들이 출간되어 있는 마당에 비슷한 책을 또 만들 필요도 없었다. 하지만 링컨에 관한 책을 많이 읽고 나자, 나는 바쁘게 살아가는 현대인을 위해 링컨의 업적에 관한 흥미로운 사실들을 짧고 간결하게 전해주는 축약된 전기가 필요하다는 생각이 들었다. 그리하여 이 책을 쓰기로 했다.

　나는 유럽에서 작업을 시작해 1년간 부지런히 글을 쓴 뒤에 뉴욕으로 옮겨 2년간 작업을 계속했다. 하지만 나는 그동안 썼던 모든 원고를 찢어 휴지통에 던져버렸다. 그러고는 링컨이 꿈꾸며 열심히 일했던 장소에서 링컨의 전기를 다시 쓰기 위해 일리노이로 향했다. 그곳에서 링컨이 땅을 측량하고, 울타리를 세우고, 돼지들을 싣고 시장에 가는 데 도움을 주었던 사람들의 후손들과 시간을 보냈다. 또한 오래된 책들, 편지들, 연설문들, 거의 잊혔던 신문 기사들, 곰팡내 나는 법정 기록물들을 살펴보며 수개월간 링컨에 관해 알아보았다.

나는 피터즈버그의 작은 마을에서 여름을 보냈다. 뉴세일럼의 복구된 마을에서 1.6킬로미터 정도 떨어진 그곳은 링컨이 일생 중 가장 행복하고 가장 많이 성장했던 곳이다. 그곳에서 링컨은 방앗간과 식료품 매장을 운영했고, 법학을 공부했으며, 대장장이로 일했다. 닭싸움과 경마 시합의 심판을 보기도 했고, 사랑에 빠졌으며, 또 그로 인해 상처를 입기도 했다.

전성기 시절에도 뉴세일럼의 주민은 100명을 넘지 않았으며, 마을이 존속했던 기간도 약 10년밖에 되지 않았다. 링컨이 그 마을을 떠난 지 얼마 되지 않아 뉴세일럼은 버려졌다. 박쥐와 제비들이 무너진 오두막에 둥지를 틀었으며, 반세기가 넘는 기간 동안 그 지역에서 소들이 방목되었다.

하지만 몇 해 전 일리노이 주 정부는 그 지역을 인수해 국립공원으로 조성했으며, 100년 전 그곳에 있었던 통나무집을 그대로 복원했다. 덕분에 뉴세일럼의 그 버려졌던 마을은 링컨이 살던 당시와 비슷한 모습을 갖추게 되었다.

링컨이 그 아래에서 열심히 공부하고, 일하고, 사랑을 나누었던 백참나무들은 여전히 그 자리에 서 있다. 나는 매일 아침마다 타자기를 차에 싣고 피터즈버그에서 뉴세일럼으로 가서는 그 나무들 아래에서 이 책의 절반가량을 썼다. 그곳은 글쓰기에 좋은 정말 아름다운 곳이었다! 앞으로는 생거먼 강이 흘렀고, 주변에는 메추라기들이 즐겁게 지저귀는 숲과 풀밭이 펼쳐져 있었다. 그리고 나무 사이로 어치와 멧새, 홍관조가 나타났다 사라지곤 했다. 나는 그곳에서 링컨을 느낄 수 있었다.

여름밤에 가끔 혼자 그곳에 가면 생거먼 강둑 근처 숲에서 쏙독새들이 울고, 밤하늘의 달빛이 러틀리지 선술집을 비추고 있었다. 그러면 약 100년 전 젊은 에이브러햄 링컨과 앤 러틀리지가 달빛 아래에서 팔짱을 끼고 새소리를 들으면서 결코 이루어질 수 없는 황홀한 꿈을 꾸었던 모습이 떠올랐다. 링컨은 그곳 뉴세일럼에서 더없이 행복했을 것이다.

링컨이 사랑했던 여인의 죽음에 관한 대목을 쓰기 시작했을 때, 나는 접이용 탁자와 타자기를 차에 싣고 시골길을 달려갔다. 그리고 돼지우리와 소들이 있는 목초지를 지나 앤 러틀리지가 잠들어 있는 조용하고 한적한 곳에 이르렀다. 그곳은 완전히 버려져서 잡초가 무성하게 자라 있었다. 그녀의 무덤에 가까이 가기 위해서는 무성한 잡초와 덩굴들을 베어내야 했다. 링컨이 와서 눈물을 흘렸던 바로 그곳에는 여전히 그의 눈물이 배어 있는 듯했다.

이 책의 많은 부분은 스프링필드에서 쓴 것이다. 어떤 부분은 링컨이 16년간 불행하게 살았던 오래된 집 거실에서, 또 어떤 부분은 그가 처음으로 취임 연설문을 작성했던 책상에서,

그리고 어떤 부분은 메리 토드에게 구혼하기도 하고 싸우기도
했던 곳에서 썼다.

—데일 카네기

1

책 읽기에 몰두한
'정직한 에이브'

Lincoln

The unknown

링컨의 직계 조상 이야기

포트 해러드라 불리던 해로즈버그에 앤 맥긴티라는 이름의 한 여성이 살고 있었다. 앤과 그녀의 남편은 돼지, 오리, 물레를 켄터키에 최초로 들여온 사람이라고 알려져 있다. 또한 그녀는 황량하고 척박했던 황무지에서 버터를 처음 만든 사람이라고도 한다. 하지만 그녀는 새로운 방직 기술을 개발해 경제적인 기적을 일으킨 인물로 더 많이 알려졌다. 당시 그녀가 정착한 미지의 인디언 구역에서는 목화를 재배하거나 구입할 수가 없었고, 이리떼가 양들을 잡아먹는 바람에 양털을 생산하기도 어려웠다. 그래서 옷감을 만들 수 있는 원재료를 도통 구할 길이 없었다. 이런 상황에서 앤 맥긴티는 풍부하고도 값싼 두 가지 재료, 즉 쐐기풀로 만든 실과 들소 털을 이용해 '맥긴티 천'을 만들어냈다.

그것은 엄청난 발견이었다. 주부들은 새로운 기술을 배우기 위해 200여 킬로미터를 걸어서 그녀의 오두막을 찾아왔다. 그리고 함께 모여 앉아서 실을 잣고, 천을 짜며, 수다를 떨었다. 대화의 주제는 쐐기풀로 만든 실과 들소 털에만 한정되지 않았다. 수다는 시시콜콜한 남들의 개인사까지 이어지다 보니 앤의 오두막은 온갖 소문이 전파되는 중심이 되었다.

당시 간통은 고발할 수 있는 범죄였고, 사생아는 지탄의 대상이었다. 지난날의 실수로 고통받던 여자들의 과거를 들춰내어 법원에 고발하는 것은 앤의 오두막에 모인 여인들에게는 즐거운 소일거리였다. 포트 해러드의 형사 법원 기록을 보면, 앤 맥긴티 오두막의 여인들이 고발해 간통 혐의로 잡힌 불운한 여성들이 줄을 잇고 있음을 알 수 있다. 1783년 봄에는 해로즈버그에서 17건의 재판이 있었는데, 그중 여덟 건이 간통죄였다.

이 사건들 가운데 1789년 11월 24일 대배심에 회부된 '루시 행크스 간통 사건'이 있었다. 루시가 고발된 건 이 사건이 처음이 아니었다. 최초의 범죄는 수년 전 버지니아에 있을 때 일어났다. 그 사건은 오래전 일이어서 기록이 거의 남아 있지 않아 자세한 내막은 알 수 없다. 하지만 곳곳에서 수집한 자료를 모아 어떤 일이 있었는지 재구성해볼 수는 있다. 어찌되었거나 이야기의 핵심은 다음과 같다.

버지니아에 있던 행크스 가족의 집은 한쪽에는 래퍼핸녹 강이, 다른 한쪽에는 포토맥 강이 흐르는 좁고 긴 지역에 있었다. 이곳에는 워싱턴, 리, 카터, 폰틀로이 등 뼈대 있는 가문들이 많이 살고 있었다. 코담배를 피고 실크 바지를 입던 이 귀족들은 교회에 다녔는데, 가난하고 배우지 못한 행크스 가족과 같은 이웃들도 그들과 같은 교회에 다녔다.

1781년 11월 둘째 주 일요일, 루시 행크스는 평소와 다름없이 교회 예배에 참석했다. 이날은 워싱턴 장군이 라파예트 장군을 교회에 초대한 터라 많은 사람들이 목을 길게 빼고 그를 구경하느라 여념이 없었다. 사람들은 불과 몇 달 전에 워싱턴 장군을 도와 요크타운에서 영국의 콘월리스 군대를 무찌른 그 유명한 프랑스인을 보고 싶어 했다. 마지막 찬송을 부르고 감사 기도가 끝나자, 신도들은 한 줄로 서서 두 전쟁 영웅과 악수를 나누었다.

라파예트는 평소 군사적 전술과 나랏일뿐만 아니라 다른 일도 매우 좋아했다. 그는 예쁘고 젊은 여성들에게 상당한 관심이 있었다. 매력적인 여성을 소개받으면 그는 입맞춤 인사를 하곤 했다. 그날 그는 교회 앞에 서서 일곱 명의 여성들에게 키스를 했다. 이런 행동은 결국 예배 시간에 목사가 낭랑하게 읽어준 〈누가복음〉 3장보다 더 많이 사람들의 입에 오르내렸다. 그가 입맞춤한 일곱 명의 여성 가운데는 루시 행크스도 있었다.

이 키스로 인해 라파예트가 미국을 위해 싸웠던 모든 전투처럼 미국의 미래를 바꿀 정도의 많은 사건들이 연이어 일어났다. 아니, 어쩌면 그보다 더 큰 영향을 미쳤다고 할 수도 있다. 그날 아침 신도들 중에는 부유한 명문 집안의 한 젊은이가 있었다. 그는 못 배우고, 가난하며, 어렵게 살아가는 행크스 가족에 대해 어렴풋이 알고 있었다. 하지만 그는 혼자만의 생각일지도 모르지만, 라파예트가 유독 루시 행크스에게 보다 더 정열적으로 키스했다고 생각했다.

농장주였던 이 젊은이는 군사 지략에 능하고, 아름다운 여성들을 다루는 데 능숙한 이 프랑스 장군을 우러러보았다. 그리고 그가 열정적으로 입맞춤했던 루시 행크스에 대한 환상을 품게 되었다. 그리고 가만히 생각해보니 세상에서 가장 아름답다고 알려진 미인들 중 일부는 루시처럼 가난한 혹은 그보다 더 열악한 환경에서 자랐다는 사실이 떠올랐다. 예를 들어 해밀턴 부인이나 마담 뒤바리가 있었다. 재단사의 사생아였던 마담 뒤바리는 글도 거의 읽지 못했지만, 루이 15세 시절에 프랑스를 거의 통치하다시피 했다. 이처럼 역사적으로 선례를 남긴 여인들을 생각하며 그 청년은 위안을 얻었고, 루시에 대한 자신의 애정이 고상한 것이라는 생각까지 하게 되었다.

그다음 날인 월요일에도 그는 하루 종일 루시에 대한 생각을 떨칠 수 없었다. 그래서 화요일 아침이 되자, 말을 타고 행크스 가족이 살고 있는 누추한 오두막으로 갔다. 그러고는 그녀를 자기 농장의 하녀로 고용했다. 그는 이미 많은 노예들을 두고 있었기 때문에 굳이 새로운 하녀가 필요하지 않았다. 그런데도 그는 루시를 고용해 단순한 집안일을 시켰다. 그리고 다른 노예들과 어울리지 못하게 했다.

당시 버지니아의 부유층들은 흔히 아들을 영국으로 보내 공부시키곤 했다. 루시를 고용한 그 청년도 옥스퍼드 대학을 다녔으며, 귀국하면서 자기가 소중하게 여기던 책들을 미국으로 가지고 돌아왔다. 어느 날 그는 서재에 들어갔다가 루시가 걸레질을 하다 말고 서재에 앉아 역사서의 삽화를 유심히 들여다보고 있는 것을 발견했다.

하녀가 그런 행동을 하는 것은 부적절했다. 하지만 그는 루시를 나무라는 대신 서재 문을 닫고 그녀 옆에 앉아서 삽화 아래의 설명을 차근차근 읽어주고 그 의미를 알려주었다. 그녀는 큰 관심을 보이며 그의 설명을 듣더니, 놀랍게도 읽고 쓰기를 배우고 싶다고 말하는 것이었다. 지금은 이해하기 어렵지만, 1781년 당시에는 하녀가 글을 배우고 싶어 한다는 것은 상상도 할 수 없는 일이었다. 당시 버지니아에는 무상 교육을 하는 곳이 없었다. 지주들조차도 약 절반 정도는 문서에 자신의 이름으로 서명할 수 없었으며, 거의 모든 여성들이 자신의 땅을 양도할 때는 글자가 아닌 표식으로 서명을 대신하곤 했다.

그런 시대에 하녀가 글을 배우고 싶다고 말한 것이다. 버니지아에서 가장 앞서 가는 사람들조차도 이런 행동을 봤다면 혁명적이라고까지는 아니더라도 위험한 일이라고 했을 것이다. 하지만 루시의 호소는 그녀의 주인에게는 효과가 있었다. 그는 자발적으로 그녀의 개인교사가 되겠다고 나섰다. 그날 저녁, 식사를 마친 뒤 그는 루시를 서재로 불러들여서 알파벳을 가르치기 시작했다. 며칠 뒤부터는 깃펜을 잡은 그녀의 손을 자신의 손으로 포개어 잡고는 글씨 쓰는 법을 가르쳐주었다.

가르친 지 꽤 시간이 지나자, 그녀는 많은 발전을 보였다. 루시의 손 글씨 하나가 지금까지 남아 있는데, 그 글씨를 보면 그녀의 대담하고 자신감 넘치는 필체를 알 수 있다. 글씨에는 그녀의 정신과 인격과 개성이 배어 있다. 그녀는 'Approbation(승인)'과 같은 어려운 단어를 썼을 뿐 아니라 철자 또한 정확했다. 조지 워싱턴과 같은 사람들도 철자법이 완벽하지 않았던 시절에 그녀가 이룬 성취는 대단한 것이었다.

저녁에 읽기와 쓰기 공부가 끝나면 루시와 그녀의 선생은 서재에 나란히 앉아서 난로 안의 춤추는 듯한 불길을 바라보기도 하고, 숲의 나무 위로 떠오르는 달을 바라보기도 했다. 루시는 그와 사랑에 빠졌고, 그를 믿었다. 하지만 그를 지나치게 믿었다. 결국 우려하던 일이 벌어졌다. 그녀는 먹지도 못하고, 잠도 이루지 못했다. 계속 걱정만 하다 보니 얼굴이 초췌해졌다. 더이상 스스로 부인할 수 없게 되자, 그녀는 임신 사실을 그에게 털어놓았다. 잠깐이나마 그는 그녀와의 결혼을 생각했다. 하지만 아주 잠깐뿐이었다. 가족, 친구들, 사회적 지위, 복잡한 관계, 불편한 상황들…. 극복하기 어려운 것들투성이었다. 게다가 그녀에게 슬슬 싫증이 나던 참이었다. 그는 돈을 주고 그녀를 내보냈다.

몇 개월이 지나자, 사람들은 루시를 손가락질하며 수군대기시작했다. 어느 일요일 아침, 루시가 대담하게 아기를 안고 교회에 나타나자 큰 소동이 일어났다. 정숙한 여자들은 분개했고, 벌떡 일어나 "저 매춘부를 내쫓아라"라고 고함치는 사람도 있었다.

그걸로 족했다. 루시의 아버지는 자기 딸이 모욕당하는 꼴을 더 이상 보고 싶지 않았다. 그래서 보잘것없는 가재도구를 짐마차에 싣고 길을 떠났다. 그들은 월더니스 로드를 따라 컴벌랜드 골짜기를 지나 켄터키 주의 포트 해러드로 갔다. 그곳에는 그들을 아는 사람이 없었다. 그래서 루시가 낳은 아이의 아버지에 대해 적당히 둘러댈 수 있었다.

하지만 포트 해러드에서도 루시는 여전히 아름다웠다. 버지니아에서와 마찬가지로 남자들에게 그녀는 예쁘고 매력적인 여성이었다. 남자들은 그녀를 쫓아다니며 환심을 사려 했다. 그녀는 다시 사랑에 빠졌다. 이번에는 예전보다 더 쉽게 잘못된 길로 들어섰다. 누군가 이 사실을 알게 되었고, 다른 사람에게 전했다. 이윽고 앤 맥긴티의 오두막에까지 그 소식이 전해지게 되었다. 그리고 앞에서 얘기했듯이, 그녀는 간통죄로 대배심에 고발당했다. 하지만 보안관은 루시가 법의 심판을 받아야 할 여성이 아니라고 생각했다. 그래서 그녀를 내버려 둔 채 소환장을 자기 호주머니에 구겨 넣고는 사슴 사냥을 하러 가버렸다.

그때가 11월이었다. 그 뒤 이듬해 3월에 법정이 다시 열렸다. 그 자리에서 어떤 여성이 또 다른 안 좋은 소문을 언급하면서 바람둥이 루시를 법정에 세워야 한다고 주장했다. 그리하여 다시 소환장이 발부되었다. 하지만 루시는 당돌하게도 소환장을 찢더니 가져온 사람의 얼굴에 던져버렸다. 다음 법정은 5월에 열리기로 예정되었는데, 이번에는 루시도 어쩔 수 없이 법정에 끌려갈 수밖에 없었다. 그런데 그 즈음 멋진 청년이 나타나 그녀를 구해주었다.

그 청년의 이름은 헨리 스패로였다. 그는 말을 타고 마을로 들어와 그녀의 오두막에 말을 묶고 안으로 들어갔다. 그는 아마도 이렇게 말했을 것이다. "루시, 나는 다른 여자들이 당신에 대해 하는 말에 개의치 않소. 나는 당신을 사랑하오. 나와 결혼해주시오." 아무튼 그는 루시에게 청혼했다.

하지만 그녀는 바로 결혼하고 싶지 않았다. 그녀는 스패로가 억지로 자신과 결혼한다는 식으로 소문나는 걸 원치 않았다. "1년만 기다려주세요, 헨리." 그녀가 고집했다. "그동안 제가 정숙하게 살아가는 모습을 모든 사람들에게 보여주고 싶어요. 1년 뒤에도 여전히 저를 원한다면 그때 오세요. 당신을 기다리고 있을게요."

헨리 스패로는 1790년 4월 26일 당시에 바로 결혼 허가증을 발급받았다. 그 이후로 소환장은 다시 발급되지 않았다. 1년쯤 지난 후 두 사람은 결혼했다.

이런 일이 있고 나서 앤 맥긴티 오두막에 모인 여자들은 고개를 저으며 혀를 찼다. 그 둘의 결혼은 오래가지 못할 것이며, 루시의 예전 버릇이 다시 나올 것이라고 수군거렸다. 그런 이야기는 헨리 스패로의 귀에도 들어갔다. 모든 사람들이 그 소문을 들었다. 스패로는 그녀를 보호하고 싶었다. 그래서 그녀에게 더 먼 서부로 가서 좀 더 우호적인 환경에서 다시 시작하자고 제안했다. 하지만 그녀는 도피라는 관습적인 방법을 거부했다. 자신은 잘못한 게 없다고 말하면서 머리를 꼿꼿이 세우고 다니겠다고 선언했다. 도망치는 일 따위는 하지 않을 생각이었다. 모든 어려움을 이겨내고 반드시 포트 해러드에 정착해서 어려움과 맞서 싸우겠다고 결심했다. 그리고 그녀는 그렇게 했다. 루시는 그곳에서 아이를 여덟 명이나 낳아 길렀으며, 한때 자신의 이름이 부도덕한 소문의 대명사였던 그 지역에서 자신의 명예를 회복했다. 자녀 중 둘은 목사가 되었다. 그리고 그녀의 손자, 그러니까 그녀가 결혼 전에 낳은 딸의 아들은 미합중국 대통령이 되었다. 그가 바로 에이브러햄 링컨이다.

지금까지 링컨의 가까운 직계 조상에 대해 알아보았다. 링컨은 버지니아의 명문가 출신 외할아버지를 매우 중요하게 생각했다. 윌리엄 H. 헌돈은 20년간 링컨의 법률 파트너였다. 그는 링컨이 역사적으로 드문 훌륭한 인물이라는 사실을 아마 알고 있었을 것이다. 다행히도 그는 1888년에 세 권짜리 링컨 전기를 썼다. 그 책은 링컨에 관한 수많은 책들 가운데 가장 중요한 책 중의 하나로 꼽히고 있다. 그 책의 1권 3쪽과 4쪽을 여기 옮겨보겠다.

"내 기억에 링컨이 자신의 조상이나 혈통에 대해 말했던 것은 단 한 번뿐이었다. 1850년경, 나는 말 한 필이 끄는 마차를 타고 링컨과 함께 일리노이 주 메니드 카운티의 법정으로 가고 있었다. 당시 우리가 맡았던 소송은 직접적으로든 부차적으로든 유전적 특성이라는 문제를 다룰 가능성이 있는 사건이었다.

마차를 타고 가면서 그는 내게 처음으로 자신의 어머니에 대한 이야기를 꺼냈다. 그는 자기 어머니가 어떤 성격을 갖고 있었으며, 자신이 어떤 성격을 물려받았는지 상세히 이야기했다.

이런저런 이야기를 하다가 그는 자신의 어머니가 할머니인 루시 행크스와 버지니아의 명문 가문의 젊은 농장주 사이에서 태어난 사생아임을 털어놓았다. 그러면서 자신의 분석력, 논리력, 지적 활동, 야망 등 행크스 집안의 다른 가족이나 자손들과 구별되는 모든 특징은 외할아버지로부터 물려받은 것이라고 주장했다. 유전적 특성이라는 문제에 관해 그가 주장하는 요지는 무슨 이유에서인지는 몰라도 정상적인 혼인 관계에서 출생한 아이보다는 그렇지 않은 관계에서 나온 후손이 더 강인하고 똑똑하다는 것이었다. 그리고 자신의 경우에는 버지니아 출신의 관대한 외할아버지에게서 훌륭한 본성과 뛰어난 자질을 물려받았다고 믿고 있었다.

고통스러운 이 고백은 어머니에 대한 기억을 불러일으킨 듯했다. 그리고 흔들리는 마차 안에서 그는 슬픈 어조로 이렇게 덧붙였다. '어머니에게 신의 은총이 있기를. 지금의 내 모든 것과 내가 앞으로 이루게 되는 모든 것은 다 어머니 덕분이네.' 그러고는 더 이상 아무 말도 하지 않았다. 우리는 더 이상 이야기를 주고받지 않고 한참을 침묵했다. 그는 슬픈 얼굴로 뭔가를 골똘히 생각하고 있었다. 아마도 그는 방금 자신이 털어놓은 이야기를 골똘히 생각하면서 스스로 생각에 파묻힌 채, 내가 들어가기에는 짐짓 두터운 장벽을 쌓고 있는 듯했다. 그가 한 말과 구슬픈 어조는 내게 결코 잊지 못할 깊은 인상을 남겼다."

어머니의 죽음과
가난했던 유년 시절

링컨의 어머니 낸시 행크스는 친척 집에서 자랐으며, 정규교육을 전혀 받지 못했던 것으로 보인다. 문서에 서명 대신 표식을 그려 넣은 것으로 볼 때 글도 쓸 줄 몰랐던 것 같다. 그녀는 어둡고 깊은 숲 속에서 살았고, 친구도 거의 없었다. 스물두 살이 되었을 때, 그녀는 켄터키 주에서 가장 가난하고 못 배운 사람에 속하는 남성과 결혼했다. 그는 날품을 팔거나 사슴 사냥으로 먹고사는 우둔한 남자였다. 그의 이름은 토머스 링컨이었지만, 오지 동네와 그가 살던 등나무 숲 마을 사람들은 그를 '링크혼'이라고 불렀다.

토머스 링컨은 되는 대로 흘러 다니며 사는 떠돌이 부랑자로, 배가 고파야만 일거리를 찾는 사람이었다. 그는 길도 닦고, 벌목도 하고, 덫을 놓아 곰을 잡기도 하고, 토지를 개간하기도 하고, 옥수수를 기르기도 하고, 통나무집을 짓기도 했다. 그리고 오래된 기록을 보면, 총을 들고 죄수를 지키는 일도 세 차례나 한 적이 있었다. 1805년 켄터키 주 하딘 카운티에서는 말 안 듣는 노예들을 잡아다가 채찍질하는 일을 하고 시간당 6센트씩 받기도 했다고 한다.

그는 돈에 대한 개념이 전혀 없었다. 인디애나 주에 있는 한 농장에서 14년간 살았지만, 저축은커녕 1년에 10달러밖에 안 되는 소작료도 내지 못할 정도였다. 너무 가난한 나머지 그의 아내는 단추가 없어서 식물의 가시로 옷을 여미고 있을 정도였는데도, 그는 켄터키 주 엘리자베스타운에서 자신이 쓸 실크 멜빵을 사기도 했다. 그것도 외상이었다. 얼마 후에는 3달러를 주고 칼을 사기도 했다. 아마도 그는 맨발로 다니면서 실크 멜빵을 하고 칼을 차고 다녔을 것이다.

결혼을 하고 나서 곧바로 마을로 이사한 그는 목수로 생계를 이어나가려 했다. 방앗간 공사를 맡았지만, 나무를 반듯하게 다듬지도 못했고, 길이에 맞춰 제대로 자르지도 못했다. 결국 그를 고용한 사람이 지불을 거부하는 바람에 재판만 세 건을 하게 되었다.

토머스 링컨은 산골 출신인데다 우둔했던지라 결국 자신이 갈 곳은 산속임을 깨닫게 되었다. 그는 아내를 데리고 숲 근처의 척박하고 돌로 가득 찬 농장으로 되돌아갔으며, 다시는 그 땅을 버리고 떠나는 무모한 짓을 하지 않았다.

엘리자베스타운에서 멀지 않은 곳에 나무 하나 없이 넓게 펼쳐진 '불모지'로 알려진 땅이 있었다. 인디언들이 수 세대에 걸쳐 그 땅에 불을 놓는 바람에 나무, 관목, 덤불들이 모두 사라졌고, 햇볕이 잘 드는 그곳에는 풀들이 무성해서 들소 떼만 한가로이 풀을 뜯어 먹고 있었다.

1808년 12월, 토머스 링컨은 이 '불모지' 농장을 에이커당 66센트에 구입했다. 그 농장에는 사냥꾼들이 사용하던 허름한 오두막이 있었다. 주변에는 야생 능금나무가 무성했고, 800미터쯤 떨어진 곳에는 놀린 크리크의 남쪽 지류가 흐르고 있었으며, 봄철이면 개울가에 있는 말채나무들에 하얀 꽃이 흐드러지게 피곤 했다. 여름이면 파란 하늘에 매들이 한가로이 원을 그리며 날아다녔고, 키 크게 자란 풀들은 초록빛 광활한 바다처럼 바람에 따라 일렁였다. 그런 곳에 정착하겠다고 생각할 정도로 판단력이 부족한 사람은 그리 많지 않았다. 겨울에도 그곳은 켄터키 주를 통틀어 가장 외지고 황량한 곳 중 하나였다.

이토록 외지고 황량한 불모지의 한 귀퉁이에 있던 사냥꾼의 허름한 오두막에서 1809년 한겨울에 에이브러햄 링컨이 태어났다. 그는 일요일 아침, 옥수수 껍질이 깔린 침대에서 세상에 태어났다. 바깥은 눈보라가 치고 있었고, 2월의 차가운 바람에 흩날리던 눈은 통나무집 틈새로 비집고 들어와 낸시 행크스와 그녀의 아이를 덮은 곰 가죽 위까지 내려앉았다. 그로부터 9년 뒤, 개척자 생활의 고난과 궁핍한 생활에 지친 그녀는 서른다섯의 나이로 세상을 떴다. 그녀는 행복이 어떤 것인지도 거의 느끼지 못했다. 어디를 가더라도 사생아라는 수군거림을 들어야 했다. 그녀가 죽기 전에 자신이 고생하며 살던 바로 그 자리에 후세 사람들이 감사한 마음으로 세운 대리석 전당을 볼 수만 있었다면 얼마나 좋았을까!

당시 황야에서는 시중에 유통되던 종이 화폐가 별 소용이 없었다. 그 가치를 제대로 인정받지 못했던 것이다. 그래서 돼지, 사슴 고기, 위스키, 너구리 가죽, 곰 가죽, 농작물이 교환 수단으로 훨씬 많이 이용되었다. 심지어 목사들도 헌금으로 위스키를 받기도 할 정도였다.

에이브러햄이 일곱 살이 되던 1816년, 아버지 토머스 링컨은 옥수수 위스키 400갤런에 켄터키 주에 있는 자신의 농장을 팔고 인디애나 주에 있는 외지고 음울한 야생 숲으로 이주했다. 가장 가까이에 있는 이웃은 곰 사냥꾼이었고, 사방이 온통 나무와 관목, 덩굴과 덤불로 우거져 있어서 어디로든 가려면 풀을 베면서 헤쳐 나가야 할 정도로 외진 곳이었다. 낸시 행크스의 사촌 동생 데니스 행크스가 '깊은 덤불 속'이라고 묘사한 이 외진 곳에서 에이브러햄 링컨은 14년을 살았다.

링컨 가족이 도착한 것은 이미 첫 눈이 내릴 때였다. 그래서 토머스 링컨은 이른바 '삼면 오두막'을 서둘러 만들었다. 요즘 같으면 헛간이라고 부를 만했다. 그 집은 마루도 없고, 문도 없고, 창문도 없이 단지 세 개의 벽면과 장대와 덤불로 만든 지붕이 있을 뿐이었다. 나머지 한 면은 휑하니 열려 있어서 바람, 눈, 진눈깨비, 추위에 그대로 노출되어 있었다. 오늘날 인디애나 주의 농부들은 소나 돼지도 그렇게 열악한 축사에서 겨울을 나게 하지는 않을 것이다. 하지만 토머스 링컨은 그곳이 1816년과 1817년 사이의 미국 역사상 가장 춥고 길었던 겨울을 자신과 가족이 나기에 충분한 보금자리라고 생각했던 모양이다.

낸시 행크스와 아이들은 오두막 구석의 더러운 바닥에 나뭇잎과 곰 가죽을 깔고 개처럼 웅크린 채 잠을 잤다. 먹을 것도 부족했다. 버터도 없고, 우유도 없었으며, 달걀이나 과일, 채소는 물론 감자조차 없었다. 짐승을 사냥하거나 견과류를 주워 먹으며 연명하는 수밖에 없었다. 토머스 링컨은 돼지를 키워보려 했지만, 그마저도 굶주린 곰들이 돼지를 산 채로 잡아먹었다. 그렇게 수년간 그곳 인디애나 주에서 에이브러햄 링컨은 자신이 후에 해방시킨 많은 노예들보다 훨씬 더 혹독한 삶을 견뎌야 했다. 그곳 사람들은 치과 의사라는 단어를 들어본 적도 없었고, 그나마 가장 가까운 곳에 있는 치과 의사도 56킬로미터 가량 떨어져 있었다. 아내가 이가 아프다고 말했을 때, 토머스 링컨은 다른 개척자들이 흔히 그러했듯이 히코리 나무를 깎아 못으로 만든 뒤 아픈 어금니에 대고 돌로 내리쳤을 것이다.

중서부 초기 개척자들은 소위 '우유병'이라고 알려진 괴질에 시달렸다. 이 병은 소나 양, 말에게 치명적이었지만 일가족을 희생시키기도 했다. 누구도 원인을 알지 못해서 의료인들 사이에서는 100년 이상 풀리지 않는 난제로 남아 있었다. 20세기 초에 와서야 이 병은 '서양등골나물'이라는 풀을 먹은 가축에 의해 감염된다는 사실이 과학적으로 밝혀졌다. 젖소가 이 독초를 먹으면 그 독이 우유를 통해 사람에게 전파되었던 것이다. 이 풀은 숲이 우거진 목초지와 그늘진 깊은 골짜기에서 잘 자라며, 요즘도 이 독초 때문에 죽는 사람들이 있다. 해마다 일리노이 주 농림부에서는 이 풀을 제거하지 않으면 죽을 수도 있다는 내용의 현수막을 지방법원 건물에 내걸어 농부들에게 주의를 주고 있다.

1818년 가을, 이 악마의 저주가 인디애나 주 버크혼 계곡을 덮쳐 수많은 사람들의 목숨을 빼앗아 갔다. 낸시 링컨은 곰 사냥꾼인 피터 브루너의 아내가 그 병에 걸리자, 800미터 떨어진 그의 집으로 가서 그녀를 간호해주었다. 브루너의 아내는 결국 죽었고, 낸시에게도 이상한 증세가 나타나기 시작했다. 머리에서 현기증이 나고, 배에 날카로운 통증을 느꼈다. 심하게 구토를 하며 간신히 집으로 돌아온 그녀는 나뭇잎과 동물 가죽이 깔린 초라한 침대에 누웠다. 그녀의 손과 발은 차가웠지만, 속은 불이 난 듯 뜨거웠다. 그녀는 끊임없이 물을 찾았다.

"물, 물, 물을 더 줘…."

토머스 링컨은 불길한 징조나 상징에 대한 강한 믿음이 있었다. 그래서 그녀가 앓아누운 둘째 날 밤, 개 한 마리가 오두막 밖에서 길고 구슬프게 울어대자 모든 희망을 접고 아내가 곧 죽을 것이라고 생각했다.

마침내 낸시는 베개에서 머리를 들 수도 없고, 말을 해도 웅얼거릴 뿐 거의 목소리를 낼 수 없는 지경에 이르렀다. 그녀는 에이브러햄 링컨과 그의 누이를 손짓으로 부른 다음 뭔가 말하려 애썼다. 아이들은 어머니가 하는 말을 듣기 위해 몸을 기울였다. 그녀는 남매에게 서로 우애 있게 지내고, 자신이 가르친 대로 살며, 하나님을 섬기라고 말했다.

이것이 그녀의 마지막 유언이 되었다. 후두부와 모든 내장 기관에 이미 초기 마비가 진행된 상태였다. 그녀는 긴 혼수상태에 접어들었고, 발병한 지 일주일 후인 1818년 10월 5일에 결국 숨을 거두었다. 토머스 링컨은 아내의 눈을 감기고 두 개의 구리 동전을 그녀의 눈 위에 올려놓았다. 그리고 숲으로 가서 나무를 베어 거칠고 울퉁불퉁한 판자를 만든 다음, 나무못으로 그 판자들을 고정시켰다. 이 허름한 관에 루시 행크스의 딸, 낸시 행크스가 슬픈 표정으로 지치고 고단한 육신을 누였다.

2년 전, 토머스 링컨은 아내를 썰매에 태워 이곳에 왔다. 그날 그는 다시 썰매에 아내를 태우고 집에서 약 400여 미터 떨어진 수풀이 우거진 언덕 위로 올라갔다. 그리고 예배도, 장례 의식도 없이 아내를 땅에 묻었다. 이렇게 에이브러햄 링컨의 어머니는 세상을 떠났다. 우리는 그녀가 어떻게 생겼는지, 어떤 사람이었는지를 앞으로도 영원히 알지 못할 것이다. 그녀는 짧은 생애를 어두컴컴한 숲 속에서 지냈으며, 그녀를 만났던 얼마 안되는 사람들에게도 뚜렷한 인상을 남기지 않았기 때문이다.

링컨 대통령이 서거한 후, 전기 작가 한 사람이 링컨의 어머니에 대해 알아보기 위해 노력했던 적이 있다. 그녀가 죽은 지이미 50년이 지난 뒤였다. 그 작가는 그녀를 만났다는 몇 안 되는 사람을 찾아가 만나보았다. 하지만 그들의 기억은 마치 어렴풋한 꿈속의 일처럼 희미하기만 했다. 심지어는 그녀의 외모에 관해서도 의견이 일치하지 않았다. 어떤 사람은 '땅딸막하고 다부진 체격'이었다고 말하는 반면, 어떤 이는 '여위고 가냘픈 체격'이었다고 했다. 눈동자도 검은색이라고 한 사람이 있는가 하면, 누군가는 갈색이라고 했으며, 초록색이라고 우기는 사람도 있었다. 그녀와 15년 동안 한 지붕 아래 살았던 사촌 동생 데니스 행크스조차도 처음에는 그녀의 머리카락이 밝은 색이었다고 했다가 나중에는 까만색이었다고 말을 뒤집을 정도였다.

그녀가 죽고 60년이 흐르는 동안, 그녀의 무덤에는 위치를 알려주는 비석 하나 없어서 오늘날까지도 그녀의 묘에 대해서는 대략적인 위치만 알려져 있을 뿐이다. 그녀는 자신을 키워준 삼촌 부부와 나란히 묻혀 있다. 세 개의 무덤 중에 어느 것이 그녀의 무덤인지는 모른다.

낸시가 죽기 얼마 전에 토머스 링컨은 새 오두막을 한 채 지었다. 이번 오두막은 벽면이 네 개였으나, 예전과 마찬가지로 마루도 창문도 출입문도 없었다. 입구에는 지저분한 곰 가죽이 걸려 있었고, 내부는 어둡고 퀴퀴한 냄새가 났다. 토머스 링컨은 대부분의 시간을 숲 속에서 사냥을 하며 보냈으므로, 집안일은 엄마를 잃은 두 아이의 몫이었다. 누나인 사라가 음식을 만들면, 링컨은 불을 피우고 1.6킬로미터 떨어진 샘에서 물을 떠왔다. 나이프와 포크도 없어서 손으로 음식을 먹었는데, 그들의 손은 늘 더러웠다. 물을 구하기가 어려웠을 뿐 아니라 비누도 없었기 때문이다. 낸시는 아마도 양잿물로 비누를 만들어 사용했을 테지만, 그녀가 죽기 전에 만들어둔 비누는 이미 다 쓴 지 오래였다. 아이들은 비누를 만들 줄 몰랐고, 토머스 링컨은 만들 생각이 없었다. 그들은 그렇게 늘 궁핍하고 더러운 환경에서 살았다.

춥고 긴 겨울 내내 그들은 몸을 씻을 엄두를 내지 못했다. 기껏해야 더러운 누더기 옷을 빠는 게 고작이었지만, 그마저도 그리 자주 하지는 못했다. 나뭇잎과 곰 가죽을 깔아 만든 잠자리는 더럽게 변해갔다. 오두막에는 햇볕이 들지 않아 늘 춥고 눅눅했다. 집 안을 비추는 빛이라고는 고작 난롯불이나 돼지기름 등잔에서 나오는 불빛이 전부였다. 개척자들의 오두막을 자세히 묘사한 기록을 통해 어머니를 잃은 이 오두막이 어떤 모습이었을지 충분히 짐작할 수 있다. 그곳은 악취가 풍기고, 벼룩이 득실거리며, 온통 벌레 천지였다.

이렇게 불결한 환경에서 1년을 보내고 나자, 토머스 링컨도 더 이상 견딜 수가 없었다. 그는 집을 깨끗하게 해줄 새 부인을 들이기로 결정했다. 사실 그는 13년 전에 켄터키 주에서 사라 부시라는 여성에게 청혼을 했던 적이 있었다. 하지만 그녀는 그의 청혼을 거절하고 하딘 카운티에 사는 교도관과 결혼했다. 하지만 그 교도관은 세 아이와 빚만 남기고 세상을 떠났다. 토머스 링컨은 지금이야말로 다시 청혼할 적기라고 생각했다. 그래서 개울로 가서 몸을 씻고, 더러운 손과 얼굴을 모래에 문질러 닦은 후에 칼을 옆에 차고, 깊고 어두운 숲을 헤치며 켄터키로 향했다.

엘리자베스타운에 도착한 그는 또다시 실크 멜빵을 사 입고는 휘파람을 불며 거리를 걸어갔다. 때는 1819년, 날마다 새로운 일이 벌어지고 사람들은 저마다 산업 발전에 대해 얘기했다. 그리고 증기선이 대서양을 건넜다!

정규 학교교육을 거의 받지 못하다

열다섯 살이 되었을 때, 링컨은 알파벳도 알고 어렵사리 글
도 조금 읽을 수 있었다. 하지만 쓸 줄은 전혀 몰랐다. 그해
1824년 가을, 오지를 돌며 학생을 가르치던 어느 선생이 피전
크리크 인근 마을에 학교를 세웠다. 링컨 남매는 새로 온 아젤
도시 선생에게 배우기 위해 아침저녁으로 6킬로미터가 넘는
숲길을 걸어 다녔다.

도시 선생은 소위 '큰 소리 학교'를 만들었다. 선생이 하는
말을 아이들이 큰 소리로 따라 외우게 하는 것이었다. 선생은
이 방법으로 학생들이 공부에 집중하는지 그렇지 않은지 쉽게
알아낼 수 있다고 믿었다. 그는 회초리를 들고 교실을 돌아다
니며 소리를 내지 않고 조용히 있는 학생들을 혼냈다. 큰 소리
를 내야 칭찬을 받았으므로 학생들은 다른 아이들을 이기기 위
해 목청을 높였다. 아이들이 내는 소리가 400미터 밖에서 들릴
때도 있을 정도였다.

링컨은 다람쥐 가죽 모자를 쓰고, 사슴 가죽으로 만든 바지를 입고 학교에 다녔다. 바지는 길이가 짧아 바람이 불고 눈이 내리는 날에도 앙상하게 마른 정강이와 시퍼런 핏줄이 드러나 보였다.

수업은 선생이 간신히 설 수 있을 정도로 낮고 허름한 오두막에서 진행되었다. 창문도 없었다. 대신 벽면의 통나무를 떼어내 뚫린 자리에 기름을 먹인 종이를 발라 햇빛이 들어오게 했다. 바닥과 의자 역시 통나무를 잘라서 만들었다.

링컨은 《성경》으로 읽기 수업을 받았고, 워싱턴과 제퍼슨의 글씨를 본으로 삼아 쓰기 공부를 했다. 링컨의 필체는 그들의 글씨를 닮아 깔끔하고 분명했다. 그의 글씨가 알려지자, 글을 모르는 사람들이 수 킬로미터를 걸어와 에이브러햄에게 편지를 써달라고 부탁하기도 했다.

이제 그는 배움의 재미와 즐거움을 알아가고 있었다. 학교 수업은 너무 짧아서 그는 공부거리를 집으로 가지고 왔다. 당시에는 종이를 구하기도 어렵고, 값도 비쌌기 때문에 숯으로 널빤지 위에 글씨를 썼다. 때로는 통나무로 만든 벽에 평평한 곳이 있으면 그 위에 수학 문제를 풀기도 했다. 그 면이 숫자와 글씨로 가득 차면 칼로 얇게 깎아내고 다시 또 사용했다. 너무 가난해서 수학 책을 살 수 없었던 그는 책을 한 권 빌려서 일반적인 편지지 크기의 종이에 옮겨 적었다. 그리고 그것들을 다 모은 다음 실로 묶어 자신만의 책을 만들었다. 그가 죽은 뒤에도 그의 새어머니는 이 책들 가운데 일부를 보관하고 있었다.

링컨은 차츰 다른 오지 학생들과 구별되며 두각을 나타내기 시작했다. 그는 자신의 견해를 밝히는 글을 쓰고자 했다. 때로는 시를 짓는 데도 열심이었다. 그는 자신이 지은 시와 산문을 이웃에 사는 윌리엄 우드에게 보내 평가해달라고 부탁하기도 했다. 그는 자신이 지은 시를 외워 사람들에게 들려주었고, 그가 쓴 글들은 사람들의 주목을 끌었다. 어떤 변호사는 국가 정치에 관한 그의 글에 감명을 받은 나머지 신문사에 보내 싣게 하기도 했다. 오하이오에서 발행되는 한 신문에는 '금주(Temperance)'에 관한 그의 글이 실리기도 했다.

하지만 이런 일들은 나중의 일이었다. 그가 처음 글을 쓰게 된 계기는 학교 친구들의 잔혹한 장난 때문이었다. 아이들은 거북을 잡아다가 장난삼아 빨갛게 달아오른 숯을 등 위에 올려놓곤 했다. 하지 말라고 말려도 아이들이 듣지 않자, 링컨은 달려가 맨발로 숯을 걷어찼다. 그의 첫 번째 에세이는 동물을 사랑하자는 호소였다. 그는 이미 소년 시절부터 고통받는 사람에 대한 연민이 많았고, 이는 후에 링컨의 가장 큰 특징으로 자리 잡게 된다. 5년 후 그는 다른 학교를 비정기적으로, 그의 표현을 빌리자면 '조금씩' 다녔다. 결국 그가 받은 교육은 그게 전부여서 학교를 다녔던 기간을 다 합쳐도 12개월이 채 되지 않았다.

1847년에 하원 의원에 당선되고 나서 자신의 인적 사항을 작성하던 링컨은 다음의 항목과 마주치게 되었다. '학교 교육은 얼마나 받았습니까?' 이에 링컨은 이렇게 써넣었다. '제대

로 받지 못함.'

대통령 후보로 지명된 후에 링컨은 이렇게 말했다. "성년이 되었어도 저는 아는 게 별로 없었습니다. 읽고 쓰고 계산하는 것은 어느 정도 했지만, 그게 전부였습니다. 저는 그걸 배운 뒤로는 학교를 다닌 적이 없습니다. 지금 저의 지식 창고가 그나마 나아진 것은 필요할 때마다 지식을 습득했기 때문입니다."

그렇다면 그를 가르친 선생들은 과연 어떤 사람들이었을까? 그들은 마녀의 존재를 믿고, 지구는 평평하다고 생각한 무지몽매한 떠돌이 선생들에 불과했다. 하지만 그렇게 불완전하고 불규칙적으로 교육을 받은 와중에도 링컨은 누구라도 부러워할 만한, 대학 교육을 받은 사람도 부러워할 만한 소중한 자산을 얻었다. 지식에 대한 사랑과 배움에 대한 갈증이 바로 그것이었다.

읽기 능력은 그가 예전에 꿈도 꾸지 못했던 새롭고 신기한 세상을 열어주었다. 그는 다른 사람이 되었다. 시야가 넓어졌고, 새로운 시각을 갖게 되었다. 이후 사반세기 동안 그의 인생을 지배한 가장 강한 열망은 독서였다. 새어머니는 재혼을 하면서 다섯 권의 책을 가지고 왔다. 《성경》, 《이솝우화》, 《로빈슨 크루소》, 《천로역정》, 그리고 《신드바드의 모험》이었다. 소년 링컨은 이 소중한 보물들을 열심히 읽었다. 특히 《성경》과 《이솝우화》는 늘 가까이 두고 틈나는 대로 다시 읽곤 했다. 이 책들은 후에 링컨의 문체와 대화 방식, 남을 설득하는 방식 등에 많은 영향을 주었다.

하지만 그 책들만으로는 부족했다. 링컨은 더 많은 책을 읽고 싶었지만 돈이 없었다. 그래서 책, 신문 등 인쇄된 것은 가리지 않고 무엇이든 빌려 읽기 시작했다. 한번은 오하이오 강을 따라 걸어가서 어느 변호사에게 개정된 인디애나 주 법전을 빌려오기도 했다. 그 책에서 그는 난생처음으로 미국의 독립선언문과 헌법을 읽게 되었다.

한번은 평소 뿌리 작물을 캐거나 옥수수를 수확하는 일을 시키던 이웃 농부로부터 전기 두어 권을 빌려오기도 했다. 그중 하나는 파슨 윔즈가 쓴 워싱턴 전기였다. 이 책에 매료된 링컨은 더 이상 책을 읽지 못할 정도로 어두운 밤이 될 때까지 계속 읽었다. 그러고는 아침 햇살이 비치자 책을 더 읽고 싶은 마음에 통나무 벽 틈새에 책을 끼워놓고 잠들었다. 그러던 어느 날 밤, 비바람이 몰아쳐 책이 흠뻑 젖었다. 책 주인이 망가진 책은 받지 않겠다고 거부하는 바람에 링컨은 사흘 동안 가축에게 먹일 풀을 베고 쌓는 일을 해서 책값을 물어줘야 했다.

그런데 그가 빌려서 탐독한 책들 가운데 《스콧의 가르침》만큼 그에게 실제적인 도움을 준 책도 없었다. 이 책을 통해 그는 대중 연설에 대해 알게 되었고, 키케로와 데모스테네스, 셰익스피어의 작품들에 나오는 인물들이 했던 명연설들을 접하게 되었다. 링컨은 《스콧의 가르침》을 손에 들고 햄릿이 배우들에게 지시하는 장면의 대사나 시저의 시신을 앞에 두고 안토니우스가 했던 연설을 따라하며 숲을 거닐곤 했다. "친구들이여, 로마 시민들이여, 로마의 백성들이여, 그대들의 귀를 빌려주시오. 나는 시저를 묻으러 이곳에 온 것이지, 그를 찬양하러 온 것이 아니오."

그러다 특별히 가슴에 와 닿는 구절이 있는데 기록할 종이가 없으면 판자에 분필로 적기도 했다. 그러다 그는 허름한 스크랩북을 하나 만들었다. 그 스크랩북에 링컨은 독수리 깃털 펜과 자리공 열매즙으로 만든 잉크로 자신이 좋아하는 구절들을 전부 적어놓았다. 그는 이 스크랩북을 항상 가지고 다니며 다 외울 수 있을 때까지 그 안에 적어둔 긴 시와 연설을 읽고 또 읽었다.

그는 들판에 일을 하러 나갈 때도 항상 책을 가지고 갔다. 옥수수 고랑에서 잠시 말들을 쉬게 할 때면 그는 울타리에 걸터앉아 책을 읽었다. 점심에는 가족들과 식사를 하는 대신에 한 손에는 딱딱한 옥수수 빵, 그리고 다른 한 손에는 책을 들고 누워서 다리를 머리보다 높이 올린 채 책 속에 빠져들었다.

법정이 열리는 날에는 변호사들의 변론을 듣기 위해 24킬로미터를 걸어서 읍내로 가기도 했다. 그런 뒤에 사람들과 함께 들판에서 일할 때 가끔씩 괭이나 쇠스랑을 내려놓고 울타리 위에 올라서서 록포트나 분빌에서 변호사들이 했던 변론을 재연했다. 어떤 날에는 리틀 피전 크리크 교회에서 일요일에 일장 연설을 하던 보수적인 침례교 목사들을 흉내 내기도 했다.

링컨은 《퀸의 농담》이라는 유머집을 농장에 자주 갖고 나갔다. 그가 울타리에 올라 앉아 책을 읽어주면 농부들의 웃음소리가 숲에 울려 퍼졌다. 하지만 그러는 사이 옥수수 고랑의 잡초는 무성하게 자랐고, 들판의 밀은 누렇게 시들어갔다. 링컨을 고용한 농부들은 링컨이 게으르다고, 그것도 심하게 게으르다고 불평했다. 링컨 자신도 이를 인정했다. 그는 이렇게 말했다. "아버지는 내게 일을 하라고 가르치셨다. 하지만 일을 사랑하라고 하지는 않으셨다."

링컨의 아버지 토머스 링컨은 그런 바보 같은 짓을 하지 말라고 다그쳤지만, 그는 달라지지 않았다. 링컨은 계속 우스갯소리를 하고 연설을 연습했다. 어느 날, 그의 아버지는 사람들이 보는 앞에서 아들의 얼굴에 주먹을 날려 쓰러뜨렸다. 소년은 울면서 아무 말도 하지 않았다. 죽을 때까지 지속되었던 아버지와의 냉랭한 관계는 이때부터 이미 시작되었다. 후에 링컨이 노년의 아버지에게 경제적 지원을 해주기는 했지만, 1851년 아버지가 임종할 때 아들은 아버지를 찾아가지 않고 이렇게 말했다. "만약 아버지와 내가 만난다고 해도 기쁨보다 고통이 더 크지 않으리라고는 장담할 수 없다."

1830년 겨울, '우유병' 괴질이 다시 유행해 인디애나 주 버크혼 계곡에 죽음이 퍼져나갔다. 공포와 절망이 엄습하자, 떠돌이 인생의 토머스 링컨은 자신의 돼지와 옥수수를 팔아넘기고 그루터기가 무성한 농장 역시 80달러에 처분했다. 그러고는 난생처음 커다란 마차를 마련해 가족과 짐을 싣고서, 에이브러햄에게 고삐를 맡기고 자신은 소에게 소리를 지르며 일리노이 주 '생거먼' 계곡을 향해 길을 떠났다. 생거먼은 인디언 말로 '먹을거리가 풍부한 땅'이라는 의미였다. 2주 동안 소들은 느릿느릿 걸음을 옮겼고, 수레는 신음하듯 삐걱거리며 움직였다. 언덕을 지나 인디애나의 깊은 숲 속을 통과해, 사람 키 높이의 풀이 뜨거운 여름의 태양 아래 누렇게 시들어 융단처럼 깔려 있는 일리노이의 대초원을 가로질러 나아갔다.

빈센즈에서 링컨은 처음으로 인쇄기를 보았다. 당시 그의 나이 스물하나였다. 길을 떠나온 가족들은 디케이터 법원 마당에 천막을 쳤다. 26년이 지난 뒤 링컨은 마차가 서 있던 바로 그 자리를 가리키며 이렇게 회상했다. "그 당시만 하더라도 저는 변호사가 되리라곤 전혀 생각하지 못했습니다." 헌돈은 그 일에 관해 이렇게 전하고 있다.

"언젠가 링컨이 제게 그 여정에 대해 말해준 적이 있습니다. 아직 겨울 서리가 땅에 내릴 때가 아니라서, 낮에는 땅이 살짝 녹았다가 밤이면 다시 얼어붙는 바람에 소를 끌고 가는 여행길은 더없이 느리고 피곤할 수밖에 없었다고 합니다. 물론 당시에는 다리가 없던 때라 개울을 만나면 돌아가거나, 그도 여의치 않으면 개울의 얕은 곳을 찾아 마차를 타고 건너야 했다더군요. 길을 떠난 지 얼마 되지 않았을 때는 개울에 얼음이 그다지 두껍게 얼지 않아서 소들이 걸음을 옮길 때마다 얼음이 우지직거리며 깨졌습니다.

일행 가운데는 키우는 개를 데려온 사람도 있었는데, 개는 수레 뒤를 졸졸 쫓아왔습니다. 그러던 어느 날 일행이 개울을 건너는데, 그 조그만 개가 미처 따라오지 못해 개울을 건너지 못했습니다. 개가 보이지 않아 사람들이 뒤를 돌아보니, 건너편에서 그 녀석이 애처롭게 짖으며 이리저리 뛰고 있더랍니다. 깨진 얼음 위로 개울물이 흐르니까 이 불쌍한 녀석이 건널 엄두를 내지 못하고 있었던 겁니다. 개 한 마리를 구하려고 마차를 돌려서 다시 개울을 건너는 건 아무래도 무리였던 터라, 안타깝지만 개를 남겨두고 가기로 결정했습니다.

하지만 링컨은 '나는 아무리 개라도 버리고 갈 수가 없었네'라고 말했습니다. '신발과 양말을 벗고 다시 강을 건너가서는 떨고 있던 그 개를 품에 안고 당당하게 돌아왔다네. 개가 기뻐서 폴짝폴짝 뛰면서 고맙다는 표시를 하는 걸 보니, 개를 구하려고 했던 나의 노력이 충분한 보상을 받았다는 생각이 들었다네.'"

링컨 가족이 소를 몰고 대초원을 지나는 동안 의회에서는 주가 연방에서 탈퇴할 수 있는 권리를 갖고 있는가를 두고 불길한 앞날을 암시하는 격렬한 토론이 진행되고 있었다. 미합중국 상원에서 열린 토론에서 다니엘 웹스터는 깊고 우렁찬 목소리로 연설했다. 후에 링컨은 이 연설을 '미국인이 한 연설 가운데 가장 훌륭한 연설'이라고 평한 바 있다. '헤인 의원에게 보내는 웹스터의 답변'이라고 알려진 이 연설은 링컨이 후에 자신의 정치적 신조로 삼은 유명한 어구로 끝난다. "자유와 연방은 지금도, 앞으로도 영원히 하나이며 분리될 수 없다!"

일부 주들의 연방 탈퇴에 관한 이 격렬한 논쟁은 30여 년이 지난 뒤에야 결말이 났는데, 이를 해결한 사람은 위대했던 웹스터도, 재능 있던 클레이도, 저명했던 칼훈도 아니었다. 다람

쥐 가죽 모자에 사슴 가죽 바지를 입고 다음과 같은 속된 노래를 즐겁게 부르며 일리노이 주로 소를 몰고 가던, 돈도 없고 이름도 없던 시골뜨기 링컨이었다.

"행복의 땅 컬럼비아 만세, 맘껏 취하게, 내가 책임질 테니."

링컨의 자기계발과
앤 러틀리지와의 만남

링컨 가족은 일리노이 주 디케이터 인근에 정착했다. 생거먼 강이 내려다보이는 벼랑 위로 길게 삼림지대가 펼쳐진 곳이었다. 링컨은 아버지를 도와 나무를 베고, 오두막을 짓고, 덤불을 제거하고, 땅을 고르고, 소 쟁기질을 하며 6만 제곱미터의 땅을 일구고, 옥수수 씨를 뿌리고, 나무를 쪼개 농장 울타리를 만들었다. 이듬해에는 품삯을 받으며 이웃집 일을 거들었다. 밭을 갈고, 건초를 쌓고, 장작을 패고, 돼지를 잡는 등의 잡다한 일을 했다.

링컨이 새로 정착한 곳에서 맞은 첫 번째 겨울은 일리노이 역사상 가장 추운 겨울 가운데 하나였다. 바람에 날린 눈이 초원에 4미터 넘게 쌓였고, 소들이 죽고, 사슴과 야생 칠면조는 거의 몰살하다시피 했으며, 심지어 얼어 죽는 사람도 생겼다.

이렇게 추운 겨울에도 링컨은 버터호두나무 껍질로 물들인 갈색 바지 한 벌을 받기로 하고 울타리를 만들 나무 1000개를 쪼개주는 일을 맡았다. 일을 하려면 4킬로미터가 넘는 길을 매일 걸어야 했다. 하루는 생거먼 강을 건너다 쪽배가 뒤집히는 바람에 얼음장처럼 차가운 강물에 빠지고 말았다. 그곳에서 가장 가까운 워닉 소령의 집을 찾아갔을 때, 이미 그의 발은 꽁꽁 얼어붙어 있었다. 한 달간 걷지 못하게 된 링컨은 소령의 집 난롯가에 누워 이야기를 하거나 일리노이 주 법전을 읽으며 시간을 보냈다.

이 일이 있기 전에 링컨은 소령의 딸에게 청혼을 한 적이 있었다. 소령은 그의 청혼을 못마땅하게 생각했다. 뭐라고? 워닉 가문의 내 딸이 멍청하고 배운 것도 없는, 장작이나 패는 놈과 결혼을 해? 땅도 없고, 돈도 없고, 장래도 없는 놈하고? 절대 안 돼!

사실이었다. 링컨은 한 뼘의 땅도 없었을 뿐 아니라 갖고 싶은 마음도 없었다. 22년 동안 농장 일을 하고 난 그는 개척지 농사일에는 더 이상 흥미가 없었다. 너무 고된 노동과 단조로운 삶이 싫었다. 대신 다른 사람들과 관계를 맺고, 그 관계 속에서 두각을 나타내고 싶은 욕망이 있었다. 그래서 사람들을 만나고, 사람들을 자기 주위로 끌어모으며, 자신이 하는 말에 사람들이 환호해주는 일을 하고 싶었다.

예전에 인디애나 주에 살던 시절, 그는 미시시피 강 하류의 뉴올리언스로 가는 평저선을 띄우는 일을 도왔던 적이 있었다. 그건 정말 신나는 경험이었다. 새로움, 흥분, 모험이 있었다. 어느 날 밤, 마담 뒤센느의 농장 근처 강변에 정박했을 때의 일이다. 칼과 곤봉으로 무장한 한 무리의 흑인들이 배에 올라탔다. 선원들을 죽이고 시체를 강물에 내던진 뒤, 화물을 탈취해 뉴올리언스에 있는 자신들의 본거지로 가져갈 생각이었다. 링컨은 곤봉을 하나 빼앗아 길고 힘센 팔로 강도 셋을 물속에 처넣은 다음 나머지 놈들을 뒤쫓으려고 뭍으로 올랐다. 하지만 싸우는 도중에 흑인 하나가 링컨의 이마를 칼로 긋는 바람에 그의 오른쪽 눈 위에는 무덤까지 가져갈 흉터가 생겼다.

어려운 일이었다. 이런 소년을 아버지 토머스 링컨이 개척지 농장에 붙잡아 둘 수는 없었다.

전에 한번 뉴올리언스에 가봤던 링컨은 다시 한 번 뱃일을 얻었다. 일당 50센트에 보너스까지 받기로 한 링컨은 이복형제, 육촌형제와 나무를 베고, 물에 띄워 제재소로 가져가고, 평저선을 만들고, 거기에 베이컨, 옥수수, 돼지를 싣고 미시시피강을 따라 내려갔다. 링컨은 선원들을 위해 음식도 하고, 키를 잡아 조종도 하고, 이야기도 나누고, 카드놀이도 했으며, 큰 소리로 이런 노래도 불렀다.

세상을 깔보는 터번 쓴 터키인,
꼬부라진 수염 달고 으스대며 걷지만
아무도 봐주는 이 없다네.

강 하구로 내려가는 이 여행은 링컨에게는 잊을 수 없는 강한 인상을 남겼다. 헌돈은 이렇게 말한다.

"뉴올리언스에서 링컨은 난생처음으로 노예제의 참상을 목격했다. '사슬에 묶인 채 채찍을 맞으며 고통받는 흑인들'을 보게 된 것이다. 이제껏 전해 듣고 글로 읽기만 했던 실상을 실제 눈으로 보게 되면서 내면의 바른 정신과 양심을 자각하게 되었다. 그의 동료 중 한 사람의 진술처럼 '노예제의 참상이 그때 그곳에서 링컨의 폐부를 꿰뚫었다'라는 표현이 어울렸다.

어느 날 아침, 이들 세 명은 도시를 이리저리 둘러보다가 노예 경매 현장을 지나치게 되었다. 건강하고 예쁜 흑인 소녀가 경매 대상이었다. 입찰자들은 그 소녀를 구석구석 검사했다. 그들은 소녀의 살을 꼬집어 보기도 하고, 말처럼 경매장 안을 뛰어보라고 시키기도 했다. 제대로 움직이는지, 경매인의 표현을 빌자면 구매하려는 물건이 제대로 된 물건인지 '입찰자들이 확인할 수 있도록' 하기 위해서였다. 그 모든 광경이 너무도 역겨웠던 링컨은 '참을 수 없는 분노'가 끓어오르는 것을 느끼며 그 자리를 떠났다. 그는 동료들에게 가자고 재촉하면서 이렇게 말했다. '세상에. 어서 여기를 떠나자고. 만약 내게 저런 것(비열한 노예제)을 날려버릴 기회가 온다면, 반드시 그렇게 하고 말 거야.'"

링컨을 고용해 뉴올리언스로 오게 한 덴턴 오퍼트는 링컨을 매우 좋아했다. 농담 잘하고, 이야기 잘하고, 정직한 것이 마음에 들었다. 그는 일리노이 주의 뉴세일럼으로 돌아가 링컨을 고용해 나무를 잘라 오두막 잡화점을 차렸다. 그곳은 굽이치는 생거먼 강 상류의 깎아지른 높은 절벽 위에 열다섯 내지 스무 가구 정도가 살고 있던 작은 마을이었다. 거기서 링컨은 상점의 점원 역할을 했을 뿐 아니라, 제분소와 목공소 일도 맡았다. 그는 이곳에서 6년 동안 살았는데, 그 기간은 링컨의 미래에 커다란 영향을 미쳤다.

이 마을에는 '클레이 숲 패거리'라고 불리는 난폭하고, 시비 걸기 좋아하며, 툭하면 말썽을 일으키는 일당들이 있었다. 그들은 늘 자신들이 일리노이 주에서 누구보다 술 잘 마시고, 욕 잘하고, 싸움 잘한다고 떠벌리고 다녔다.

사실 그들은 불량배가 아니었다. 의리 있고, 솔직하고, 아량이 넓으며, 인정 많은 사람들이었다. 단지 으스대는 것을 좋아했을 뿐이었다. 그런데 수다스러운 덴턴 오퍼트가 마을에 나타나서 자신의 잡화점을 관리하는 링컨의 무용담을 자랑하자, 이들 패거리는 반색했다. 갑자기 나타난 녀석에게 본때를 보여주겠다고 작정했다.

하지만 그들의 계획은 빗나갔다. 이 젊은 거인은 달리기와 높이뛰기 시합에서 그들을 이겼고, 나무망치와 포탄 멀리 던지기 시합에서도 유난히 긴 팔로 그들을 눌렀기 때문이다. 게다가 그들의 수준에 맞는 재미있는 우스갯소리를 수도 없이 늘어놓았다. 자신이 지냈던 오지에 대한 이야기를 할 때면 그들은 몇 시간이나 웃으며 즐거워했다.

뉴세일럼에서 사는 동안 '클레이 숲 패거리'와 관련해 링컨의 위세가 최고조에 달한 건 그들의 우두머리였던 잭 암스트롱과 한판 붙었던 날이다. 마을 사람 모두가 이들의 시합을 보기 위해 떡갈나무 아래로 모여들었다. 그 시합에서 링컨은 암스트롱을 때려눕히고 최고 승자의 자리에 올랐다. 그때부터 클레이 숲 패거리는 링컨에게 우정을 표하고 헌신적으로 그를 대했다. 그들은 경마 시합과 닭싸움의 심판으로 링컨을 임명했고, 링컨이 일자리를 잃거나 잘 곳이 없을 때는 자신의 오두막으로 데려가 숙식을 제공해주기도 했다.

이곳 뉴세일럼에서 링컨은 자신이 수년간 바라던 것, 즉 두려움을 극복하고 대중 앞에서 연설하는 법을 배울 기회를 얻었다. 예전에 인디애나에 있을 때는 고작해야 밭에서 일하는 농부들 몇 명 앞에서 이야기하는 것이 전부였지만, 이곳 뉴세일럼에서는 매주 토요일 밤 러틀리지 선술집에서 열리는 '문학 모임'이 있었다. 링컨은 그 모임에 가입해 주도적인 역할을 맡았다. 이야기도 발표하고, 자작시도 낭송했으며, 생기면 강의 운항 방법 등 여러 사안에 대해 협의도 하고, 온갖 주제들에 관해 토론을 벌이기도 했다.

이 활동은 커다란 가치가 있었다. 링컨의 지적 영역을 넓혀주고 야망을 일깨워 주었다. 그는 자신이 연설로 다른 사람들을 설득하는 데 재능이 있다는 것을 발견했다. 이런 발견은 예전의 그 무엇보다 더 큰 자신감과 용기를 북돋아주었다.

몇 달 뒤, 오퍼트의 가게가 문을 닫는 바람에 링컨은 일자리를 잃었다. 마침 선거가 다가오면서 주 전체가 정치로 들끓자, 링컨은 자신의 연설 능력을 시험해보기로 했다. 그 지역의 교사였던 멘토 그레이엄의 도움을 받아, 그는 주 의원 선거 출마를 선언하는 자신의 첫 대중 연설문을 수주에 걸쳐 완성했다. 그는 '내적 향상, 생거먼 강의 운항 개선, 더 나은 교육, 정의'를 우선시한다고 말했다. 그는 연설문 말미에 이렇게 말했다.

"저는 보잘것없는 집안에서 태어나 지금도 그렇게 살아가고 있습니다. 저를 추천해줄 부유하거나 유명한 친척이나 친구도 없습니다." 그러고 나서 다음과 같은 애처로운 문구로 마무리했다. "하지만 현명하신 분들이 제가 계속 그렇게 살아야 한다고 결정하신다면, 저는 늘 그랬듯이 실망의 눈물을 삼키겠습니다."

며칠 후, 한 기병이 놀라운 소식을 갖고 급히 뉴세일럼으로 들어왔다. 인디언 추장 블랙 호크가 전사들을 이끌고 출정해 집들을 불태우고, 여자들을 잡아가고, 정착민들을 학살하는 바람에 로크 강변을 따라 죽음의 공포가 퍼지고 있다는 것이었다. 당황한 주지사 레이놀즈는 지원병을 모집했다. '일자리를 잃고, 돈도 없고, 공직에 출마한' 링컨은 30일간 민병대에 참여했다. 그는 지휘관으로 발탁되었고, 자신의 명령에 "지옥에나 가라"라고 응수하는 '클레이 숲 패거리'들을 훈련시키려 애썼다.

헌돈에 의하면, 링컨은 당시 블랙 호크와의 전투에 참가하는 것을 '휴일에 하는 소일거리와 닭서리'쯤으로 여겼다고 한다. 그런데 실제로 그랬다. 후에 의회 연설 중에 링컨은 인디언들을 공격한 적이 없으며 "야생 양파나 상대했을 뿐"이라고 말했다. 그는 인디언은 한 명도 보지 못한 채 그저 "모기떼와 혈전을 벌였다"라고 털어놓았다.

전쟁에서 돌아온 '지휘관 링컨'은 다시 선거 유세에 뛰어들었다. 집집마다 방문해 악수하고, 이야기를 나누고, 사람들이 모인 곳이라면 언제 어디서든 연설을 했다. 그럼에도 그는 뉴세일럼의 총 208표 가운데 단 3표를 얻는 데 그쳐 선거에서 패배했다.

2년 뒤 그는 다시 출마했고, 이번에는 당선되었다. 그리하여 의회에 입고 갈 옷을 마련하기 위해 돈을 빌려야 했다. 그는 1836년, 1838년, 1840년에 계속 당선되었다.

그 당시 뉴세일럼에는 잭 켈소라는 사람이 살고 있었다. 아내가 하숙을 치는 동안 낚시하고, 바이올린을 켜고, 시나 읊조리는 한량이었다. 마을 사람들은 대부분 그를 낙오자라고 깔보았다. 하지만 링컨은 그를 좋아해서 친하게 지냈고, 그로부터 많은 영향을 받았다. 켈소를 만나기 전까지만 해도 링컨은 셰익스피어와 번스의 이름만 들어봤을 뿐 그들에 대해 아는 게 거의 없었다. 하지만 잭 켈소가 읽어주는 《햄릿》, 《맥베스》를 들으며 링컨은 영어라는 언어가 만들어내는 조화로운 아름다움을 깨달았다. 언어란 것이 무한한 아름다움을 지니고 있구나! 느낌과 감정을 얼마나 크게 뒤흔들어놓는가!

셰익스피어에게는 압도당했고, 바비 번스에게는 애정과 공감을 느꼈다. 링컨처럼 번스도 가난했기 때문이다. 번스도 링컨이 태어난 오두막과 그리 다를 것 없는 곳에서 태어났고, 링컨처럼 쟁기질하던 시골 소년이었다. 하지만 들쥐의 보금자리를 갈아엎는 일은 농사꾼 번스에게는 작은 비극이었고, 시의 소재가 되어 불후의 명성을 얻는 가치 있는 일이 되었다. 링컨은 번즈와 셰익스피어의 글을 통해 의미, 감정, 사랑이라는 전혀 새로운 세계에 눈뜨게 되었다.

하지만 링컨에게 가장 놀라운 사실은 셰익스피어나 번즈도 대학에 가지 못했다는 사실이었다. 그들 역시 링컨처럼 제대로 된 교육을 받지 못했다. 때문에 링컨은 자신이 배우지 못한 아버지의 아들로 태어났어도, 보다 근사한 일을 할 수 있을지 모른다는 생각을 하게 되었다. 어쩌면 잡화점에서 일하거나 대장장이로 사는 데 그치지 않을 수도 있겠다는 생각을 했다.

그때부터 링컨이 가장 좋아하는 작가는 셰익스피어와 번즈였다. 그는 다른 모든 작가의 작품을 합친 것보다 셰익스피어의 작품을 더 많이 읽었다. 그로 인해 링컨의 문체에는 셰익스피어의 흔적이 남아 있다. 심지어 백악관에 들어간 뒤, 남북전쟁으로 인한 부담과 근심으로 얼굴에 깊은 주름이 생길 때조차 링컨은 셰익스피어의 작품을 많이 읽었다. 바쁜 와중에도 셰익스피어를 연구한 권위자들과 편지를 주고받으며 그의 희곡에 대해 의견을 교환했다. 저격을 당해 쓰러졌던 그 주에도 링컨은 친구들과의 모임에서 두 시간 동안이나 《맥베스》를 큰 소리로 읽어주었다. 뉴세일럼의 별 볼일 없는 어부 잭 켈소의 영향이 백악관까지 미친 것이다.

한편 뉴세일럼의 초기 정착자이자 선술집 주인인 남부 출신의 제임스 러틀리지에게는 앤이라는 아주 매력적인 딸이 있었다. 링컨이 그녀를 처음 보았을 때, 앤은 푸른 눈에 갈색 머리를 한 아리따운 열아홉 살 처녀였다. 그녀는 이미 마을에서 가장 부유한 상인인 존 맥닐과 약혼한 상태였지만, 혼인을 올리기까지 아직 대학 2년을 더 마쳐야 했고, 링컨은 그녀와 사랑에 빠졌다.

링컨이 뉴세일럼에 온 지 얼마 되지 않았을 무렵, 한 가지 이상한 일이 일어났다. 맥닐이 뉴욕으로 돌아가서 부모님과 가족을 일리노이로 데리고 오겠다며 가게를 팔았던 것이다. 그리고 출발하기 며칠 전 앤에게 한 가지 비밀을 털어놓았다. 너무나 깜짝 놀랄 정도의 이야기였다. 하지만 그녀는 어렸고, 그를 사랑했기에 그의 말을 믿었다. 며칠 후, 그는 앤에게 자주 편지하겠다고 약속하고 작별 인사를 한 뒤 뉴세일럼을 떠났다.

당시 링컨은 마을의 집배원이었다. 편지는 역마차로 일주일에 두 번 들어왔는데, 운송 거리에 따라 우편요금이 6센트에서 25센트까지 나갔으므로 우편물은 아주 적었다. 링컨은 편지들을 자신의 모자에 넣어 다니다가 마주치는 사람들이 자신에게 온 편지가 없느냐고 물으면 모자를 벗어 우편물들을 살펴보곤 했다.

앤 러틀리지는 매주 두 번씩 편지가 왔는지 물어보았다. 드디어 석 달이 지나서 첫 번째 편지가 도착했다. 맥닐은 자신이 오하이오를 지나다 열병에 걸려 의식을 잃기도 하며 3주를 앓아눕는 바람에 편지를 빨리 보내지 못했다고 했다.

다음 편지도 3개월이 지나서야 왔다. 그런데 오느니만 못한 편지였다. 성의도 없고 모호한 말뿐이었다. 아버지가 많이 아프신데다 아버지의 빚 때문에 빚쟁이들에게 시달리고 있어 언제 돌아갈지 모르겠다는 내용이었다. 그 후에도 앤은 그 편지만 들여다보면서 오지도 않을 다음 편지를 몇 달 동안 기다렸다. 그가 나를 진정 사랑했던 것일까? 그녀는 의구심이 들었다.

실의에 빠진 그녀를 보면서 링컨은 맥닐을 찾아가 보겠다고 자청했다.

"아니에요." 그녀가 말했다. "그는 제가 어디 있는지 알고 있어요. 그 사람이 제게 편지를 쓸 마음이 없다면 저도 그이를 찾지 않겠어요."

이윽고 그녀는 맥닐이 떠나기 직전에 자신에게 털어놓았던 놀라운 고백을 아버지에게 전했다. 그는 지난 몇 년간 가짜 이름으로 살아왔다는 것이다. 그의 진짜 이름은 마을 사람들이 모두 알고 있는 맥닐이 아니라 맥나머였다.

왜 그는 이름을 속이고 다녔을까? 맥닐은 그녀에게 이렇게 설명했다. 그의 아버지는 뉴욕 주에서 사업을 하다 실패하면서 엄청난 빚을 지게 되었다. 장남인 그는 행선지를 누구에게도 밝히지 않은 채 서부로 왔다. 본명을 쓰면 가족들이 자신의 행방을 찾아 나설 것 같았고, 그렇게 되면 자신이 온 가족을 부양해야 하는 부담을 떠맡을까 두려웠다. 새롭게 시작하기 위해 애쓰는 동안만이라도 방해받고 싶지 않았다. 그럴 경우 수년 동안 자신의 일에 진척이 없을 수도 있기 때문이었다. 그래서 가짜 이름을 사용했다. 그런데 이제 재산을 모았으니 부모를 일리노이 주로 데려와서 자신이 모은 돈으로 함께 생활할 생각이었다.

이 이야기가 마을에 퍼지자 한바탕 소동이 벌어졌다. 사람들은 그의 말이 거짓말이라며 그를 사기꾼으로 낙인찍었다. 상황은 좋지 않았고, 소문은 최악으로 치달았다. 아무도 그의 정체를 알 수 없었다. 어쩌면 그는 유부남일지도 몰랐다. 두세 명의 아내를 숨기고 있을지도 모른다. 누가 알겠는가? 어쩌면 은행 강도나 살인범일지도 모른다. 이런저런 추측들이 꼬리에 꼬리를 물었다. 앤 러틀리지는 그에게 버림을 받았지만, 앤으로서는 오히려 하나님에게 감사해야 할 일이었다. 뉴세일럼 사람들이 내린 결론은 그러했다. 한편 링컨은 아무 말도 하지 않았지만, 속으로 많은 생각을 하고 있었다. 그가 바라고 기도했던 기회가 드디어 찾아온 것이다.

연인인 앤 러틀리지의 죽음과
링컨의 좌절

러틀리지 선술집은 개척지 어디에서나 흔히 볼 수 있는 다른 통나무집과 별다를 게 없는 허름하고 낡은 곳이었다. 외부인이라면 다시 쳐다볼 일도 없겠지만, 링컨은 그곳으로부터 눈도 마음도 뗄 수 없었다. 링컨에게 그곳은 땅을 채우고 하늘을 덮는 곳이었으며, 그 집 문턱을 넘어설 때마다 두근거리는 가슴을 진정할 수 없었다.

링컨은 가게 카운터에 기대고서는 잭 켈소에게 빌린 셰익스피어 희곡의 책장을 넘기며, 다음 구절을 읽고 또 읽었다.

잠깐, 쉬! 저기 저 창문으로 새어나오는 빛이 무엇이더냐?
저기는 동녘하늘, 그리고 나의 태양 줄리엣이로구나.

그는 책을 덮었다. 책을 읽을 수가 없었다. 생각도 할 수 없었다. 그는 한 시간 동안 그곳에 누워서 지난밤 사랑스러운 앤 러틀리지가 한 말을 꿈꾸듯 되새기고 있었다. 그즈음 링컨이 바라는 것은 오직 그녀와 함께 시간을 보내는 것뿐이었다.

당시 여자들 사이에서는 퀼트가 유행이었는데, 앤은 퀼트 모임에 늘 초대받았다. 앤은 가느다란 손가락으로 빠르고 정교한 바느질 솜씨를 발휘했다. 링컨은 아침에 그녀를 퀼트 모임이 있는 곳까지 데려다주고, 저녁에 다시 데리러 가곤 했다. 한번은 남자들이 여간해서는 들어가지 않는 그 안으로 대담하게 들어가서는 그녀의 곁에 앉았다. 앤의 심장이 고동쳤으며, 얼굴이 붉게 달아올랐다. 흥분한 그녀는 삐뚤빼뚤하게 바느질을 하고 말았고, 곁에 있던 나이 든 여인들은 이를 알아차리고 빙그레 미소 지었다. 그 집 주인은 그 퀼트를 오래도록 보관해두었다가 나중에 링컨이 대통령이 되고 난 후 그녀의 집을 방문하는 사람들에게 보여주며 대통령의 연인이 삐뚤빼뚤하게 바느질했던 부분을 가리켜보이기도 했다.

여름날 저녁에 링컨과 앤은 생거먼 강둑을 함께 거닐었다. 쏙독새들이 나무에서 지저귀고, 반딧불이가 밤하늘에 금빛 수를 놓았다. 가을에는 떡갈나무가 붉게 타오르고, 호두가 땅에 후드득거리며 떨어지는 숲을 함께 거닐었다. 겨울에는 어느 시인이 표현한 것처럼 눈이 내린 아름다운 숲을 거닐었다.

떡갈나무, 물푸레나무, 호두나무 모두
고귀한 백작처럼 흰 족제비 털옷을 입었구나.
느릅나무의 가장 여린 가지에도

하얀 눈이 진주처럼 소복이 쌓였네.

　이제 두 사람에게 삶은 성스러운 부드러움과 새롭고 놀랄 만큼 아름다운 의미로 다가왔다. 링컨이 가만히 서서 앤의 파란 눈을 바라보기만 해도, 그녀의 가슴에서는 기쁨의 노래가 흘러나왔다. 그녀의 손이 살짝 스치기만 해도 링컨은 숨이 멎을 것만 같았고, 세상에 그토록 커다란 행복이 있다는 사실에 놀랐다.

　그런데 이런 일이 있기 얼마 전, 링컨은 목사의 술주정뱅이 아들인 베리와 사업을 시작했다. 작은 마을 뉴세일럼은 서서히 쇠락해가고 있었고, 그곳의 상점들은 모두 숨을 헐떡이고 있었다. 하지만 무슨 일이 벌어지고 있는지 제대로 파악하지 못했던 두 사람은 문 닫은 통나무 잡화점 세 곳을 사서 하나로 합친 뒤 자신들의 가게를 열었다.

　어느 날, 아이오와로 향하던 이주자 한 사람이 링컨과 베리의 가게 앞에 마차를 세웠다. 길이 질퍽해서 말들은 지쳐 있던 터라 그 사람은 짐을 줄이고 싶었다. 그는 링컨에게 짐 한 꾸러미를 팔았다. 링컨은 그리 사고 싶은 생각이 없었지만, 말들이 불쌍해 보여 50센트를 주고 그 짐을 샀다. 그러고는 내용물을 확인하지도 않고 가게 뒷방에 처박아두었다.

　2주가 지나고 나서야, 그는 자신이 산 물건이 궁금해서 짐 꾸러미를 바닥에 쏟아보았다. 여러 가지 잡동사니들 틈에서 블랙스톤 주석판 법전이 한 세트 발견되자, 링컨은 그 법전을 읽기 시작했다. 농부들이 들판에서 바쁘게 일할 철이었기에 손님이 거의 없어 책 읽을 시간이 많았다. 법전은 읽으면 읽을수록 흥미로웠다. 예전에도 이처럼 독서에 몰두한 적은 없을 정도였다. 그는 단번에 책 네 권을 다 독파했다.

그러고는 중대한 결심을 했다. 변호사가 되기로 한 것이다. 그는 앤 러틀리지가 자랑스러워할 만한 신랑감이 되고 싶었다. 앤도 그의 결정에 찬성했다. 두 사람은 링컨이 법 공부를 마치고 변호사로 개업하면 결혼하기로 약속했다.

블랙스톤의 책을 다 읽고 나서 링컨은 블랙 호크 전투 때 만났던 변호사에게 다른 법전들을 빌려보려고 초원을 가로질러 30킬로미터가량 떨어진 스프링필드로 갔다. 책을 빌려 집으로 돌아오는 길에도 한 손에 책을 들고 읽으면서 걸었다. 난해한 부분이 나오면 느리게 걸었고, 때로는 아예 멈춰 서서 의미를 완전히 이해할 때까지 집중해서 생각했다. 그는 더 이상 책을 볼 수 없을 정도로 어두워질 때까지 계속 읽어나갔다. 20~30페이지를 다 읽었을 즈음, 별이 뜨고 배가 고파오자 발걸음을 재촉했다.

그는 다른 일에 거의 신경을 쓰지 않고 책에 파고들었다. 낮에는 가게 옆 느릅나무 그늘에 누워 맨발을 나무 등걸에 비스듬히 걸친 채 책을 읽었고, 밤에는 통 만드는 사람의 작업실에서 버려진 목재를 모아 태우며 그 불빛에 책을 읽었다. 큰 소리로 책을 읽다가 책을 덮고 방금 읽은 구절의 뜻을 적은 다음, 어린아이도 알 수 있을 정도의 쉬운 표현이 되도록 글을 고치고 다듬었다.

강변을 산책하거나, 숲을 거닐거나, 들판에 일하러 가는 등 어디를 가더라도 이제 링컨은 치티 혹은 블랙스톤의 책을 끼고 다녔다. 한번은 링컨에게 품삯을 주고 장작패기를 시켰던 어느 농부가 오후 늦게 가봤더니, 링컨이 장작더미 위에 맨발로 올라 앉아 법전을 읽고 있는 모습을 발견하기도 했다. 멘토 그레이엄은 정치와 법 분야에서 성공하려면 문법을 공부해야 한다고 링컨에게 조언했다.

"어디 가면 문법 책을 빌릴 수 있을까요?" 링컨이 물었다.

마을에서 10킬로미터 정도 떨어진 마을에 사는 존 반스라는 농부가 《커크햄 문법서》를 가지고 있다고 그레이엄이 알려주자, 링컨은 곧바로 일어나 모자를 쓰고 그 책을 빌리러 갔다.

링컨이 빠르게 그 문법 책을 익혀나가는 모습을 보고 그레이엄은 놀랐다. 30년 뒤, 이 교사는 자신이 5000명 이상의 학생을 가르쳐봤지만 "링컨만큼 성실하고 탐구적으로 지식과 문학 공부에 매진하는 젊은이를 본 적이 없다"라고 회고했다. 또 그레이엄은 이렇게 말했다. "그는 한 가지 생각을 표현하는 세 가지 방법을 두고 한 시간씩 연구하는 사람이었습니다."

《커크햄 문법서》를 다 익힌 링컨은 기번의 《로마제국 쇠망사》, 롤린의 《고대사》, 미국 장군의 일생을 다룬 책, 제퍼슨과 클레이와 웹스터의 전기, 그리고 토머스 페인의 《이성의 시대》를 읽었다.

그는 파란 면 코트를 두르고 싸구려 장화를 신고 다녔는데, 연한 파란색 카시넷 바지는 어찌나 짧은지 코트와 양말 사이를 제대로 이어주지 못하고 있었다. 코트 밑으로 고작 7센티미터 정도 내려오고 양말까지는 4, 5센티미터나 길이가 모자랐다. 이런 차림을 하고서도 이 비범한 청년은 책을 읽고, 공부하고, 사람들에게 이야기를 들려주며 뉴세일럼 이곳저곳을 돌아다녔고, 많은 친구들을 만들었다.

당대 링컨 연구로 유명한 학자였던 앨버트 J. 베버리지는 기념비적인 링컨의 전기에서 다음과 같이 썼다. "그의 위트, 친절, 지식이 사람들을 끌어당겼을 뿐 아니라, 그의 이상한 옷차림과 촌스럽고 어색한 외양이 사람들의 눈길을 끌었다. 특히 그의 짧은 바지는 재미있는 화젯거리였다. 얼마 되지 않아 누구나 '에이브 링컨'이란 이름을 알게 되었다."

링컨과 베리의 식료품점은 끝내 문을 닫았다. 링컨은 책에 빠져 살았고, 베리는 늘 술에 절어 있었기 때문에 예견된 결과였다. 이제는 숙식을 해결할 1달러조차 없었기에 링컨은 무슨 일이든 닥치는 대로 해야 했다. 나무 덤불을 제거하는 일, 건초 쌓는 일, 울타리 치는 일, 옥수수 껍질 벗기는 일, 제재소 일, 대장간 일 등 닥치는 대로 했다. 이후 링컨은 측량 기사가 되기 위해 멘토 그레이엄의 도움을 받아 삼각법, 대수와 같이 어려운 지식을 배우는 데 도전했다. 외상으로 말과 나침반도 사고 밧줄 대용으로 사용할 포도 덩굴도 준비한 뒤, 한 구역에 37.5센트를 받고 마을 측량 일을 했다.

그사이 러틀리지 선술집도 문을 닫았고, 링컨의 연인은 어느 농가의 하녀로 일하게 되었다. 링컨은 그녀가 일하는 농가에서 옥수수 밭일을 하게 되었다. 저녁이면 그는 부엌에서 앤이 설

거지한 접시를 닦았다. 링컨은 그녀 곁에 있다는 생각만으로도 커다란 행복을 느꼈다. 그의 인생에서 이런 황홀감과 만족감은 다시 경험할 수 없었다. 죽기 얼마 전, 링컨은 친구에게 백악관에 있을 때보다 일리노이에서 맨발로 농장 일을 하던 때가 훨씬 더 행복했다고 고백한 적이 있었다.

하지만 이들 연인의 행복은 강렬했던 만큼 짧았다. 1835년 8월, 앤이 병에 걸렸다. 처음에는 통증 없이 심한 피로만 느꼈다. 그녀는 평소처럼 일하려 애썼지만, 아침에 자리에서 일어날 수가 없었다. 그날부터 열이 오르기 시작했다. 그녀의 동생이 뉴세일럼에 있는 의사 앨런을 데려왔다. 의사는 장티푸스라고 진단했다. 그녀의 몸은 불덩이 같았지만, 발은 얼음같이 차가워서 뜨거운 돌로 따뜻하게 해주어야 했다. 그녀는 계속 물을 찾았지만 물은 주지 않았다. 요즘 같은 의학 지식이 있었다면 얼음찜질을 해주고 원하는 대로 물을 주었겠지만, 당시 의사는 이런 지식을 전혀 모르고 있었다.

그렇게 끔찍한 날이 몇 주간 계속되었다. 결국 앤은 너무 쇠약해져서 일어날 수도, 심지어 손을 들어 올릴 수도 없었다. 의사는 절대 안정을 취하도록 했고, 방문객의 면회도 금지했다. 링컨도 앤을 볼 수가 없었다. 링컨이 찾아간 그날도, 그다음 날에도 앤은 꺼져가는 목소리로 계속 링컨의 이름을 불렀다. 그 모습이 너무도 애처로웠기에 결국 링컨의 면회가 허락되었다. 링컨은 곧장 그녀의 침대 맡으로 달려갔고, 방에는 단둘만이 남게 되었다. 그때가 연인이 함께한 마지막 순간이었다. 다음 날,

앤은 의식을 잃더니 다시는 의식을 찾지 못한 채 숨을 거두고 말았다.

그 후 몇 주간은 링컨의 인생에서 가장 끔찍한 시간이었다. 잠을 잘 수도, 음식을 먹을 수도 없었다. 그는 살고 싶지 않다는 말만 되풀이했고, 죽어버리겠다고 해서 사람들을 걱정시켰다. 놀란 친구들이 주머니칼도 빼앗아 감추고, 혹시 강물에 뛰어들까 봐 늘 지켜보았다. 그는 사람들을 피했고, 혹시 마주치더라도 아무 말을 하지 않았다. 심지어 다른 사람을 쳐다보지도 않았다. 마치 그는 자기 앞에 존재하는 이 세상에 아무 미련이 없고 다른 세상만을 응시하는 사람 같았다.

링컨은 날마다 8킬로미터를 걸어서 앤이 잠든 콩코드 묘지로 갔다. 때로는 그가 묘지에서 너무 늦게까지 머무르는 바람에 불안해진 친구들이 직접 가서 그를 데려오기도 했다. 비바람이 몰아치는 날에는 빗방울이 그녀의 무덤을 두들긴다는 생각에 도저히 견딜 수 없다며 눈물을 흘렸다. 한번은 말도 안 되는 소리를 중얼거리면서 생거먼 강가를 비틀비틀 걸어가는 모습이 발견되기도 했다. 사람들은 그가 미쳐버리는 것은 아닌지 걱정하며 앨런 박사를 불러왔다. 문제점을 진단한 의사는 링컨이 일을 통해 슬픔을 이겨낼 필요가 있다고 말했다.

마을 북쪽으로 1.6킬로미터 떨어진 곳에 링컨의 친한 친구 볼링 그린이 살고 있었다. 그는 링컨을 자기 집으로 데리고 가서 돌보기로 했다. 그곳은 조용하고 한적한 곳이었다. 집 뒤로는 떡갈나무가 무성한 언덕이 한쪽으로 솟았다가 서쪽으로 길게 경사져 있었다. 집 앞에는 나무로 둘러싸인 평평한 저지대가 생기면 강까지 뻗어 있었다. 친구의 아내 낸시 그린은 링컨에게 나무를 베고, 감자를 캐고, 사과를 따고, 소젖을 짜고, 자신이 실을 지을 때 실타래를 들고 있게 하는 등 링컨을 일부러 바쁘게 만들었다.

몇 주가 몇 달이 되고 다시 몇 해가 흘렀지만, 링컨은 여전히 슬픔에서 헤어나지 못했다. 앤이 죽은 지 2년이 지난 1837년, 그는 동료 주 의원에게 이렇게 말했다. "다른 사람들 눈에는 내가 때로 인생을 즐기고 있는 것으로 비춰질 때도 있을지 모르지만, 혼자 있을 때는 정말 우울해지곤 합니다. 내가 주머니칼을 가지고 다녀도 될까 하고 걱정될 때도 있답니다."

앤이 죽고 난 이후로 링컨은 다른 사람이 되었다. 그날 이후 링컨의 내면에 있던 우울함이 이따금 모습을 드러내곤 했다. 날이 갈수록 우울함은 심해졌고, 그는 일리노이 주에서 가장 슬픈 사람이 되었다. 후에 그의 동료 변호사 헌돈은 이렇게 말했다. "지난 20년 동안 링컨이 과연 행복했던 날이 있었는지 모르겠다. 그가 걸을 때마다 우울함이 뚝뚝 흘러내렸다."

이때부터 링컨은 평생 슬픔과 죽음을 다룬 시를 좋아했다. 거의 집착하다시피 했다. 몇 시간씩 실의에 빠진 모습으로 의자에 앉아 아무 말 없이 회상에 잠기는 경우도 많았다. 그러다가 갑자기 《마지막 잎새》의 한 구절을 읊조리곤 했다.

그가 입 맞추던 꽃 같은 입술 위에

이끼 낀 대리석만 놓여 있고,
그의 귀에 달콤하게 들리던 이름은
묘비에 새겨진 지 오래되었네.

앤이 죽은 지 얼마 되지 않아 링컨은 〈죽음에 관하여〉라는 시를 암송했다. "오, 죽음을 피하지 못하는 인간이여, 왜 그리 당당한가?"로 시작하는 그 시는 링컨의 애송시가 되었다. 주위에 아무도 없다고 느낄 때면 그는 이 시를 자주 읊조렸다. 일리노이에 있는 어느 시골 호텔에서도 사람들에게 이 시를 들려주었고, 대중 앞에서 연설할 때도 낭송한 적이 있었다. 백악관에 온 손님들에게도 이 시를 들려주었고, 친구들에게 직접 적어주기도 했다. 그리고 이렇게 말했다. "내가 이런 시를 지을 수만 있다면, 내가 가진 모든 것을 주어도 원이 없겠네." 그는 특히 마지막 2연을 가장 좋아했다.

그렇다! 희망과 절망, 기쁨과 고통은
햇살과 빗물처럼 서로 뒤섞인다.
미소와 눈물, 즐거운 노래와 슬픈 노래도
파도 위로 또 파도가 치듯 서로를 쫓는다.

눈 한 번 깜박이는 순간, 숨 한 번 내쉬는 순간
꽃다운 건강함은 창백한 죽음으로 바뀐다.
빛나는 홀을 떠나 수의에 싸여 관으로 들어간다.

오, 죽음을 피하지 못하는 인간이여, 왜 그리 당당한가?

앤이 묻힌 오래된 콩코드 묘지는 1에이커 정도의 면적에 조용한 농가 한가운데에 있으며, 세 방향으로 밀밭이 둘러싸고 있고, 한 방향에는 소와 양들이 풀을 뜯는 푸른 초원이 있었다. 지금 이 묘지는 수풀과 덩굴이 우거져 있으며, 사람들이 거의 찾지 않는다. 봄에는 메추라기가 둥지를 틀고, 양의 울음소리와 메추라기의 지저귐만이 고요한 정적을 깨뜨린다.

반세기 이상 앤 러틀리지는 그곳에서 평화로이 잠들어 있었다. 그런데 1890년에 그 지역에 있는 어느 장의사가 그곳으로부터 6킬로미터 떨어진 피터즈버그에 새 공동묘지를 조성했다. 피터즈버그에는 이미 로즈힐 묘지라는 아름답고 넓은 묘지가 있었기에 장사가 잘되지 않았다. 그래서 탐욕스런 이 장의사는 링컨 대통령의 연인의 묘를 파내는 불경스런 계획을 세웠다. 그녀의 유해를 자신의 묘지로 이장한 뒤, 자기가 조성한 묘지를 홍보하는 수단으로 삼으려던 것이었다.

이 장의사의 충격적인 고백을 그대로 옮기자면, '1890년 5월 15일경' 그녀의 묘지를 열었다고 한다. 그리고 그는 무엇을 발견했을까? 피터즈버그에 사는 점잖은 노부인이 이 책을 쓰는 나에게 이야기를 해줘서 나는 알게 되었다. 그 부인은 자신의 말이 맹세코 진실이라고 이야기했다. 그녀는 앤 러틀리지의 사촌인 맥그래디 러틀리지의 딸이다. 맥그래디 러틀리지는 종종 링컨과 들에서 일했고, 링컨이 측량 기사로 일했을 때 그의 조수로 일을 도왔으며, 링컨과 같이 밥도 먹고 침대를 같이 쓰기도 했으므로 링컨과 앤의 사랑에 대해 그 누구보다 잘 알고 있을 만한 인물이었다.

어느 조용한 여름날 저녁, 이 노부인은 현관문 앞에 놓인 흔들의자에 앉아 나에게 이런 이야기를 들려주었다. "아버지께서 가끔 이런 얘기를 해주곤 하셨어요. 앤이 죽고 난 후 링컨이 8킬로미터나 떨어진 앤의 무덤에 가서 오랫동안 오지 않으면, 무슨 일이라도 생겼을까 걱정되어 직접 가서 그를 데려오곤 하셨다고 해요. (…) 그랬어요. 앤의 무덤을 열었을 때 아버지도 그 자리에 계셨다고 하네요. 무덤에서 발견한 앤의 유해의 흔적은 그녀의 옷에서 나온 진주 단추 네 개뿐이었다고 말하는 걸 자주 들었습니다."

장의사는 그 네 개의 진주 단추와 흙을 조금 퍼내어 피터즈버그에 있는 자신의 오클랜드 묘지에 갖다 놓고는 앤 러틀리지가 그곳에 묻혀 있다고 선전하기 시작했다. 이제는 여름마다 수많은 참배자가 그녀의 무덤이라고 알려진 곳을 구경하기 위해 차를 타고 몰려든다. 나는 그들이 고개를 숙이고 서서 네 개의 진주 단추 위에 눈물을 떨어뜨리는 것을 보았다. 이 단추 네 개 너머에는 에드거 미 매스터의《스푼 리버 시집》의 한 구절이 새겨진 아름다운 화강암 묘비가 있다.

보잘것없고 이름 없는 나로부터
흘러나오는 불멸의 음악의 울림.

"누구도 미워하지 말고, 모두 사랑하자."
나로부터 흘러나온 수백만을 향한 수백만의 용서.
그리고 정의와 진리로 빛나는
선량한 얼굴의 국가.
여기 잡초 아래 누워 있는 나는 앤 러틀리지.
에이브러햄 링컨이 평생 사랑하고
결혼을 약속했으나 이루지 못하고
이별하고 만 여인.
영원히 피어나라, 오, 공화국이여,
내 가슴에 덮인 흙으로부터!

　　하지만 앤의 성스러운 유해는 처음에 묻혔던 오래된 콩코드 묘지에 그대로 남아 있다. 탐욕스러운 장의사는 그녀의 유해를 옮기지 못했고, 그녀와 그녀의 기억은 여전히 그곳에 있다. 에이브러햄 링컨이 눈물로 신성하게 만든 곳, 링컨이 자신의 심장이 묻혀 있다고 한 곳, 앤 러틀리지가 잠들어 있는 곳은 메추라기가 지저귀고 야생 장미가 피어나는 바로 그곳이다.

변호사 일의 시작과
메리 토드와의 약혼

　1837년 3월, 앤이 죽은 지 2년이 지난 뒤 링컨은 뉴세일럼으로 돌아가 말을 빌려 타고 스프링필드로 갔다. 링컨 자신의 말에 의하면 '변호사에 도전'하기 위해서였다.

　그는 안장주머니에 자신의 소지품을 모두 넣었다. 가진 것이라고 해봐야 몇 권의 법률 서적과 여벌의 셔츠, 속옷이 전부였다. 그에게는 뉴세일럼의 우편배달부 일을 그만두면서 우편요금으로 받아두었던 6.25센트와 12.5센트 조각 돈들이 들어 있는 파란 양말이 있었다. 스프링필드에서 첫 해를 보내면서 링컨은 돈이 필요할 때가 많았다. 일단 그 돈을 사용하고 나중에 자신의 돈으로 채워 넣어도 되겠지만, 링컨은 공금을 사용하는 것은 정직하지 못하다고 생각했던 듯하다. 그래서 우체국 회계 감사관이 정산을 하러 왔을 때, 링컨은 당시 받았던 동전들을 그대로 넘기며 정확한 금액을 돌려주었다.

　링컨이 스프링필드로 가던 날 아침, 그에게는 돈이 한 푼도 없었다. 뿐만 아니라 1100달러의 빚까지 있었다. 그와 베리가 뉴세일럼에 잡화점을 차렸다가 문을 닫으면서 생긴 빚이었다. 가게가 망하고 나서 베리가 술에 빠져 살다가 죽었기 때문에 그 빚은 전부 링컨 앞으로 돌아갔다. 사실 링컨이 그 빚을 꼭 갚아야 하는 건 아니었다. 공동 책임과 사업 실패라는 사실을 주장해 법을 피할 수도 있었다.

하지만 그것은 링컨의 방식이 아니었다. 오히려 그는 채권자들을 찾아가 자신에게 시간을 주면 이자까지 쳐서 갚겠다고 약속했다. 채권자들은 모두 동의했지만, 단 한 사람 예외가 있었다. 피터 반 베르겐이란 사람은 즉시 소송을 제기해 판결을 받고서 링컨의 말과 측량 기구를 공개 경매에 부쳤다. 하지만 다른 사람은 모두 링컨을 기다려주었고, 링컨은 그들의 믿음에 답하기 위해 14년 동안이나 열심히 벌고 아껴 쓰며 돈을 모았다. 심지어 하원 의원이 된 1848년까지도 봉급의 일부를 집으로 보내 잡화점의 마지막 남은 빚을 갚았다.

스프링필드에 도착한 날 아침, 그는 광장 북서쪽 모퉁이에 있던 조슈아 F. 스피드의 잡화점 앞에 말을 묶었다. 스피드는 당시의 일을 이렇게 말한다.

"그는 빌린 말을 타고 마을에 와서는 이 마을에 하나뿐인 가구점에 가서 1인용 침대 틀을 예약했다. 그리고 우리 가게로 들어와 계산대에 자신의 안장주머니를 올려놓고는 1인용 침대 틀에 맞는 침구들을 사려면 얼마나 드는지 물었다. 내가 연필로 석판에 계산을 해보았더니 모두 17달러였다. 그러자 그가 이렇게 말했다. '저렴하게 계산해주신 것 같네요. 그런데 드릴 말씀이 있습니다. 저렴한 가격이긴 해도 제게는 그 돈조차 없습니다. 하지만 크리스마스까지 외상을 주신다면, 제가 여기서 변호사로 자리 잡는 대로 갚아드리겠습니다. 하지만 제가 변호사로 자리 잡는 데 성공하지 못하면 돈을 갚지 못하게 될지도 모릅니다.' 그 목소리가 어찌나 애처롭던지 그를 동정하지 않을 수 없었다. 나는 그의 얼굴을 올려다보았다. 그의 얼굴은 평생 봐왔던 얼굴 가운데 가장 슬프고 우울해 보였다. 나는 그에게 이렇게 말했다. '이처럼 작은 금액도 부담스러워하니 하는 소린데, 당신이 빚을 지지 않고 목적을 이룰 수 있는 방법을 알려주리다. 내게 아주 큰 방이 있고, 그 안에는 커다란 더블침대도 있소이다. 당신이 원한다면 나랑 같이 방을 써도 좋소이다.' 그러자 그가 물었다. '방이 어디 있나요?' 나는 가게에서 방으로 연결되는 계단을 가리키며 말했다. '저기 2층입니다.' 그는 아무런 대답도 없이 안장주머니를 들고 위층에 올라가더니 바닥에 그 짐을 내려놓고 다시 내려왔다. 그러고는 환한 웃음을 지으며 이렇게 말했다. '스피드 씨, 저 이사 끝냈습니다.'"

이렇게 해서 링컨은 세를 전혀 내지 않고 그 가게 2층에서 스피드와 함께 5년 6개월 동안 생활했다.

링컨의 또 다른 친구인 윌리엄 버틀러는 그를 자신의 집에서 5년간 함께 살게 해주었고, 여러 벌의 옷까지 주었다. 링컨은 여유가 생길 때마다 버틀러에게 조금씩이나마 돈을 내긴 했을 테지만, 이들의 관계는 돈을 치르고 뭔가를 주고받는 관계는 아니었다. 친구로서 때때로 도움을 주고받는 관계였다. 링컨은 이 같은 도움을 받을 수 있었다는 사실에 하나님께 감사했다. 버틀러와 스피드의 도움이 없었다면 링컨은 결코 변호사로 자리 잡지 못했을 것이기 때문이다.

링컨은 스튜어트라는 변호사와 동업을 시작했다. 스튜어트는 정치에 대부분의 시간을 투자했기 때문에 사무실 업무는 모두 링컨이 맡았다. 하지만 사무실 업무가 많지도 않았고, 사무실 역시 보잘것없었다. 비품이라고는 작고 낡은 침대와 물소 가죽 깔개, 의자 하나, 벤치 하나, 법률 책들이 꽂혀 있는 책장 비슷한 가구가 전부였다. 사무실 기록을 보면, 그들이 개업하고 처음 6개월 동안 맡은 사건은 고작 다섯 건에 불과했다. 2달러 50센트짜리 사건이 한 건, 5달러짜리 사건이 두 건, 10달러짜리 사건 한 건, 그리고 나머지 한 건은 수임료 일부를 외투로 받아야만 했다.

매우 낙담한 링컨은 어느 날 스프링필드에 있던 페이지 이튼의 목재소에 들러서 변호사를 그만두고 목수 일을 해볼까 고민 중이라고 털어놓기도 했다. 몇 년 전, 뉴세일럼에서 법률 공부를 할 때도 이미 공부를 때려치우고 대장장이가 되면 어떨까 고민했던 적이 있었다.

스프링필드에서의 첫 해는 링컨에게 외로운 시기였다. 그가 만나는 사람들이라고는 저녁에 스피드의 가게 뒤편에 모여서 정치 이야기로 소일하는 사람들이 전부였다. 링컨은 일요일에 교회에 나가지 않았다. 그의 말에 따르면, 스프링필드에 있는 그런 근사한 교회에서는 어떻게 행동해야 하는지 몰랐기 때문이다. 그 첫 해에 오직 한 여성만이 그에게 말을 걸었는데, 그는 친구에게 보낸 편지에서 "그 여자 역시 피할 수만 있었다면 나에게 말을 걸지 않았을 것"이라고 썼다.

하지만 1839년에는 링컨에게 말을 걸어왔을 뿐 아니라 그와 사귀려 하고, 마침내 그와 결혼하겠다고 결심하는 여성이 나타났는데, 그녀가 바로 메리 토드였다. 한번은 어떤 사람이 링컨에게 토드(Todd) 집안사람들은 왜 이름에 d를 두 개 쓰는지 아느냐고 물어보았다. 그러자 링컨은 하나님(God)도 d가 하나면 충분한데, 토드 집안사람들은 기어코 d를 두 개 가져야 했던 것 같다고 대답했다.

토드 집안은 6세기까지 거슬러 올라가는 족보를 자랑하는 집안이었다. 메리 토드의 조부, 증조부와 그 형제들은 장군과 주지사를 지냈으며, 해군 제독도 있었다. 메리 토드는 켄터키 주 렉싱턴에 위치한 고상한 프랑스 학교를 다녔다. 이 학교를 운영하던 마담 빅토리 샬롯트 르 끌레르 멘텔과 그녀의 남편은 프랑스혁명의 단두대 칼날을 피해 파리에서 도망쳐 나온 프랑스 귀족들이었다. 그들은 파리 식 억양의 프랑스어를 가르치고, 비단옷을 입은 베르사유 궁정 사람들이나 추던 무도회 춤과 영국 포크댄스인 서카시안 서클을 가르쳤다.

메리는 콧대가 높고 오만했으며, 자신이 남들보다 우월하다고 생각했다. 그리고 자신은 언젠가 미국 대통령이 될 사람과 결혼할 거라고 굳게 믿었다. 놀랍게도 그녀는 스스로 그렇게 믿었을 뿐 아니라, 다른 사람들에게도 이를 공공연히 떠벌리고 다녔다. 그녀의 말이 워낙 어리석게 들렸던지라 사람들은 그녀를 비웃고 이런저런 말들을 했지만, 그 무엇도 그녀의 신념을 뒤흔들거나 막을 수 없었다. 메리의 언니조차도 그녀가 "으스대고, 남의 시선을 끌고자 했으며, 권력을 좋아했다. 나는 그녀만큼 야망이 큰 사람을 본 적이 없다"라고 말할 정도였다.

불행하게도 그녀의 불같은 성격은 통제 불가능한 적이 많았다. 1839년 어느 날에는 새엄마와 말다툼을 하고는 문을 쾅 닫고 가출해서는 스프링필드에서 결혼해 살고 있던 언니 집에서 지냈다. 그런데 미래의 미국 대통령과 결혼할 작정이었던 그녀에게 그곳은 최상의 장소임에 틀림없었다. 세상 어디에도 일리노이 주 스프링필드보다 그녀의 기대를 충족시켜줄 수 있었던 곳은 없었을 것이다. 당시 그곳은 변변한 나무도 없이 쭉 뻗은 초원이었으며, 포장도로, 가로등, 인도, 하수처리 시설도 전혀 없는 변경 지대였다. 소들이 멋대로 시내를 어슬렁거렸고, 주요 도로변의 진창에는 돼지들이 뒹굴었으며, 퇴비 썩는 악취가 온 마을을 뒤덮고 있었다. 마을 인구는 겨우 1500명에 불과했다. 하지만 1860년에 대통령 후보가 될 운명의 두 젊은이가 1839년에 이 마을에 살고 있었으니, 바로 민주당 북부 지역의 후보자 스티븐 A. 더글러스와 공화당 후보 에이브러햄 링컨이었다.

두 사람 다 메리 토드를 만났고, 같은 때에 구혼했으며, 그녀와 포옹했고, 그녀의 말에 따르면 둘 다 그녀에게 청혼했다. 누구와 결혼하겠느냐고 그녀의 언니가 물으면 그녀는 이렇게 대답했다고 한다. "대통령이 될 가능성이 높은 사람과 할 거야." 당시 그 말은 더글러스와 결혼하겠다는 말과 다름없었다. 당시에는 더글러스의 정치적 전망이 링컨보다 100배는 더 좋았기 때문이다. 비록 더글러스가 스물여섯 살밖에 되지 않았지만, 당시 그는 이미 '작은 거인'이라는 별명으로 불렸으며 미합중국 국무 장관이었다. 반면 링컨은 스피드의 가게 위 다락방에 얹혀살면서 식비조차 제대로 내지 못하고 힘겹게 살아가는 변호사에 불과했다.

링컨의 이름이 그가 살던 주를 넘어 널리 알려지기 훨씬 전부터, 더글러스는 이미 미국에서 가장 영향력 있는 정치인 중 한 명으로 성장하고 있었다. 실제로 링컨이 대통령으로 당선되기 2년 전만 하더라도, 일반 시민들이 링컨에 대해 아는 것이라곤 그가 화려한 경력의 유력 정치가 스티븐 A. 더글러스와 논쟁을 벌인 적이 있다는 사실뿐이었다.

메리의 친척들은 모두 메리가 링컨보다는 더글러스에게 더 관심을 가지고 있다고 여겼으며, 실제로도 아마 그랬을 것이다. 더글러스는 인간적인 매력, 밝은 전망, 좋은 매너, 높은 사회적 지위를 갖춘 사람이었기에 여자들에게 분명 인기 있는 남자였다. 게다가 깊게 울리는 목소리에 잘 빗어 넘긴 까만 머리는 물결치듯 구불거렸으며, 왈츠 솜씨 또한 뛰어났다. 그는 메리 토드에게 사랑스럽게 찬사를 보냈다. 그는 그녀에게 이상적인 남성이었기에 그녀는 거울 속의 자신을 바라보며 "메리 토드 더글러스 여사"라고 혼잣말을 하기도 했다. 그 이름은 참 아름답게 들렸으며, 그녀는 백악관에서 그와 함께 왈츠를 추고 있는 자신의 모습을 그려보기도 했다.

그런데 메리와 교제를 하던 더글러스가 어느 날 스프링필드 광장에서 신문사 기자와 싸움을 벌였다. 그런데 그 상대는 메리의 절친한 친구의 남편이었다. 아마도 메리는 그 싸움에 대해 그에게 말했을 것이다. 그리고 그가 공식 만찬이 열린 자리에서 술에 취해 테이블 위로 올라가 이리저리 왈츠를 추고, 소리 지르며 노래하고, 술잔이며 칠면조 구이며 술병이며 음식 접시들을 바닥으로 걷어찼던 것에 대해서도 말했을 것이다. 그리고 그가 그녀와 동행한 장소에서 다른 여자와 춤을 추었다면, 그녀는 볼썽사나운 장면을 만들어내곤 했다. 결국 그들의 교제는 끝이 났다. 상원 의원 베버리지는 이렇게 말한다.

"그럼에도 불구하고 더글러스가 메리에게 청혼을 했으나 '도덕성'이 문제되어 퇴짜를 받았다고 알려져 있지만, 흔히 그러하듯 이는 해당 여성을 보호하기 위해 지어낸 이야기가 분명하다. 영리하고, 눈치가 빠르며, 세상 물정에도 밝았던 더글러스가 메리에게 청혼을 했을 리가 없기 때문이다."

더글라스에게 크게 실망한 메리는 그의 강력한 정치적 맞수였던 에이브러햄 링컨에게 큰 관심을 보임으로써 더글러스의 질투심을 유발하려 했다. 하지만 더글러스가 이런 계획에 넘어가지 않자, 그녀는 링컨을 붙잡기로 마음을 정했다. 메리의 언니 에드워즈 부인은 후에 이와 관련해 다음과 같이 말했다.

"두 사람이 있는 방에 내가 우연히 들어가게 된 경우가 종종 있었어요. 그때마다 메리가 늘 대화를 주도하고 있었지요. 링컨은 메리 옆에서 이야기를 듣고 있었죠. 그는 거의 말을 안 했지만, 어떤 보이지 않는 강력한 힘에 속절없이 끌려가듯 메리를 바라보고만 있었어요. 그는 동생의 재치에 반하고, 총명함에 매력을 느끼고 있었습니다. 하지만 메리처럼 교육받은 숙녀와 오랫동안 대화하는 것을 힘에 부쳐 했습니다."

그해 7월, 수개월간 논의되던 휘그당 대집회가 스프링필드에서 열리며 각지에서 사람들이 모여들자 마을 전체가 집회로 떠들썩했다. 사람들은 펄럭이는 깃발을 들고 밴드의 연주에 맞춰 수백 킬로미터 떨어진 곳으로부터 모여들었다. 시카고 대표단은 일리노이 주 절반 정도의 거리를 두 개의 돛을 단 정부의 범선을 타고 왔다. 배 위에서는 음악이 연주되었고, 아가씨들이 춤을 추었으며, 축포가 발사되었다.

민주당 지지자들은 휘그당 후보인 윌리엄 헨리 해리슨을 두고 '통나무집에 살면서 사과주나 마시는 늙은 여자'라고 놀려댔다. 그러자 휘그당원들은 소 30마리가 끄는 마차 위에 통나무집을 싣고 스프링필드 거리를 이곳저곳 돌아다녔다. 통나무집 옆에는 호두나무 가지가 걸려 있고, 그 속에서 너구리들이 놀았으며, 문 옆에는 꼭지 달린 사과주 통이 놓여 있었다.

링컨은 밤에 횃불 아래에서 정치 연설을 했다. 어느 날 그가 속한 당의 모임에서 '휘그당원들은 귀족처럼 살고 좋은 옷을 입으면서 평범한 사람들의 표를 얻고자 한다'라는 비난이 나오자, 링컨은 이렇게 대답했다.

"일리노이 주에 처음 왔을 때, 저는 가난하고 친구도 없고 배운 것도 없는 소년에 불과했습니다. 저는 한 달에 8달러를 받으며 평저선 일을 시작했습니다. 바지라고는 한 벌밖에 없었는데, 그것도 사슴 가죽 바지였습니다. 가죽 바지는 젖었다가 햇볕에 마르면서 줄어들곤 했습니다. 바지가 계속 줄어들다 보니, 나중에는 바지 밑단과 양말 윗부분 사이로 제 맨다리가 몇 센티미터나 드러났습니다. 그리고 제가 자라면서 바지는 점점 더 줄어들어서 꽉 끼게 되자, 종아리 둘레에 시퍼런 자국도 생겼습니다. 그 자국은 아직도 남아 있습니다. 그래도 여러분께서 저에게 귀족처럼 빼입은 사람이라고 하신다면, 저는 그런 비난을 피할 길이 없습니다."

사람들은 휘파람을 불고 소리를 지르며 그의 말에 환호했다. 링컨과 메리가 그녀의 언니 에드워즈의 집에 도착했을 때, 그녀는 링컨이 훌륭한 연설가이며 자랑스럽다고 말했다. 그리고 언젠가 대통령이 될 것이라고 말했다.

그는 달빛을 받으며 자신의 곁에 서 있던 그녀를 내려다보고 있었다. 그녀의 태도가 모든 것을 말해주고 있었다. 그는 팔을 뻗어 그녀를 품에 안고 부드럽게 입을 맞추었다. 결혼 날짜는 1841년 1월 1일로 정해졌다. 결혼식까지는 6개월밖에 남지 않았지만, 그사이 그들 앞에는 많은 폭풍이 기다리고 있었다.

파경에 이른 메리 토드와 링컨

메리 토드는 에이브러햄 링컨과 결혼 약속을 잡자, 링컨의 스타일을 바꾸어놓고 싶어 했다. 그녀는 링컨의 옷 입는 방식을 싫어했고, 링컨과 자기 아버지를 자주 비교하곤 했다. 메리는 10여 년간 거의 매일 아침마다 자기 아버지가 금 손잡이 지팡이, 파란색 고급 외투, 하얀 린넨 바지, 끈 달린 구두 차림으로 렉싱턴 거리를 걷는 것을 봐왔다. 하지만 링컨은 날씨가 더운 날엔 외투를 거의 걸치지 않았고, 심지어 칼라가 달리지 않은 옷을 입기까지 했다. 흔히 멜빵 하나 달랑 맨 바지를 입었으며, 단추라도 떨어지면 나무못을 깎아 단추 대용으로 사용하곤 했다. 이런 조악한 옷차림에 짜증이 난 메리 토드는 이를 일일이 지적했다. 하지만 안타깝게도 상대를 부드럽게 설득하는 요령이나 수완은 전혀 없었다.

그녀는 렉싱턴의 마담 빅토리 샬롯트 르 클레르 멘텔 학교에서 궁중 사교춤을 배우기는 했지만, 사람을 다루는 기술은 전

혀 배우지 못했다. 그러다 보니 그녀는 남자가 여자에게 정나
미 떨어지게 만드는 가장 빠르고 확실한 방법을 썼다. 잔소리
를 늘어놓은 것이다. 그녀가 링컨을 너무도 불편하게 하는 바
람에 링컨은 그녀를 피하기 시작했다. 예전에는 일주일에 두세
번 정도 그녀를 찾아갔지만, 이제는 열흘이 넘도록 그녀를 찾
아가지 않았다. 그러면 그녀는 링컨의 무심함을 탓하는 불평을
담아 그에게 편지를 보내곤 했다.

그즈음에 마틸다 에드워즈가 그 마을에 왔다. 니니언 에드워
즈의 사촌이자 메리 토드의 올케인 마틸다는 키가 크고, 품위
가 있었으며, 아름다운 금발이었다. 그녀도 에드워즈의 대저택
에 머물렀다. 마틸다는 링컨이 메리를 만나러 올 때마다 자신
의 존재를 인식시키려고 애를 썼다. 그녀는 파리 식 억양의 프
랑스어나 서카시안 서클 춤을 출 줄은 몰랐지만, 사람을 다루
는 법은 잘 알고 있어서 링컨은 그녀를 정말 좋아하게 되었다.
그녀가 조용히 방으로 들어오면, 링컨은 그녀를 쳐다보느라 메
리 토드가 하는 말을 듣지 못하는 때도 있었다. 이 때문에 메리
는 화가 단단히 났다.

어느 날 링컨이 메리를 동반하고 무도회장에 갔지만, 춤을
좋아하지 않았기 때문에 다른 남자와 춤을 추게 하고서 자신은
마틸다와 구석에서 이야기를 나누기도 했다. 마틸다와 사랑에
빠졌다고 메리가 링컨을 비난했고, 링컨은 부인하지 않았다.
상심한 그녀는 울면서 마틸다를 쳐다보지도 말라고 요구했다.
한때 핑크빛 사랑을 나누던 두 사람의 사이가 이제는 서로 싸

우고 불화하고 트집 잡는 관계로 변해버렸다.

이제 링컨은 자신과 메리가 여러 가지 면에서 극과 극이라는 사실을 깨달았다. 교육, 배경, 성격, 기호, 사고방식이 서로 달랐다. 그로 인해 두 사람의 사이는 갈수록 벌어졌다. 링컨은 약혼을 파기하지 않으면 비참한 결혼 생활을 하게 될 것임을 직감했다. 메리의 언니와 형부도 비슷한 결론을 내렸다. 그 부부는 메리에게 두 사람은 서로 맞지 않기에 행복하게 살 수 없을 것이라며 파혼을 권고했다. 하지만 메리는 말을 들으려 하지 않았다.

몇 주 뒤, 고통스런 진실을 그녀에게 전하기로 용기를 낸 링컨은 밤에 스피드의 가게로 찾아갔다. 그는 벽난로 앞에서 왔다 갔다 하더니, 주머니에서 편지를 꺼내 그에게 읽어보라고 했다. 스피드는 당시의 일을 이렇게 전한다.

"그 편지는 메리 토드에게 보내는 것이었다. 그는 자신의 심정을 솔직하게 적었다. 결혼을 냉정하게 고민해보았지만, 결혼 생활을 잘해나갈 정도로 그녀를 진심으로 사랑하지 않는다는 사실을 깨달았다는 내용이었다. 그는 나더러 그 편지를 전해달라고 했다. 내가 싫다고 하자, 그는 다른 사람에게 부탁해야 하느냐고 나를 나무랐다. 나는 그 편지가 그녀의 손에 들어가는 순간, 그녀가 훨씬 유리해질 것이라고 링컨에게 말했다. '말은 잊혀지지.' 나는 말했다. '대화로 하면 오해가 생길 수도, 무시당할 수도 있지만, 글로 쓰면 자네에게 영원히 남는 불리한 증거가 돼.' 그렇게 말한 뒤, 나는 그 편지를 난로 속으로 던져버렸다."

그리하여 우리는 링컨이 그녀에게 어떤 말을 했는지 정확히 알 수는 없다. 하지만 베버리지 상원 의원은 이렇게 말한다. "링컨이 오웬스 양에게 보낸 마지막 편지를 다시 보면 메리 토드에게 썼던 편지의 내용을 충분히 짐작할 수 있다."

그럼 링컨과 오웬스 양 사이에는 무슨 일이 있었는지 간단히 살펴보기로 하자. 4년 전의 일이었다. 오웬스 양은 링컨이 뉴세일럼에서 알고 지내던 베넷 아벨 부인의 여동생이었다. 1836년 가을, 아벨 부인은 친정 가족을 만나러 켄터키로 가는 길에 링컨에게 자신의 여동생과 결혼할 의향이 있다면 돌아오는 길에 여동생을 데려오겠다고 했다.

3년 전에 아벨 부인의 여동생을 본 적이 있던 링컨은 좋다고 했고, 일사천리로 그 여동생이 마을로 왔다. 그녀는 아름다운 얼굴에 세련되었고, 교육도 받았으며, 부유했지만, 링컨은 그녀와 결혼하고 싶지 않았다. '그녀가 너무 의욕이 넘친다'라고 생각했다. 또한 그녀는 한 살 연상인데다 키도 작고 뚱뚱했다. "그녀는 폴스타프(셰익스피어의 희극에 나오는 뚱뚱보 기사―옮긴이)와 천생연분"이라고 링컨이 말했다.

"그녀와 함께 있으면 전혀 행복하지 않은데, 어떻게 하지?" 링컨이 말했다. 아벨 부인은 링컨이 약속을 지키기를 몹시 바랐다. 하지만 링컨은 약속을 지키지 않았다. 그는 '성급하게 행동했던 자신의 경솔함을 계속 후회'하고 있었으며, 그녀와의 결혼을 굴레에 묶이는 것으로 느껴 두려워했다. 그래서 그는 오웬스 양에게 편지로 자신의 감정과 결혼 약속을 지키지 못하는 이유를 솔직하고 요령 있게 썼다.

다음은 링컨이 쓴 편지다. 1837년 5월 7일, 스프링필드에서 오웬스 양에게 쓴 이 편지는 링컨이 메리 토드에게 보내려 했던 편지의 내용을 짐작할 수 있게 해준다.

친애하는 메리에게

이 편지를 부치기 전에 이미 두 통의 편지를 썼습니다. 하지만 두 통 모두 반 정도 쓰다가 맘에 들지 않아 찢어버렸습니다. 첫 번째 편지는 진지하지 않은 것 같았고, 두 번째 편지는 반대로 너무 심각하단 생각이 들었습니다. 그래서 어떻게 여길지 모르겠지만 지금 이 편지를 보내게 되었습니다.

여기 스프링필드에서의 삶은 적어도 저에게는 좀 지루합니다. 이곳에서의 제 생활은 많이 외롭습니다. 여기에 온 후 저는 오로지 한 여성과만 대화를 해왔습니다. 만약 그녀가 피했다면, 저는 그녀와 말을 나누지 못했을 것입니다. 저는 지금껏 교회를 나가지 않았으며, 가까운 시일 내에도 나가지 못할 것 같습니다. 교회에서 어떻게 행동해야 하는지 몰라서 교회에 나가지 않고 있습니다. 저는 당신이 스프링필드에 정착해서 사는 문제에 대해 가끔 생각해봅니다. 당신이 이곳에 만족할 수 있을지 우려스럽습니다. 이곳은 마차를 타고 둘러보면 풍요로운 곳이지만, 막상 당신이 살기에는 힘든 곳이 될 겁니다. 가난을 숨길 재주가 없으면 여기서는 가난하게 살 수밖에 없습니다. 가난을 잘 참아낼 수 있겠습니까? 저에게 자신의 운명을 맡긴 여성이 누구든지, 제가 다른 남자들처럼 그녀를 행복하고 만족스럽게 살아가도록 최선을 다하는 것이 제 임무이고, 그러한 노력이 실패로 돌아가는 것보다 저를 비참하게 만드는 것은 없을 것입니다. 당신이 만족스레 살아가게만 할 수 있다면, 저는 혼자 사는 것보다 훨씬 행복할 것임을 잘 알고 있습니다.

당신이 제게 했던 말들이 모두 농담이거나 저 혼자 오해한 것일지도 모릅니다. 만약 그렇다면 모두 잊어주세요. 하지만 그게 아니라면 결정을 내리기 전에 진지하게 생각해주기를 바랍니다. 저는 이미 결정을 내렸습니다. 당신이 원한다면 저는 제가 말한 것을 지킬 각오가 되어 있습니다. 제 생각으로는 당신이 그러지 않는 편이 좋을 것 같습니다. 당신은 고생에 익숙하지 않으며, 실제로 고생은 당신이 상상하는 것보다 더욱 심각할 것입니다. 저는 당신이 어떤 문제든 정확하게 볼 수 있다고 생각하며, 신중하게 생각하고 결정을 내린다면 저는 당신의 결정을 따르겠습니다.

이 편지를 받으면 제게 긴 편지를 써주세요. 그 외에 다른 것은 할 필요가 없습니다. 편지를 써보면 재미있는 일이 아닐지라도 이 바쁜 황무지에서는 편지가 훌륭한 친구가 되어줄 것입니다. 이곳 생활을 정리하고 떠나는 과정을 저로서는 더 이상 듣고 싶지 않다고 언니에게 전해주세요. 그런 이야기를 들을 때마다 제 마음은 아플 것입니다. 그럼 이만 줄입니다.

링컨 드림

이제 메리 오웬스와의 이야기는 그만하고 다시 메리 토드와의 일로 돌아가자. 스피드는 메리 토드에게 쓴 링컨의 편지를 난로 속에 던지고는, 친구이자 룸메이트인 링컨에게 이렇게 말했다.

"음, 자네가 용기 있는 사내라면 메리를 직접 만나서 그녀를 사랑하지 않아 결혼하지 않겠다고 말하게. 너무 많이 떠들어대지 말고 최대한 빨리 자리를 뜨도록 하게."

이어서 스피드는 당시 링컨의 모습을 이렇게 전했다. "그렇게 충고하자, 그는 외투의 단추를 채우고는 다소 굳은 표정으로 내가 일러준 방법대로 하기 위해 밖으로 나갔다." 헌돈은 이에 관해 다음과 같이 전하고 있다.

"그날 밤 스피드는 우리와 함께 자는 2층 침실로 올라오지 않았다. 책을 읽겠다고 하면서 계속 1층 가게에 남아 있었다. 그는 링컨이 돌아오기를 기다리고 있었다. 10시가 지났는데도 링컨은 토드 양과 대화가 끝나지 않았다. 결국 11시가 지나자 드디어 그가 걸어 들어왔다. 자신이 지시한 대로 따르지 않고 늦게까지 메리를 만나고 온 링컨을 보며 스피드는 확인하려 말문을 열었다.

'여보게. 내가 말한 대로 했는가?' 스피드가 물었다.

'그렇다네.' 링컨이 깊은 생각에 빠진 채 말했다. '내가 그녀를 사랑하지 않는다고 말했더니 그녀는 펑펑 울더군. 그러더니 의자에서 벌떡 일어나 고통스러운 듯 손을 꽉 움켜쥐면서 사기꾼한테 속은 것 같다고 말했어.' 그가 말을 멈추었다. '그래서 자네는 뭐라고 했나?' 스피드가 진상을 알기 위해 물었다.

'스피드, 솔직히 말해서 내겐 너무 감당하기 어려웠어. 내 볼에 눈물이 흐르더군. 나는 그녀를 감싸 안고 키스를 했어.'

'그런 식으로 파혼을 하다니. 자네는 어리석게 행동했을 뿐 아니라 약혼을 다시 확인했을 뿐이군. 이제는 품위 있게 되돌릴 수도 없게 되었어.' 스피드가 어이없다는 듯 말했다.

'글쎄….' 링컨이 느릿느릿 대답했다. '다시 약속을 하게 된 거라면 그렇게 하는 수밖에. 일은 저질러졌으니 지켜야 하는 수밖에.'"

그렇게 몇 주가 흐르고 결혼 날짜가 바짝 다가왔다. 재봉사들은 메리 토드의 혼수를 준비했다. 에드워즈 저택은 새롭게 페인트칠 되고, 거실이 새롭게 꾸며지고, 양탄자가 수선되고, 가구는 광을 내며 단장되었다.

하지만 그사이 링컨에게는 심각한 일이 벌어지고 있었다. 어떻게 표현해야 좋을지 알 수 없을 정도로 심각했다. 평범한 슬픔이 아니라 심각한 우울증이 깊어갔다. 몸과 마음에 심하게 영향을 미치는 위험한 병이었다. 링컨의 우울증은 하루가 다르게 심각해져서 도무지 마음이 진정되지 않았다. 말할 수 없이 계속되는 고통에서 완전히 회복될지 의심스러울 정도였다. 결혼을 결정하기는 했지만, 그의 마음은 온통 결혼에 저항하고 있었다. 이를 알아차리지 못한 채 그는 도피할 방법만 찾고 있었다. 가게 위에 있는 방에 몇 시간이고 앉아서, 사무실에 나가거나 자신이 몸담고 있는 의회의 회의에 참석할 생각도 하지 않고 있었다. 때로는 새벽 3시에 일어나 아래층으로 내려가서는 난로에 불을 지피고 먼동이 틀 때까지 그 곁에 앉아 있기만 했다. 제대로 먹지도 못해서 살이 빠지기 시작했고, 신경질이 늘어서 사람들을 피하고 남과 대화하려 하지도 않았다.

이제 다가오는 결혼의 공포로부터 뒷걸음질 치기 시작했다. 그의 마음은 어두운 심연에서 허우적거리고 있었으며, 스스로도 그러다가 제정신을 잃을지 몰라 두려웠다. 급기야 서부에서 가장 유명한 의사이자 신시내티 의과대학 학장인 다니엘 드레이크 박사에게 자신의 증상을 소상히 설명하고, 치료를 해줄 의사를 추천해달라는 긴 편지를 보내기에 이르렀다. 하지만 드레이크 박사는 직접 진찰하지 않고서는 대답을 할 수 없다는 답을 보내왔다.

결혼식은 1841년 1월 1일로 잡혀 있었다. 날씨는 화창했고, 스프링필드의 유명 인사들은 썰매를 타고 신년 인사를 하러 모여들었다. 말의 콧구멍에서 콧김이 모락모락 나왔고, 딸랑거리는 작은 종소리가 온통 가득 찼다.

에드워즈 저택은 막바지 결혼 준비로 부산했다. 배달하는 아이들은 주문한 물건들을 나르느라 뒷문을 정신없이 드나들었다. 결혼 만찬을 준비하는 특별 요리사가 고용되어 근사한 저녁을 준비했다. 구식 철제 오븐이 아니라 새로 개발된 요리용 스토브로 조리한 음식이 차려졌다. 새해 초저녁에 사람들이 마을로 모여들었고, 촛불이 은은히 빛났으며, 창문에는 화환이 걸렸다. 에드워즈 저택은 흥분과 생기로 넘쳤다.

6시 30분이 되자, 결혼을 축하하는 하객들이 속속 도착하기 시작했다. 6시 45분에는 주례를 맡아줄 목사가 도착했다. 실내에는 온갖 화초가 가득했고, 커다란 불꽃이 난로에서 탁탁 소리를 내며 타올랐다. 실내는 화기애애한 대화로 가득 찼다.

괘종시계가 7시를 알렸다. 그리고 다시 7시 30분을 알렸다. 그런데 링컨이 도착하지 않았다. 그는 여전히 나타나지 않았다.

시간이 한참 흘렀다. 천천히, 무정하게, 홀 입구의 대형 괘종시계가 다시 8시를 알렸다. 또다시 30분이 지났지만 신랑은 여전히 나타나지 않았다. 에드워즈 부인이 현관으로 가서 초조하게 길가를 내다보았다. 무슨 일이지? 혹시 그가? 아니야! 절대 그럴 리 없어!

하객들은 웅성거렸고… 메리의 가족들은 모여… 대책을 상의했다.

옆방에서는 메리 토드가 실크 웨딩드레스에 면사포를 쓰고, 머리에 장식한 꽃을 초조하게 만지작거리며 신랑을 기다리고 또 기다렸다. 그녀는 창가를 서성이며 길을 뚫어져라 쳐다보다가 시계에도 자주 고개를 돌렸다. 손바닥이 땀으로 축축해지고, 이마에서는 진땀이 배어나왔다. 다시 끔찍한 시간이 흘러갔다. 그가 약속했는데… 분명히….

9시 30분이 되자, 손님들이 하나둘 천천히, 의아해하고 당황스러워하며 자리를 떠났다.

마지막 손님이 자리를 떠나고 나자, 신부는 머리에 쓰고 있던 면사포를 찢고, 머리에 꽂은 꽃 장식을 집어던졌다. 그리고 흐느껴 울면서 계단으로 올라가 방 안 침대에 몸을 던졌다. 그녀는 슬픔에 정신이 나가 있었다. '오, 맙소사! 사람들이 뭐라고 할까? 다들 날 비웃겠지. 동정도 하고. 수치스러워서 앞으로 어떻게 문밖을 나선담.' 비통한 감정의 물결이 그녀를 덮쳐왔다. 순간 그녀는 링컨이 자신을 안아주었으면 하는 생각이 들었다. 하지만 이내 자신에게 심한 상처와 모욕을 준 링컨을 죽이고 싶었다.

링컨은 어디에 있을까? 혹시 나쁜 일을 당한 건 아닐까? 사고라도 있었던 걸까? 도망친 걸까? 자살이라도 한 걸까? 무엇도 알 수 없었다.

한밤중이 되자 사람들은 전등을 들고 그를 찾아 나섰다. 어떤 이들은 그가 자주 다니던 곳을 가보았고, 또 어떤 이들은 다른 지역으로 빠지는 길목을 찾아보았다.

메리 토드와의 사랑 없는 결혼

링컨을 찾는 작업은 밤새 계속되었다. 동이 튼 직후 링컨이 발견되었는데, 자신의 사무실에 앉아 횡설수설하고 있었다. 친구들은 그가 미친 게 아닌지 걱정했다. 메리 토드의 친척들은 링컨이 제정신이 아니어서 결혼식에 나타나지 않은 것이라고 확신했다.

의사 헨리가 즉시 불려왔다. 그는 링컨이 자살할지도 모르니 한시도 눈을 떼지 말라고 스피드와 버틀러에게 당부했다. 그래서 사람들은 앤 러틀리지가 죽었을 때 그랬던 것처럼 칼을 숨기고 링컨을 계속 지켜보았다.

헨리 박사는 링컨에게 정신을 집중할 수 있는 대상이 필요하다며, 주 의회 회의에 참여할 것을 권했다. 휘그당의 원내총무였던 링컨은 원래 회기 동안 회의에 계속 참여해야 했지만, 기록에 따르면 3주에 네 번밖에 참석하지 않았으며 그마저도 한두 시간 참석에 그쳤다고 한다. 1월 19일, 존 J. 하딘은 그가 병에 걸렸다고 하원에 통보했다. 결혼식을 망치고 난 3주 후, 링컨은 동료 변호사에게 그가 썼던 가장 슬픈 편지를 보냈다.

"나는 이 세상에서 가장 비참한 사람이라네. 만약 내 감정을 세상 사람들이 모두 함께 느끼게 된다면, 이 세상에는 행복한 얼굴을 한 사람이 아무도 없을 걸세. 내가 나아질지 알 수도 없어. 그저 더 나빠지지만 않았으면 하네. 이대로 계속 버틴다는 것은 불가능해. '죽지 않으면 나아지겠지'라는 생각뿐이네."

윌리엄 E. 바턴 박사는 자신의 유명한 링컨 자서전에서 이렇게 말하고 있다. "이 편지를 보면 링컨은 정신적으로 분열되었고 (…) 정신이 온전한지 스스로도 걱정하고 있음을 알 수 있다."

링컨은 계속 죽음을 생각하다 이젠 죽음을 갈망했으며, 〈생거먼 저널〉에 죽음에 관한 시를 발표하기도 했다. 스피드는 링컨이 죽을지도 모른다고 우려해 그를 루이즈빌 근처에 있는 자신의 어머니 집으로 데려갔다. 그곳에서 링컨은 성경책을 받고, 약 2킬로미터 떨어진 숲 속의 풀밭을 따라 구불구불한 개울이 내려다보이는 방에서 지냈다. 아침마다 노예가 링컨의 침대로 커피를 가져다주었다.

메리의 언니 에드워즈 부인이 편지를 보내왔다. "메리가 마음을 다잡고 링컨을 놔주기 위해 약혼을 없던 일로 하기로 했다"라는 내용이었다. 하지만 "링컨이 원한다면 다시 시작할 수 있는 여지는 있다"라는 말도 덧붙였다. 하지만 링컨은 다시 시작하고 싶지 않았다. 그녀를 다시는 보고 싶지 않았다. 결혼으로부터 도망친 지 1년이 지난 뒤에도 '링컨이 자살할지 모른다'라고 생각하는 친구가 있을 정도였다.

끔찍했던 1841년의 첫 날이 지난 지 거의 2년이 다 되어갈 무렵, 링컨은 메리가 자신을 잊고 다른 사람에게 관심을 갖기 바라면서 그녀를 완전히 잊어버렸다. 하지만 그녀는 달랐다. 그녀는 무참하게 짓밟힌 자존심 때문에 자신은 물론 자신을 비웃거나 안타깝게 보던 사람들에게 링컨과 결혼할 수 있으며, 반드시 결혼하는 모습을 다시 보여주고 싶었다.

하지만 링컨은 그녀의 결심과는 반대의 생각을 하고 있었다. 사실 링컨은 메리 토드로부터 벗어나고 싶다는 생각에서 채 1년도 지나지 않아 다른 소녀에게 청혼하기도 했다. 당시 그는 서른두 살이었는데, 상대는 열여섯 살밖에 되지 않았다. 그 소녀는 그가 4년간 숙식했던 버틀러 부인의 막내 동생인 사라 리카드였다. 링컨은 아브라함(링컨의 이름인 Abraham은 성경에서 나오는 아브라함과 같다─옮긴이)과 사라라는 자신들의 이름(성경에서 둘은 부부관계다─옮긴이)만 봐도 서로에게 의미가 있다며 자신의 처지를 호소했다. 하지만 그녀는 거절했다. 그녀는 후에 친구에게 보낸 편지에서 이렇게 말하고 있다.

"나는 아직 어려. 이제 겨우 열여섯 살이어서 결혼에 대해 생각해보지 않았어. 난 그 아저씨를 친구로 좋아했지만, 그 아저씨의 특이한 매너와 행동은 이제 막 사교계에 들어간 나 같은 여자애한테는 매력적이지 않아…. 나는 그 아저씨가 그저 큰 오빠 같다는 생각뿐이야."

링컨은 휘그당 지역 신문인 〈스프링필드 저널〉에 사설을 기고하고 있었고, 편집인 시므온 프랜시스와 아주 친한 사이였다. 하지만 안타깝게도 프랜시스의 부인은 남의 일에 사사건건 나서는 사람이었다. 나이 마흔이 넘도록 아이가 없던 그녀는 자칭 '스프링필드의 중매쟁이'였다.

1842년 10월 초, 그녀는 링컨에게 다음 날 오후에 자기 집에 들러달라는 연락을 보내왔다. 링컨이 무슨 일인가 싶어 그녀의 집으로 갔다. 그가 도착해 거실로 들어섰을 때, 놀랍게도 거기에는 메리 토드가 앉아 있었다.

그때 두 사람이 무슨 이야기를 나누었는지, 어떻게 말했는지, 무엇을 했는지에 대해서는 전해지는 기록이 없다. 하지만 어설프고 인정 많은 링컨이 즉시 그 자리를 빠져나왔을 리는 없다. 만약 메리가 울었다면(당연히 그랬을 것이다) 그는 곧장 그녀에게 다가가 자신의 잘못을 싹싹 빌었을 것이다.

그 이후로 두 사람은 다시 만났지만 항상 프랜시스의 집에서 몰래 만났다. 처음에 그녀는 링컨과 다시 만난다는 사실을 언니에게도 말하지 않았다. 결국 그녀의 언니가 그 사실을 알고 왜 비밀로 했냐고 물었다. 그러자 메리가 대답했다. "그런 일이 있고 나서는 무엇보다 사람들의 이목에서 벗어나는 게 좋다고 생각했어. 사실 남녀의 일이란 불확실하고 불안정한 거잖아. 결혼 약속을 한 뒤에도 몰래 연애를 하면, 안 좋은 일이 생기더라도 둘만 아는 일이니까 조용히 덮을 수 있잖아."

달리 말해서 그때 일로 작은 교훈을 얻은 그녀는 이번에는 링컨이 자신과의 결혼에 스스로 확신이 설 때까지 교제를 남에게 비밀로 하기로 했던 것이다.

이제 토드 양은 어떤 전략을 취했던 것일까? 제임스 매스니는 링컨이 자신에게 이렇게 자주 말했다고 전한다. "결혼 압력을 받게 되었으며, 메리가 도의상으로도 자신과 결혼해야 한다는 말을 자주 했다." 헌돈은 이에 대해서 누구나 알 만한 다음과 같은 이야기를 전하고 있다.

"링컨이 메리와 결혼하면, 명예는 회복되겠지만 가정의 평화를 잃을 게 분명했다. 그는 주관적으로 또한 성찰하는 자세로 철저히 자신을 돌아보았다. 그는 자신이 메리를 사랑하지 않는다는 것을 알고 있었지만, 그녀와의 결혼을 약속했다. 끔찍했던 생각이 악몽처럼 떠올랐다…. 결국 그는 명예와 가정의 평화 사이의 갈등에 직면하게 되었다. 그는 명예를 선택했고, 자학과 자기희생의 고통을 떠안은 채 행복한 가정생활은 영원히 잃어버리기로 했다."

자신의 선택을 따르기 전에, 그는 켄터키로 돌아간 스피드에게 편지를 보내 결혼하고 나서 행복한지 물었다. "정말 궁금하니 빨리 답해주기 바라네." 링컨이 재촉했다. 스피드는 생각보다 훨씬 행복하다고 답을 보내왔다. 그리하여 그다음 날 오후인 1842년 11월 4일 금요일, 링컨은 상처 난 가슴을 안고 메리 토드에게 내키지 않는 청혼을 했다.

그녀는 그날 밤 당장 결혼식을 치르고 싶어 했다. 링컨은 머뭇거렸고, 일의 진행이 너무 빨라 놀라기도 했다. 그녀가 미신을 믿는 사람임을 알고 있던 링컨은 그날이 금요일임을 지적했다. 하지만 과거의 일을 기억하고 있던 그녀는 단 하루도 기다리려 하지 않았다. 게다가 그날은 그녀의 스물네 번째 생일이었다. 그들은 서둘러 채터턴의 보석 가게에 들러 결혼반지를 사서 '사랑은 영원하리라'라는 문구를 새겨 넣었다.

그날 늦은 오후, 링컨은 친한 친구인 제임스 매스니에게 들러리를 서달라고 부탁했다. "짐, 난 그 여자와 결혼을 해야 될 거 같아."

링컨이 저녁에 버틀러의 집에서 좋은 옷을 차려입고 구두를 닦고 있었을 때, 버틀러의 아들이 들어오더니 어디에 가냐고 물었다. 링컨이 대답했다. "아무래도 지옥에 가는 것 같아."

예전에 결혼식을 망쳤을 때 장만했던 혼수를 남에게 줘버렸던 메리 토드는 이번에는 수수한 흰색 모슬린 드레스를 입고 결혼식을 해야 했다. 모든 준비가 불안감 속에서 서둘러 진행되었다. 겨우 두 시간 전에 결혼식 통보를 받은 에드워즈 부인은 설탕을 입힌 웨딩 케이크를 황급히 만들었다. 하지만 손님들에게 대접할 때까지도 설탕이 다 식지 않아서 제대로 자를 수 없을 정도였다.

찰스 드레서 목사가 성직자 복장을 하고 감명 깊은 주례사를 했지만, 링컨은 전혀 기쁘거나 행복한 모습이 아니었다. 그의 절친한 친구는 이렇게 증언했다. "링컨은 도살장에 끌려가는 것처럼 보였고, 실제로 행동도 그랬다."

링컨이 자신의 결혼에 대해 언급한 내용이 결혼한 지 일주일 뒤 사무엘 마셜에게 쓴 사업상 편지의 추신에 남아 있다. 이 편지는 지금도 시카고의 역사학회에서 소장하고 있다. 그는 이렇게 썼다. "여기는 새로운 게 전혀 없습니다. 나 자신에게도 그저 의아하기만 한 제 결혼만 빼고 말이죠."

2

수차례의 실패에도
결코 포기하지 않았던 삶

Lincoln

The unknown

불행한 결혼 생활의 시작

내가 이 책을 일리노이 주 뉴세일럼 외곽에서 쓰고 있는 동안, 그 지역의 변호사로 일하고 있던 내 친한 친구 헨리 폰드는 내게 이런 말을 여러 차례 했다. "지미 마일스 삼촌을 꼭 찾아가 봐. 그의 삼촌인 헌돈은 링컨의 동료 변호사였고, 숙모 한 분은 한동안 링컨 부부가 지냈던 하숙집을 운영했거든."

흥미로운 단서라 생각되었다. 그래서 폰드와 나는 7월 어느 일요일 오후에 뉴세일럼 인근 마일스 농장으로 차를 몰고 갔다. 그곳은 링컨이 법률 서적을 빌리러 스프링필드로 갈 때 자주 들러 이야기하고, 음료를 얻어 마시던 장소였다.

우리가 도착했을 때, 지미 삼촌은 앞뜰에 있는 커다란 은행나무 그늘로 흔들의자 세 개를 끌고 왔다. 어린 칠면조와 오리들이 소란스럽게 주위를 돌아다니는 가운데, 우리는 몇 시간 동안이나 이야기를 나누었다. 지미 삼촌은 지금까지 알려지지 않았던 링컨에 대한 확실하고도 슬픈 이야기를 해주었다. 그 이야기는 다음과 같다.

마일스 삼촌의 숙모 캐서린은 제이콥 M. 얼리라는 의사와 결혼했다. 링컨이 스프링필드에 온 지 약 1년이 된 어느 날(정확히 말하자면 1838년 3월 11일) 밤이었다. 한 낯선 남자가 말을 타고 얼리 박사의 집으로 와서 문을 두드려 의사를 불러내더니, 의사의 몸에 두 발의 엽총을 쏜 뒤 다시 말을 타고 쏜살같이 달아났다고 한다. 당시 스프링필드는 규모가 작은 마을이어서 살인을 저지른 사람은 없었으며, 지금도 그 살인 사건은 미스터리로 남아 있다.

얼리 박사의 유산은 아주 조그만 땅뿐이어서 미망인은 생계를 위해 하숙을 쳐야 했다. 그리고 결혼한 지 얼마 되지 않은 링컨 부부가 얼리 부인의 집에서 하숙을 했다. 지미 마일스 삼촌은 얼리 박사의 미망인인 자신의 숙모로부터 다음과 같은 이야기를 자주 들었다고 했다.

어느 날 아침, 링컨 부부가 아침 식사를 하던 중에 링컨이 아내의 화를 돋우는 말을 했다. 그때 링컨이 무슨 일을 했는지는 알 수 없다. 그런데 화가 난 링컨의 아내가 남편 얼굴에 뜨거운 커피를 끼얹었다. 그것도 하숙하고 있던 다른 사람들 앞에서 말이다. 그런 수모를 당하고도 링컨은 아무 말도 하지 않고 그 자리에 조용히 앉아 있었으며, 얼리 부인이 수건을 갖고 와서 그의 얼굴과 옷을 닦아주었다. 이 사건은 25년에 걸친 링컨 부부의 결혼 생활이 어떠했는지 보여주는 전형적인 예라 할 수 있다.

스프링필드에는 11명의 변호사가 있었지만, 그들 모두가 스프링필드에서 생계를 유지할 수는 없었다. 그래서 그들은 데이비드 데이비스 판사가 순회하며 재판하는 지역을 말을 타고 따라다녔다. 다른 변호사들은 토요일마다 스프링필드로 돌아와 주말을 가족과 함께 보냈지만, 링컨은 그렇게 하지 않았다. 그는 집으로 가는 것을 몹시 싫어해서 봄에 3개월, 가을에 3개월을 순회 법정에 머물며 스프링필드 근처에도 가지 않았다.

링컨은 해마다 이런 생활을 계속했다. 시골의 숙박 시설이 형편없는 경우도 많았지만, 그는 아내가 끊임없이 잔소리하고 성질을 부려대는 집보다 낫다고 여겼다. 이웃들은 "그녀가 링컨이 정신을 차릴 수 없을 정도로 성가시게 하고 힘들게 했다"라고 말했다. 그들은 오랫동안 링컨 부인을 봐왔기 때문에 그녀에 대해 잘 알고 있었는데, 그녀의 윽박지르는 소리가 들리지 않는 날이 없을 정도였다고 한다.

베버리지 상원 의원은 다음과 같이 말했다. "링컨 부인의 날카로운 목소리는 길 건너편에서도 들릴 정도였다. 그녀가 화를 내면 이웃에 사는 사람들 모두에게 들리곤 했다. 그녀는 말하는 대신 걸핏하면 화부터 내어 자신의 뜻을 전달하는 경우가 허다해서 그녀의 난폭함을 탓하는 사람들이 많았다." 헌돈 역시 "그녀는 남편을 힘들게 했다"라고 말했다. 헌돈은 그녀가 좌절과 울분을 지독하게 폭발시키곤 했던 이유를 잘 알고 있었다. 그녀는 복수하고 싶었던 것이다. 헌돈은 이렇게 말했다. "링컨이 그녀의 자존심을 무너뜨렸다. 그녀는 사람들 앞에서 자신의 품위가 떨어지는 수모를 당했고, 복수심 때문에 사랑하는 마음은 온데간데없이 사라졌다."

그녀는 늘 남편을 불평했고 비난했다. 링컨에 대한 어떤 것도 마음에 들어 하지 않았다. 어깨가 구부정하다는 둥, 걸음걸이가 어색하다는 둥, 인디언처럼 발을 쭉쭉 올리고 내리며 이상하게 걷는다는 둥, 걸음걸이에 활기가 없다는 둥, 자세가 우아하지 않는다는 둥, 뭐든지 비난했다. 남편의 걸음걸이를 흉내 내고, 자신이 마담 멘텔 학교에서 배운 대로 걸음걸이에 대해 지적했다. 그녀는 그의 귀가 머리 양 끝으로 솟아 있어 싫다고 했고, 코가 곧지 않아 싫다고 했으며, 아랫입술이 튀어나와 폐병 환자 같아 싫다고 했고, 손과 발은 큰데 머리는 작다고 끊임없이 잔소리를 해댔다.

자신의 외모에 참으로 무관심했던 링컨의 성격이 그녀의 예민한 성질을 거슬리게 했으며, 그녀를 불쾌하게 만든 것이다. 이에 대해 헌돈은 "링컨 부인이 화를 낸 데도 이유는 있다"라고 말했다. 링컨은 한쪽 바지 밑단은 부츠에 아무렇게나 밀어 넣고, 다른 쪽 바지 밑단은 밖으로 삐져나오게 한 채 거리를 걸어 다녔다. 구두를 닦거나 구두약을 칠해본 적도 없었다. 옷깃을 바꾸거나 코트를 털어 입는 적도 별로 없었다.

링컨의 옆집에 살았던 제임스 골리는 이렇게 말했다. "링컨은 우리 집에 자주 놀러왔는데, 큰 슬리퍼를 신고 멜빵 하나로만 고정한 헐렁하고 색이 바랜 바지 차림이었다. 따뜻한 날에는 등에 땀으로 대륙 지도 모양의 얼룩이 난 더러운 먼지막이 코트를 입고 먼 여행길에 오르기도 했다."

링컨이 시골 호텔에 머물고 있는 모습을 본 어느 젊은 변호사는 이렇게 말했다. "무릎과 발목 중간쯤 오는, 집에서 만든 노란색 플란넬 잠옷을 입고 잠자리를 준비하는 링컨의 모습을 보았다. 내가 본 중에 가장 최악의 옷차림이었다."

링컨은 평생 면도기를 사용해본 적이 없었고, 링컨 부인의 요구에도 이발소에 자주 가지 않았다. 말갈기처럼 온통 삐죽삐죽한 거칠고 덥수룩한 머리를 하고서도 전혀 손질을 하지 않았다. 그 때문에 메리 토드는 수없이 짜증을 냈다. 그녀가 머리를 빗겨주어도 링컨이 모자 속에 통장, 편지, 법률 문서 따위를 넣어 다니는 바람에 다시 헝클어지기 일쑤였다. 한번은 시카고에서 사진을 찍을 때 사진사가 그에게 머리를 매만져 보라고 하자, 그는 이렇게 대답했다. "매만진 내 사진을 보면 스프링필드 사람들이 날 알아보지 못할 겁니다."

그는 식사 예절도 마음대로였으며, 격식을 따지지도 않았다. 나이프를 오른손에 쥐지도 않았고, 접시 오른쪽에 걸쳐놓지도 않았다. 포크로 생선이나 빵을 먹는 방법도 몰랐다. 접시를 기울여서 고기를 싹싹 긁어 먹거나 슬슬 끌어내리면서 먹었다. 나이프로 빵에 버터를 바르겠다고 고집해서 아내를 화나게 만들기도 했다. 한번은 접시에 담긴 양상추 위에 발라 먹은 닭 뼈를 올려놓아 아내가 하얗게 질리기도 했다.

링컨 부인은 숙녀들이 방으로 들어오는데도 그가 일어서지 않았다고 불평했고, 그들에게 다가가 외투를 받아주지 않았다고 야단쳤으며, 그들이 갈 때 문까지 배웅하지 않았다고 또 잔소리했다.

링컨은 누워서 책 읽는 것을 좋아했다. 퇴근해서 집에 오면 외투와 신발을 벗고 옷깃을 떼어놓은 뒤, 어깨에 걸친 멜빵 한 쪽을 풀고는 현관 입구에 있는 의자를 뒤집어 의자 등받이에 베개를 받쳐놓고는 바닥에 발을 쭉 뻗었다.

그런 자세로 기대어 누워서 몇 시간 동안 주로 신문을 읽었다. 때로는 《앨라배마 주의 호경기》라는 제목의 유머러스한 책에서 다룬 지진 내용도 흥미롭게 읽었다. 시는 자주, 매우 자주 읽었다. 그리고 어떤 것이든 큰 소리로 읽었다. 이것은 인디애나 주에 있는 '큰 소리 학교'에서부터 익힌 습관이었다. 그는 크게 읽으면 시각은 물론 청각적으로도 인식하게 되어 오랫동안 기억할 수 있다고 생각했다. 때로는 바닥에 누워 눈을 감고 셰익스피어, 바이런, 포의 작품을 낭송했다.

그러기에 달빛이 비칠 때면
아름다운 애너벨 리의 꿈을 꾸게 되고,
별빛이 떠오를 때 나는
아름다운 애너벨 리의 눈동자를 느낀다.

링컨과 2년간 함께 살았던 어느 여자 친척은 어느 날 저녁에 링컨이 거실에 누워 책을 읽고 있을 때 손님이 찾아왔던 이야기를 해주었다. 하인이 나가기를 기다리지 않고 링컨이 셔츠

바람으로 일어나 손님을 거실로 안내했다. 그리고 "빠른 걸음으로 숙녀분들을 안내해드리지요"라고 말했다.

옆방에 있다가 거실로 나오던 링컨의 아내는 숙녀들이 들어오는 모습을 보았고, 이어서 남편의 우스꽝스러운 말을 우연히 듣게 되었다. 다짜고짜 아내가 화를 내자 링컨은 더 재미있다며 이내 집을 나가버렸고, 밤늦게 뒷문으로 조용히 몰래 돌아왔다.

링컨 부인은 질투가 심해서 조수아 스피드도 좋아하지 않았다. 스피드가 남편의 친한 친구여서 결혼할 때 링컨더러 도망가라고 충고했을 것이라고 의심했다. 결혼 전에 링컨은 스피드에게 편지를 쓸 때마다 말미에 "패니에게 애정을 전하며(Love to Fanny)"라고 썼는데, 결혼 후에 링컨 부인은 인사말의 수위를 낮추어 "스피드 부인에게 안부를 전해주길(Regards to Mrs. Speed)"이란 표현을 쓰라고 요구했다.

링컨은 은혜를 결코 잊지 않았다. 그게 그의 뛰어난 장점 중 하나였다. 그래서 조그마한 감사의 표시로 첫 아이의 이름을 조수아 스피드 링컨으로 짓겠다고 약속했다. 하지만 그 이야기를 들은 메리 토드는 발끈했다. 그녀는 자신의 아이므로 이름도 자신이 짓겠다고 했다! 그러고는 친정아버지의 이름을 따서 아이 이름을 로버트 토드라고 지었다.

결국 아들의 이름이 로버트 토드가 되었다는 사실에 관해서는 더 말할 필요도 없다. 링컨의 네 아이 중 그 아이만이 유일하게 살아서 장성했다. 에디는 1850년 스프링필드에서 네 살이 되던 해에 죽었고, 윌리는 백악관에서 열두 살에 죽었다. 테드는 1871년에 열여덟 살의 나이로 죽었다. 로버트 토드 링컨만이 1926년 7월 26일 버몬트 주 맨체스터에서 83세로 세상을 떠났다.

링컨 부인은 마당에 꽃도 나무도 없어서 계절마다 느낄 수 있는 자연의 색이 없다고 불평했다. 그래서 링컨은 장미를 몇 그루 심었지만, 화초를 가꾸는 데는 관심이 없어서 얼마 지나지 않아 장미가 죽고 말았다. 그녀가 정원을 꾸미자고 계속 안달하자, 링컨은 봄에 그녀가 바라는 대로 해주었지만 결국 정원에는 잡초만 무성했다.

링컨은 육체 활동을 별로 좋아하지 않았지만, '올드 벅'이라는 말에게는 먹이를 주고 빗질을 해주었다. 소를 기르고, 우유를 짜고, 목재도 직접 톱으로 잘랐다. 대통령으로 당선되어 스프링필드를 떠날 때까지도 이런 일만큼은 손수 했다.

하지만 링컨의 육촌 형제인 존 행크스는 "링컨은 몽상하는 것 말고는 잘하는 게 없었다"라고 했으며, 부인 메리 링컨도 이에 동의했다. 링컨은 넋을 놓고 있을 때가 많았고, 이상한 마력에 빠져들어 세상일을 완전히 망각한 듯 보이기도 했다. 일요일이면 아이를 태운 유모차를 끌고 집 앞의 울퉁불퉁한 보도로 나갔는데, 아이가 밖으로 굴러 떨어져 큰 소리로 우는데도 땅에만 시선을 두고 계속 걸어갔던 적도 있었다. 부인이 문밖으로 고개를 내밀고 화난 목소리로 소리치고 나서야 무슨 일이 일어났는지 알아챘다.

때때로 사무실에서 밤을 지새우고 집에 와서도 아내를 제대로 쳐다보지 않았을 뿐 아니라 말도 걸지 않았다. 음식에도 관심이 없어서 아내가 식사를 준비하고 아무리 불러도 알아듣지 못하는 경우가 많았다. 그리고 식탁에 앉아서도 멍하니 허공만 쳐다보고 있다가 아내가 식사하라고 다그쳐야 정신을 차리곤 했다.

저녁을 먹고 나서는 아무 말 없이 30분 정도 멍하니 난로만 쳐다보는 경우가 많았는데, 아이들이 기어 올라가서 머리를 잡아당기고 말을 걸어도 아이들의 존재를 별로 의식하지 못하는 듯 보였다. 그러더니 갑자기 정신을 차리고 농담을 하거나 자신이 가장 좋아하는 시 한 구절을 낭송하곤 했다.

> 오, 죽음을 피하지 못하는 인간이여, 왜 그리 당당한가?
> 쏜살같이 지나가는 유성처럼,
> 빠르게 흘러가는 구름처럼,
> 번쩍이는 번개처럼,
> 부서지는 파도처럼,
> 삶을 마치고 무덤에서 편히 쉬고 있구나.

링컨 부인은 링컨이 아이들의 나쁜 버릇을 바로잡지 않는다고 잔소리했다. 하지만 그는 아이들을 너무 좋아한 나머지 "아이들의 잘못에는 눈이 멀고 귀가 먹었다." 링컨 부인은 이렇게 말했다. "그는 아이들이 잘한 일에 대해서는 칭찬을 아끼지 않왔다. 그는 아이들이 부모로부터 학대받지 않고 자유롭고 행복한 것이 진정한 기쁨이며, 사랑은 부모와 자식을 연결시켜주는 고리라고 말했어요."

그가 아이들에게 허락한 자유가 때로는 도를 넘어설 때도 있었다. 예를 들어 언젠가 그가 고등법원 판사와 체스를 두고 있을 때였다. 아들 로버트가 와서 저녁 드시라는 말을 전했다. 링컨은 "그래, 알았다"라고 대답했지만, 식사하라는 말을 잊어버리고 다시 체스에 빠졌다. 다시 아들이 와서 엄마가 빨리 오라고 한다고 하자, 링컨은 다시 간다고 말하고는 또 잊고 계속 체스를 두었다. 세 번째로 다시 로버트가 와서 재촉을 했지만, 이번에도 대답만 하고 체스를 계속 두었다. 그러자 갑자기 아이가 뒤로 한 걸음 물러서더니 체스판을 발로 뻥 차버렸다. 체스를 두고 있던 두 사람의 머리 위로 말들이 사방으로 흩어졌다.

"저, 판사님, 아무래도 다음 기회에 승부를 가려야 할 것 같네요." 링컨이 미소를 지으며 말했다.

링컨은 아들의 잘못을 바로잡으려는 생각은 하지 않았다. 링컨의 아이들은 저녁이면 담장 뒤에 숨어서 울타리 여기저기에 나뭇가지를 꽂아놓곤 했다. 불빛이 없는 거리에서 지나다니는 사람들이 찔러놓은 나뭇가지에 찔리기도 하고, 모자가 걸려 땅에 떨어지기도 했다. 한번은 어두워질 무렵, 아이들의 장난 때문에 링컨이 모자를 떨어뜨렸다. 하지만 링컨은 아이들을 꾸짖지 않고 그저 다른 사람들을 화나게 할 수 있으니 조심해야 한다고 말할 뿐이었다.

링컨은 교회에 나가지 않았기 때문에 친한 친구들과도 종교에 대해 토론하는 걸 꺼렸다. 그런데 언젠가 헌돈에게 자신의 종교관은 인디애나 주에 사는 글렌이라는 노인의 종교관과 비슷하다고 말한 적이 있다. 그 노인이 어느 교회 집회에서 한 말을 들었기 때문인데, 그 노인은 이렇게 말했다. "선을 행하면 선을 느끼고, 악을 행하면 악을 느끼니, 이것이 바로 제 종교입니다."

아이들이 자라면서 링컨은 일요일 아침마다 아이들을 데리고 산책을 나가곤 했는데, 한번은 아이들 몰래 아내와 함께 장로교회에 간 적이 있었다. 그런데 30분쯤 지나서 아버지가 집에 없는 것을 눈치챈 테드가 여기저기 찾아다니다가 목사가 설교하는 중에 교회로 뛰어 들어왔다. 머리는 헝클어져 있었고, 신발 끈은 풀어져 있었으며, 양말은 아래로 흘러내려 있었다. 얼굴과 손은 흙투성이었다. 우아하게 옷을 차려입은 링컨 부인은 충격을 받고 당황했다. 하지만 링컨은 태연하게 긴 팔을 뻗어 테드를 사랑스럽게 품에 안았다.

때때로 링컨은 일요일 아침에 아이들을 데리고 시내에 있는 자신의 사무실로 갔다. 아이들은 거기서 제멋대로 뛰어다녀도 괜찮았다. "아이들은 오자마자 책장의 책을 빼고, 서랍을 뒤지고, 상자에 구멍을 내고, 내 황금 펜촉을 뭉개버렸다." 헌돈이 말했다. "연필은 타구에 던지고, 종이 위에 잉크를 쏟고, 편지를 사무실에 온통 흩날려 놓고 그 위에서 춤을 추었다. 그래도 링컨은 아이들을 나무라지 않았고, 눈살 한번 찌푸리지 않았다. 그는 내가 아는 가장 관대한 아버지였다."

링컨 부인이 그의 사무실에 가는 일은 드물었는데, 어쩌다가 가는 경우에는 기겁을 했다. 그럴 만한 이유가 있었다. 사무실은 전혀 정돈이 되어 있지 않았고, 체계가 없었으며, 물건이 이곳저곳에 아무렇게나 쌓여 있었다. 링컨은 서류들을 한데 쌓아놓고는 이렇게 써 붙여놓았다. "찾는 게 없으면 여기를 볼 것."

스피드의 말처럼 링컨의 습관은 '규칙적으로 불규칙'했다. 사무실 한쪽 벽에는 실습하러 왔던 어느 법대 학생이 잉크병을 다른 사람의 머리 위로 건네주려다 놓쳐 얼룩진 검은 자국이 남아 있었다. 사무실에는 비질을 하거나 걸레질을 한 흔적도 거의 없었다. 심지어 책장 위에 놓여 있던 씨앗들이 더러운 먼지 속에서 싹을 틔우고 있었다.

아내 메리 토드와의 경제적 갈등

　여러 면에서 메리 링컨보다 스프링필드에서 더 근검절약하는 주부는 없었다. 하지만 그녀는 남에게 과시하는 데는 사치를 했다. 링컨이 마차를 살 형편이 안 되던 시기에 그녀는 마차를 장만했다. 그러고는 어느 날, 이웃집 소년에게 25센트를 주고 마차를 몰게 하며 시내의 사교 모임에 갔다. 그곳은 조그만 마을이라 걸어가거나 마차를 빌려도 됐지만, 그녀는 그렇게 하지 않았다. 품위에 맞지 않는 행동이라 생각했기 때문이다. 가난했지만 그녀는 항상 능력보다 더 비싼 옷을 사려고 돈을 마련했다.

　1844년 링컨 가족은 1500달러를 주고 2년 전 주례를 섰던 찰스 드레서 목사의 집을 구입했다. 그 집에는 거실, 부엌, 응접실이 하나씩 있었고, 몇 개의 침실이 있었다. 뒤뜰에는 장작더미와 별채, 그리고 링컨이 소와 올드 벅을 키울 수 있는 헛간도 있었다.

그 집을 처음 봤을 때 메리 링컨은 지상천국이라고 생각했다. 지금껏 살던 음산하고 가구도 없는 하숙집과 비교되었기 때문이다. 게다가 그녀는 새로운 기쁨이자 자랑거리인 집주인이 되었던 것이다. 하지만 이러한 완전한 기쁨도 곧 시들어가기 시작했고, 자신의 언니는 이층집에 사는데 이 집은 높이가 고작 1층 반밖에 안 된다며 다시 불평을 늘어놓기 시작했다. 높이가 1층 반밖에 안 되는 집에 사는 사람은 지금껏 보지 못했다고 링컨에게 핀잔을 주었다.

흔히 그녀가 링컨에게 뭔가를 요구하면, 링컨은 그게 필요한지 물어보지도 않고 이렇게 말하곤 했다. "당신이 원하는 거니 가서 사시오." 하지만 링컨도 몹시 싫어하는 경우가 있었다. 가족 수가 적어서 집은 그 정도면 충분한데, 아내가 더 큰 집을 원하는 때였다. 가난했던 그는 결혼할 때 고작 500달러밖에 없었으며, 그 이후에도 돈을 많이 모으지 못했다.

링컨은 자신이 더 큰 집을 살 능력이 없다는 것을 잘 알고 있었다. 그녀 역시 모르는 바 아니었지만, 그래도 계속 조르고 불평했다. 결국 링컨은 그녀의 불평을 잠재우고자 건축업자에게 공사비 견적을 높게 내달라고 부탁했다. 건축업자는 원래 가격보다 높게 견적을 내주었고, 링컨은 그 견적서를 아내에게 보여주었다. 그녀가 한숨을 몰아쉬자, 링컨은 집 문제가 해결되었다고 여겼다.

하지만 링컨의 기대와는 달리 그가 집을 떠나 순회 법정에 가 있는 동안 그녀는 다른 목수를 불러 새로 견적을 받았다. 그리고 견적이 예전보다 낮게 나오자 당장 공사를 지시했다.

스프링필드로 돌아와 8번가를 거닐던 링컨은 자신의 집을 못 알아볼 뻔했다. 한 친구를 만나자 링컨은 진지한 척하며 이렇게 물었다고 한다. "여보시오, 링컨 씨 댁이 어디인지요?"

링컨이 변호사 일을 해서 버는 돈은 그리 많지 않았다. 그는 공과금을 내기 위해 '돈을 박박 긁어모았다'라는 표현을 쓰곤 했다. 그런데 집에 돌아와 보니 불필요하고 부담스러운 집수리 비용이 자신을 기다리고 있었다.

서글퍼진 링컨은 자신의 심경을 그대로 아내에게 털어놓았다. 링컨 부인이 링컨을 공격할 때 쓰는 방법은 오직 한 가지였다. 링컨이 돈에 대한 감각도 없고, 관리할 줄도 모르며, 수임료도 제대로 청구하지 못한다고 쏘아붙였다.

특히 그녀가 가장 불만스러워한 것 가운데 하나는 많은 사람들도 동의하는 것이었다. 링컨이 수임료를 항상 적게 받아서 다른 변호사들을 난처하게 하고, 모든 변호사들을 경제적으로 힘들게 만든다는 것이었다. 링컨이 마흔네 살이자 대통령이 되기 8년 전인 1853년 말, 그가 네 건의 소송을 맡아서 벌어들인 수임료는 고작 30달러에 불과했다. 그는 소송 의뢰인들이 대부분 자기처럼 경제적으로 넉넉하지 못하기 때문에 도저히 수임료를 많이 받을 수 없다고 했다. 한번은 어떤 의뢰인이 수임료를 25달러 보내주자, 너무 많다며 그중 10달러를 도로 보내준 적도 있었다.

또 한번은 링컨이 정신이 온전치 못한 여자의 재산을 가로채

려는 사기꾼의 계략을 막아준 적이 있었다. 링컨은 단 15분 만에 승소했다. 한 시간 뒤에 동료 변호사 워드 래먼이 그에게 와서 수임료 250달러를 나누려 했다. 그러자 링컨은 그를 심하게 질책했다. 래먼은 그 수임료가 사전에 이미 정해진 금액이며, 그 여자의 오빠가 매우 흡족하게 지불한 것이라고 항변했지만 링컨은 이렇게 말했다.

"아마 그랬겠지. 하지만 나는 마음이 편치 않네. 그 돈은 정신이 온전치 못한 가련한 여자가 낸 돈일세. 이런 식으로 그 여자의 돈을 받느니 차라리 굶는 편을 택하겠네. 적어도 이 돈의 절반은 돌려주어야 하네. 그렇지 않으면 내 몫으로 한 푼도 받지 않겠어."

이런 경우도 있었다. 연금 기관이 혁명군의 미망인에게 연금 수혜 권리를 얻으려면 그녀가 받을 연금 400달러의 절반을 내놓아야 한다고 했다. 그 여자는 허리가 굽을 정도로 나이가 많았고 가난했다. 링컨은 연금 기관을 상대로 소송해 승소했지만, 그 미망인으로부터 수임료를 받지 않았다. 오히려 그녀의 숙박비를 대신 내주며 집으로 돌아갈 차비까지 주었다.

어느 날은 곤경에 빠진 암스트롱의 미망인이 링컨을 찾아왔다. 아들 더프가 술에 취해 싸움을 하다가 사람을 죽였다는 혐의를 받고 있다며 도와달라고 부탁했다. 링컨은 뉴세일럼에 있을 때부터 암스트롱 가족을 알고 지냈으며, 그 아들이 아기였을 때 요람을 흔들며 잠을 재워준 적도 있었다. 암스트롱 가족들은 거칠고 사나운 사람들이긴 했지만, 링컨은 그들을 좋아했다. 더프의 아버지 잭 암스트롱은 '클레이 숲 패거리'의 우두머리였고, 오래전에 레슬링 시합에서 링컨이 쓰러뜨렸던 유명한 선수였다. 이제 왕년의 잭은 세상을 떠나고 없었다. 하지만 링컨은 기꺼이 배심원들 앞에서 감동적이고 호소력 있는 변호를 해서 그의 아들이 교수형에 처해지는 걸 막았다. 이에 암스트롱의 미망인은 자신의 전 재산인 16만 제곱미터의 땅을 링컨에게 주겠다고 했다.

"한나 아주머니, 아주머니께서는 제가 돈도 없고 집도 없던 시절에 저를 먹여주시고 옷도 꿰매 주시고 하셨습니다. 그러니 저는 한 푼도 받지 않겠습니다."

링컨은 때때로 법정 밖에서 사건을 해결하려 했고, 그런 조언에 대해서는 대가를 전혀 받지 않았다. 한번은 어떤 사람에 대한 소송을 거부하며 이렇게 말했다. "나는 그 사람처럼 가난하고 장애를 가진 사람이 참으로 가엾습니다."

이런 친절과 배려가 아름다운 것은 사실이지만, 그렇다고 해서 이런 마음만으로 돈을 벌 수 있는 것은 아니었다. 그렇다 보니 그의 아내는 링컨에게 매일 잔소리를 하고 비난했다. 다른 변호사들은 수입을 많이 올리고 그 수입을 재투자해서 부를 축적해가고 있었지만, 링컨의 형편은 나아지는 게 없었다. 이에 관한 예가 데이비드 데이비스 판사, 그리고 스티븐 A. 더글러스였다. 더글러스는 시카고에서 부동산 투기로 부를 축적해 나중에 자선가가 되었다. 그는 시카고 대학에 건물 용지로 4만 제곱미터의 값비싼 땅을 기부하기도 했다. 게다가 그는 당시 전국적으로 가장 유명한 정치 지도자 중 한 사람이 되었다.

메리 링컨은 얼마나 그를 자주 생각했으며, 그와 결혼하기를 바랐던가! 더글러스의 아내가 되어 워싱턴 상류사회에서 두각을 나타내고, 프랑스 산 옷을 입고, 유럽 여행을 가며, 여왕과 만찬을 즐기고, 언젠가는 백악관에 들어가 살기를 꿈꿨다. 그녀는 아마도 이런 공상에 빠져 있었을 것이다.

반면 링컨의 아내로서 그녀의 미래는 어떤가? 링컨은 계속 그런 식으로 살 것이다. 1년에 절반은 자신을 집에 홀로 남겨두고 순회 법정을 돌아다니고, 그녀에게 애정 어린 관심은 전혀 기울이지 않으며…. 그녀가 아주 오래전 마담 멘텔 학교에서 꿈꾸었던 낭만적인 미래와 현실은 달라도 너무 많이 달랐다.

비참한 가정생활

이미 말했듯이 링컨 부인은 알뜰했고, 스스로도 이를 자랑스러워했다. 물건을 신중하게 구매했으며, 식사도 알뜰하게 차려냈다. 고양이 먹이로 남겨줄 음식물도 남지 않을 정도였다. 링컨 가족은 개도 키우지 않았다.

그녀는 향수를 거듭 사서 개봉해 냄새를 맡아보고는 향이 별로라거나 성분이 표시된 내용과 다르다는 이유를 대며 반품했다. 이런 일이 잦자, 향수 가게 주인은 그녀에게 더 이상 향수를 팔지 않으려 했다. 지금도 가게 주인이 기록한 장부가 스프링필드에 남아 있는데, 그 안에는 '링컨 부인 향수 반품'이라고 적혀 있다.

그녀는 상인들과 자주 다퉜다. 한번은 얼음 장수 마이어스가 얼음의 무게를 속여 팔았다고 생각해서 그에게 왜 속였냐며 크게 야단을 쳤다. 그 소리가 어찌나 컸던지 반 블록 떨어진 곳에 사는 이웃까지 밖으로 나와 구경할 정도였다.

그 얼음 장수는 그런 일을 두 번 겪고 나자, 그녀가 뜨거운 지옥에서 타 죽을 지경이 되더라도 다시는 그녀에게 얼음을 팔지 않겠다고 맹세했다. 실제로 그는 그녀에게 다시는 얼음을 배달하지 않았다. 그건 난감한 일이었다. 근처에 얼음을 파는 곳이 달리 또 없었기 때문에 얼음이 꼭 필요한 일이 생기면 구할 길이 없었기 때문이다. 그래서 메리 링컨은 일생에 딱 한 번 고개를 숙였다. 하지만 자신이 직접 하지는 않았다. 이웃에게 25센트를 주면서 얼음 장수를 달래어 얼음을 다시 배달하게 해달라고 부탁했던 것이다.

한번은 링컨의 친구 중 한 명이 〈스프링필드 리퍼블리컨〉이란 작은 신문사를 차리고 독자를 확보하러 마을을 다녔다. 그러자 링컨이 그 신문을 구독하기로 했다. 그런데 첫 신문이 배달되고 나자 메리 토드가 크게 화를 냈다. 이런! 또 쓸데없는 신문을 하나 더 본다고? 나는 한 푼이라도 아끼려 하는데, 이 사람은 돈을 바닥에 뿌리고 있다니! 그녀는 링컨에게 일장 연설을 하며 잔소리를 늘어놓았다. 그런 그녀를 진정시키기 위해서 링컨은 신문을 배달시킨 적이 없다고 둘러댔다. 형식적으로는 틀린 말이 아니었다. 왜냐하면 신문 구독료를 내겠다고는 했지만 배달해달라는 요청은 한 적이 없었기 때문이다. 변호사다운 말재주였다!

그날 저녁, 링컨 몰래 메리 토드는 신문 편집인에게 편지를 보내 신문에 대한 자신의 견해를 밝히고 다시는 신문을 배달하지 말라고 요청했다. 그녀의 편지가 너무 모욕적이라고 생각한 편집인은 신문의 칼럼을 통해 공개적으로 자신의 입장을 밝혔고, 링컨에게는 해명을 요구하는 편지를 보냈다. 이 일이 모든 사람에게 알려지면서 링컨은 너무 괴로운 나머지 병이 날 지경이었다. 그는 무척 수치스러워하며, 편집인에게 모든 것이 자신의 실수라고 말하며 최대한 해명하고자 애썼다.

한번은 링컨이 자신의 새어머니를 집에 초대해 크리스마스를 함께 보내려 하자 메리가 반대했다. 그녀는 나이 든 사람을 싫어했으며, 링컨의 아버지와 링컨의 외가 식구들을 얕보았고, 그들을 부끄럽게 생각했다. 링컨은 자신이 가족들을 집으로 데리고 온다 해도 아내가 들여보내 주지 않을 거라고 생각했다. 링컨은 자신을 길러준 새어머니를 가끔 찾아가 뵙기는 했지만, 스프링필드에서 100킬로미터가량 떨어진 곳에서 23년간 살았던 그녀는 링컨의 집 안에 한 번도 발을 들여놓지 못했다.

결혼 후 링컨의 집을 방문한 유일한 친척은 해리엇 행크스라는 먼 사촌뿐이었다. 그녀는 현명하고 붙임성이 있었다. 링컨은 그녀를 좋아했으며, 그녀가 스프링필드에서 학교를 다니는 동안 자신의 집에서 지내도록 했다. 하지만 링컨 부인은 그녀를 하녀로 대했을 뿐 아니라, 실제로 점점 힘든 집안일을 시켰다. 링컨은 아내의 이런 행동을 몹시 못마땅하게 여겼다.

링컨 부인은 하녀들과도 끊임없이 잡음을 일으켰다. 그녀가 불같이 화를 폭발시키고 나면 하녀들은 줄줄이 짐을 싸서 떠나버렸다. 그들은 링컨 부인을 너무 싫어했던 나머지, 친구들에게도 그녀의 집에서 절대 일하지 말라고 충고하기도 했다. 링컨 부인은 자신이 고용했던 아일랜드 인들이 얼마나 난폭한지 모른다며 분노해서 소란을 피우고, 그 내용을 편지로도 써서 보냈다. 하지만 그녀의 밑에서 일했던 아일랜드 사람들은 하나같이 난폭해질 수밖에 없었다. 링컨 부인은 만약 자신이 남편보다 오래 산다면 여생을 남부에서 살 거라고 공개적으로 허풍을 떨었다. 그녀가 자랐던 시절의 렉싱턴 사람들은 하인들의 건방진 말과 행동을 참지 못했다. 만약 흑인이 건방지게 굴면 곧바로 광장에 있는 태형대로 끌고 갔다. 토드의 이웃 중에는 흑인이 죽을 때까지 채찍질을 해댄 사람도 있었다.

당시 스프링필드에는 '롱 제이크'라고 알려진 유명한 사람이 있었다. 그는 여러 마리의 노새와 오래된 마차로 일명 퀵서비스를 한다고 홍보하고 있었다. 불행하게도 그의 조카가 링컨 부인 밑에서 일했는데, 일을 시작한 지 며칠 만에 둘이 시비가 붙었다. 롱 제이크의 조카는 앞치마를 벗어던지고 가방을 싸서 문을 박차고 그 집을 나왔다.

그날 오후, 롱 제이크는 노새를 끌고 잭슨 8번가로 와서 조카의 가방을 가져가겠다고 했다. 그런데 링컨 부인은 버럭 화를 내며 그 사람과 그의 조카에게 욕설을 퍼붓고, 만약 집에 들어오기라도 하면 가만두지 않겠다고 소리를 질렀다. 화가 치민 롱 제이크는 링컨의 사무실로 달려가 부인이 사과할 것을 요구했다.

링컨은 잠자코 이야기를 듣더니 슬픈 어조로 이렇게 말했다.

"정말 유감으로 생각합니다. 하지만 솔직히 말씀드려서 그런 일은 제가 지난 15년 동안 매일같이 겪는 일이니 조금만 참아주시면 안 되겠습니까?"

이 말을 들은 롱 제이크는 링컨이 안됐다는 생각이 들어서 자신이 링컨을 힘들게 해서 오히려 미안하다며 사과했다고 한다.

언젠가 링컨 부인이 한 하녀를 2년 넘게 데리고 있었던 적이 있었는데, 이웃들은 놀라고 또 의아하게 여기기도 했다. 그런데 사실은 다른 사연이 숨어 있었다. 링컨이 그 하녀와 아무도 모르는 거래를 했던 것이다. 그녀가 처음 링컨의 집에 왔을 때, 링컨은 그녀를 따로 불러내어 자신의 집에서 버티기가 어려울 거라고 솔직하게 말하고는 미안하지만 꾹 참는 것 말고는 다른 방법이 없다고 했다. 대신 링컨은 그녀에게 주급 외에 별도의 수당을 주겠노라고 약속했던 것이다.

늘 그랬듯이 링컨 부인은 불같이 화를 내곤 했지만, 하녀 마리아는 링컨에게서 몰래 돈을 받았기 때문에 꾹 참았다. 링컨 부인이 욕을 퍼부으면, 링컨은 기회를 틈타 부엌에 살그머니 들어가서 혼자 있는 마리아의 어깨를 두드리며 "좋아요. 겁먹지 말아요, 마리아. 그대로 머물러줘요. 아내 곁에 있어줘요"라고 말했다.

후에 이 하녀는 남부의 리 장군 밑에서 일하는 남자와 결혼했다. 리 장군이 항복을 하자, 그녀는 급히 워싱턴으로 링컨을 찾아가 잡혀간 남편을 풀어달라고 간청했다. 그녀는 자식들과 어렵게 살고 있었기 때문이다. 링컨은 그녀를 만나 반가워하며 예전 이야기를 나누었다. 링컨은 그녀와 저녁 식사라도 같이 하고 보내고 싶었지만, 메리 토드는 들으려고도 하지 않았다. 그는 마리아에게 과일 한 바구니와 옷 살 돈을 주고, 다음 날 다시 오라며 백악관 출입증을 주었지만 그녀는 링컨을 다시 볼 수 없었다. 바로 그날 밤 링컨이 암살됐기 때문이다.

시간이 지날수록 링컨 부인은 점점 더 거칠어졌고, 그로 인해 두통과 증오만 더해갔다. 그녀의 행동은 때로는 실성한 사람 같았다. 토드 집안사람들은 모두 조금씩 이상한 데가 있었다. 메리의 부모는 원래 사촌간이었는데, 메리의 괴팍한 성격은 어쩌면 그런 근친결혼에 일부 원인이 있었는지도 몰랐다. 일부 사람들은(특히 그녀의 주치의도) 그녀가 초기 정신병을 앓고 있는 것 같다고 생각했다.

링컨은 예수와 같은 인내심으로 이 모든 것을 견뎌내며 그녀를 나무라지 않았다. 하지만 그의 친구들은 그렇게 하기 어려웠다. 헌돈은 그녀를 '살쾡이' 혹은 '암컷 늑대'라고 비난했다. 링컨의 열혈 지지자인 터너 킹은 그녀를 '무법자'이자 '악마'라고 비난하면서, 그녀가 링컨을 몇 시간 동안이나 집에서 내쫓은 것을 본 적이 있다고 증언했다. 백악관에서 대통령 비서를 지낸 존 헤이는 이 책에 싣기 어려울 정도로 짧으면서도 심한 표현으로 그녀를 욕했다.

스프링필드에 있을 때 감리교 교회 목사가 링컨의 집 근처에 살았다. 그와 링컨은 친구 사이였다. 목사의 부인은 이렇게 증언했다. "링컨의 가정생활은 매우 불행했으며, 링컨 부인이 빗

자루를 들고 링컨을 집 밖으로 내쫓는 걸 자주 보았다."

16년간 링컨의 옆집에 살았던 제임스 가월리는 "링컨 부인의 마음속에는 악마가 들어 있다"라고 말했다. 또 그는 그녀가 환각 증세가 있어서 마치 실성한 사람처럼 행동했으며, 나중에는 이웃들이 모두 들을 정도로 울고불고하기까지 했다고 한다. 그래서 어떤 사람은 자기네 구역을 보호해달라고 요청하기도 하고, 또 어떤 사람은 난폭한 사람이 언젠가 그녀를 혼내주고 말 거라고 험담하는 사람도 있었다.

시간이 흐를수록 그녀는 점점 더 자주 분노를 표출했으며, 더욱 난폭해졌다. 친구들은 링컨을 진심으로 안타깝게 여겼다. 사실 링컨에게는 가정생활이라고 할 만한 것도 없었다. 그는 가장 친한 친구조차도 저녁 식사에 초대할 수 없었다. 심지어 헌돈이나 데이비스 판사조차도 초대하지 못했다. 링컨은 늘 무슨 일이 생길까 봐 불안해했으며, 되도록 아내를 피해 저녁마다 법학 도서관에서 변호사들과 토론을 벌이거나, 딜러가 운영하는 약국 모임에서 사람들과 이야기를 하며 시간을 보냈다.

때로는 늦은 밤에 고개를 푹 숙인 채 우울하고 풀이 죽은 모습으로 방황하기도 했는데, 그는 "집에 들어가기 싫다"라고 말하곤 했다. 사정을 알고 있는 친구가 밤에 그를 자기 집에 데려가기도 했다. 링컨의 비극적인 가정생활을 누구보다 잘 알고 있던 헌돈은 자신이 쓴 링컨 전기 3권의 430쪽부터 434쪽까지 이렇게 적고 있다.

"링컨에게는 속내를 털어놓을 만한 막역한 친구가 없었다. 내가 아는 한, 그는 나를 포함해 어떤 친구에게도 자신의 비참함과 고통을 털어놓지 않았다. 감당하기 어려웠지만 그는 혼자서 묵묵히 이겨냈다. 나는 그가 힘든 상황에서는 오히려 다른 사람에게 털어놓지 않는다는 것을 알 수 있었다.

그는 일찍 일어나는 편은 아니었기에 보통 9시 전에는 출근하지 않았다. 그래서 내가 항상 그보다 한 시간 정도 일찍 사무실에 나오곤 했다. 하지만 가끔씩 그가 아침 7시부터 회사에 나와 있는 경우가 있었는데, 내 기억으로는 동이 트기 전에 나온 적도 있었다. 사무실에 도착해서 그를 보니, 마치 가정이라는 바다에 거친 바람이 불어 파도가 거셌다는 것을 알 수 있었다. 그는 긴 의자에 누워 하늘을 보거나 의자에 앉아 두 다리를 창문턱에 포개어 걸쳐놓고 있기도 했다. 그럴 때는 내가 들어오더라도 쳐다보지 않고, 내 인사에도 시큰둥하게 대응할 뿐이었다. 그러면 나는 펜과 종이를 찾아 무언가 바삐 작성하거나, 책을 샅샅이 뒤지며 홀로 분주하게 굴었다. 하지만 그가 너무 우울하고 비탄에 빠져 깊은 침묵으로 일관하고 있으면, 나는 어색한 나머지 법원이나 다른 곳에 볼일이 있다고 핑계를 대고 사무실을 빠져나오곤 했다.

좁은 복도를 향해 난 사무실 문에는 커튼이 쳐진 유리가 달려 있었다. 우리는 외출할 때마다 커튼을 치곤 했는데, 이런 날에는 링컨이 안에 있어도 나는 커튼을 치고 나갔다. 계단을 다 내려가기도 전에 문 잠그는 소리가 들렸다. 그때부터 링컨은 홀로 우울함에 젖어 있었다. 나는 법원 서기 사무실에서 한 시간, 그 옆에 있는 가게에서 한 시간을 더 보내고 나서야 사무실로 돌아오곤 했다. 그때쯤이면 의뢰인이 찾아와 링컨은 서류를 작성하고 있거나, 아침부터 우울했던 먹구름을 휘파람으로 날려 보내며 인디언 이야기에 열을 올리고 있기도 했다. 나는 정오 무렵에 집으로 가서 점심을 먹고 한 시간 후쯤 돌아오곤 했는데, 그는 여전히 사무실에 있었다. 집이 가까운 곳에 있었는데도 내가 나간 사이에 사무실 아래에 있는 가게에서 치즈 한 조각과 크래커를 사와 점심을 해결했다.

오후 5~6시가 되면, 나는 일을 마치고 그를 뒤로한 채 사무실을 나왔다. 그러면 그는 계단 밑에 있는 상자 위에 앉아 있거나, 하릴없는 사람들과 이야기를 나누거나, 법원 계단에서 시간을 보내곤 했다. 날이 저문 뒤에도 사무실에 불이 켜져 있는 것으로 보아 그가 퇴근하지 않고 늦게까지 남아 있다는 걸 알 수 있었다. 세상이 모두 잠든 뒤에야 미국의 대통령이 될 그 키 큰 사내는 나무와 건물 그림자를 따라 발걸음을 터벅터벅 옮겼다. 그러다가 아담한 자신의 집으로 조용히 미끄러지듯 들어갔다. 아담한 집이란 표현은 그의 집을 관례상 즐겁게 일컫는 말이다. 어떤 이들은 지금까지 내가 한 이야기가 너무 과장되었다고 말할지도 모른다. 그렇다면 나는 이렇게 대답하겠다. 사실을 모르고 하는 소리라고."

한번은 링컨 부인이 너무 지나치게 링컨을 계속 비난하자, '누구도 미워하지 않고 누구에게나 관대했던' 링컨조차도 자제

심을 잃고 아내의 팔을 거세게 붙들고 부엌 쪽으로 가서는 문을 밀치고 이렇게 외쳤다. "당신은 내 인생을 망치고 있어. 이 집을 지옥으로 만들고 있다고. 이런 젠장. 당장 나가버리라고!"

'정치적 자살'의 쓰라린 경험

　만약 링컨이 앤 러틀리지와 결혼했다면 틀림없이 행복했겠지만, 대통령은 되지 못했을 것이다. 링컨은 생각과 행동이 느렸고, 그녀는 링컨을 정치적인 성공으로 이끌 사람은 아니었기 때문이다. 반면 백악관에서 살겠다는 식을 줄 모르는 의지에 사로잡힌 메리 토드는 링컨과 결혼하자마자 휘그당 국회 의원 후보 지명전에 출마하라고 링컨을 다그쳤다.

　후보 지명전의 경쟁은 놀랍도록 치열했다. 상대 측은 링컨이 교회에 나가지 않는 무신론자라고 비난하는가 하면, 오만한 토드 가와 결혼해 귀족과 부자의 하수인이 되었다고 매도하기도 했다. 이런 얼토당토않은 비난에 링컨은 그들이 정략적으로 자신을 흠집 내고 있음을 깨닫고 이렇게 응수했다. "내가 스프링필드에 온 이후 나를 찾아온 친척은 단 한 사람뿐이었습니다. 그런데 그는 스프링필드를 나가기 전에 구금(입에 물고 손가락으로 연주하는 작은 악기—옮긴이)을 훔쳤다는 이유로 기소되었습니다. 만약 그게 자긍심 높은 귀족 가문의 소유라면 아마 제게도 잘못이 있는 거겠지요."

선거에서 링컨은 패배했다. 정치계에 입문한 이후 최초의 좌절이었다. 2년 후 링컨은 다시 출마했고, 그때는 당선되었다. 메리 토드는 흥분했다. 남편의 승리가 이제부터 시작되었다고 생각했다. 그녀는 화려한 이브닝 가운을 장만했고, 자신의 프랑스어 실력을 더 품위 있게 가다듬었다. 남편이 워싱턴에 도착하자마자 '존경하는 링컨 각하'라고 편지를 써 보내기도 했다. 하지만 링컨은 즉시 그런 행동을 만류했다.

그녀는 워싱턴에서 살고 싶어 했고, 틀림없이 자신을 기다리고 있을 사회적 명성도 누리고 싶었다. 하지만 남편과 함께 지내기 위해 동부에 도착해보니, 모든 것이 자신의 생각과는 매우 다르다는 사실을 깨달았다. 링컨은 너무 가난했기 때문에 첫 의원 봉급을 받으면 갚는다는 조건으로 스티븐 A. 더글러스에게서 돈을 빌릴 수밖에 없었다. 사정이 그렇다 보니 링컨 부부는 더프그린 가에 있는 스프릭스 부인의 하숙집에 묵을 수밖에 없었다. 그 하숙집 앞의 거리는 포장이 되어 있지 않았고, 보도는 재와 자갈이 깔려 있었다. 하숙방은 어두침침하고 배관 시설조차 갖춰져 있지 않았다. 뒤뜰에는 별채와 거위 우리, 텃밭이 있었다. 채소를 먹으러 이웃집 돼지가 텃밭에 들어오면 스프릭스 부인의 아들이 막대기를 들고 다니며 쫓아내곤 했다. 당시만 해도 워싱턴에서는 음식물 쓰레기를 별도로 처리하지 않았다. 그래서 스프릭스 부인은 뒷골목에 쓰레기를 버리고는 거리를 마음대로 돌아다니던 소, 돼지, 거위들이 먹어치우기를 바랐다.

링컨 부인은 배타적인 워싱턴 사교계가 자신을 쉽사리 받아주지 않고 있음을 알게 되었다. 그녀는 무시당했고, 컴컴한 하숙방에 혼자 남아서 버릇없는 아이들과 두통에 시달리며 스프릭스 부인이 배추밭에서 돼지 쫓는 고함 소리를 듣고 있어야 했다.

그런데 이런 실망스런 상황도 앞으로 다가올 정치적 재난에 비하면 아무것도 아니었다. 링컨이 의회에 들어갔을 때, 미국은 20개월째 멕시코와 전쟁 중이었다. 이 전쟁은 노예제를 활성화시키고, 노예제 지지 상원 의원을 선출할 수 있는 좀 더 많은 지역을 차지하기 위한 부끄러운 침략 전쟁이었다.

미국은 멕시코와의 전쟁에서 두 가지를 얻었다. 한때 멕시코의 영토였던 텍사스를 분리시켜 멕시코가 텍사스에 대해 가지고 있던 모든 권한을 포기하게 만들었다. 나아가 멕시코 전 영토의 절반을 계획적으로 빼앗아 뉴멕시코, 애리조나, 네바다, 캘리포니아를 미국 영토로 편입시켰다. 그랜트 장군은 이 전쟁이 역사상 가장 추악한 전쟁이었다고 했으며, 그 전쟁에 참여한 자신을 절대 용서할 수 없을 것이라고 말했다. 상당히 많은 군인들이 반란을 일으켜 적에게 투항했는데, 유명한 산타안나 군대의 한 부대는 완전히 미국의 탈영병으로 구성될 정도였다.

링컨은 의회에 나가 이미 다른 휘그당 의원들이 그랬던 것처럼, '약탈과 살육의 전쟁, 강탈과 불명예의 전쟁'이라며 대통령을 비난했다. 그는 또 이렇게 말했다. "하늘에 계신 하나님이 약하고 죄 없는 인간을 보호하는 것을 잊으시고, 지옥의 수많은 살인자와 악마들이 여성과 어린이까지 죽이고, 정의의 땅을 황폐하게 만들고 약탈하도록 허락하셨다."

당시 워싱턴에서는 링컨이 알려진 인물이 아니었기에 그의 연설 내용이 무엇이든 크게 신경 쓰지 않는 분위기였다. 하지만 스프링필드에서는 그렇지 않았다. 그가 스프링필드에 돌아오자 거대한 돌풍이 일었다. 일리노이 주에서는 이미 그들이 믿는 자유라는 성스러운 명분을 위해 6000명의 남자들이 참전했는데, 자신들이 뽑은 국회 의원이 의회에서 그 군인들을 지옥에서 온 악마요, 살인자라고 비난했기 때문이다. 분노한 사람들은 공공 집회를 열어 링컨을 '천한' '비열한' '파렴치한' '약아빠진 게릴라' '제2의 베네딕트 아놀드(미국 독립을 위해 싸운 장교였으나 영국으로 변절한 인물—옮긴이)'라고 비난했다.

어느 집회에서는 다음과 같은 내용의 결의문이 채택되었다. "이토록 불명예스러운 수치가 제대로 알려지지 않는다면… 용감하고 훌륭하게 싸우다 숨을 거두신 분들에게 가해진 불명예스런 비난과 파렴치한 행위는 진실한 일리노이 사람 모두를 자극하고 분개하게 만들었다." 링컨에 대한 증오와 분노가 너무도 컸던 나머지 이런 상황은 10년 이상 지속되었다. 그리고 13년 뒤에 링컨이 대통령 후보로 출마했을 때도 이런 비난이 다시 쏟아졌다.

"난 정치적으로 자살했다네." 링컨은 동료 변호사에게 이렇게 말하기도 했다.

그는 이제 자신의 고향으로 돌아가 자신에게 분노한 유권자들과 마주해야 한다는 사실이 너무 끔찍했다. 그래서 워싱턴에서 정치적 입지를 다지기 위해 정부의 국유지 관리국 국장 자리를 얻으려고 노력했지만 실패했다. 할 수 없이 이번에는 오리건 준주가 연방에 통합되면, 초대 상원 의원이 되겠다는 희망을 품고 오리건 준주 주지사가 되려고 노력했다. 하지만 그것 역시 실패하고 말았다.

그래서 이제 그는 스프링필드로 돌아가 다시 초라한 변호사 일을 시작했다. 예전처럼 '올드 벅'에 덜컹거리는 마차를 매고 순회 재판을 쫓아다녔다. 그는 일리노이 주에서 가장 기죽은 사내가 되어 있었다.

그는 이제 정치는 모두 잊고 변호사 일에만 전념하기로 했다. 그는 자신이 변호하는 일을 하는 데 체계가 없고, 정신적인 수양도 부족하다는 것을 깨달았다. 그래서 좀 더 이성적이고 논리적인 사고를 하는 훈련을 하고자 기하학 관련 책을 구입해 순회 법정을 다닐 때마다 가지고 다녔다. 이와 관련해 헌돈은 그의 전기에 이렇게 쓰고 있다.

"조그만 시골 마을 여인숙에서 우리는 대개 같은 침대를 썼다. 보통은 침대가 링컨에게 지나치게 작았기 때문에, 그의 정강이가 침대 밖으로 나오거나 발이 발판에 걸쳐졌다. 링컨은 침대 머리에 양초를 놓고 몇 시간이고 공부에 전념했다. 그는 새벽 2시까지 그 자세로 공부했다. 그가 공부하는 동안 같은 방을 쓰는 나나 다른 동료는 편안히 깊은 잠을 잘 수 있었다. 그런 식으로 공부하더니 그는 순회 법정을 다니면서 유클리드 기하학 책 여섯 권에 나오는 모든 정리를 증명할 수 있게 되었다."

기하학을 익히고 난 후에 그는 대수학을 공부했고, 그다음에는 천문학, 그리고 언어의 기원과 발달에 대해 공부했다. 하지만 그 어떤 분야도 셰익스피어만큼 흥미를 끌지는 못했다. 뉴세일럼에서 잭 켈소에게 영향을 받아 생겨난 이런 문학적 취향은 여전했다. 이때부터 생을 마칠 때까지 에이브러햄 링컨의 가장 두드러진 특징은 끝없이 깊은 슬픔과 우울이었다.

제시 웨이크가 헌돈을 도와 링컨에 대한 불후의 전기를 준비하던 무렵, 그는 링컨의 슬픔에 대한 이야기들이 분명 과장되어 있을 거라고 여겼다. 그래서 그는 스튜어트, 휘트니, 매스니, 스웨트, 데이비스 판사와 같이 오랫동안 링컨과 알고 지내던 사람들을 찾아가 이에 관해 깊이 알아보았다. 그런 후에 웨이크는 링컨을 실제로 만나보지 못한 사람은 그의 우울함을 알지 못할 것이라 확신했고, 그의 말에 동의하는 헌돈은 이미 내가 인용했던 다음과 같은 말을 했다. "지난 20년 동안 링컨이 과연 행복했던 날이 있었는지 모르겠다. 그가 걸을 때마다 우울함이 뚝뚝 흘러내렸다."

순회 재판을 따라다닐 때, 그는 두세 명의 동료 변호사들과 한방을 쓰곤 했다. 그들은 이른 아침 링컨이 내는 소리에 잠을 깨곤 했는데, 그는 침대 끝에 앉아 무슨 말을 중얼거리고 있었다. 링컨은 일어나면 불을 피우고 앉아서 몇 시간 동안 불빛을 빤히 쳐다보면서 "오, 죽음을 피하지 못하는 인간이여, 왜 그리 당당한가?"로 시작되는 애송시를 읊조렸다.

때때로 거리를 걸을 때면 그는 깊은 절망 속에 빠져 있어서 도중에 마주치는 사람에게 눈길 한번 주지 않고 혼자 중얼거렸다. 또 자신이 무엇을 하고 있는지 미처 깨닫지 못한 채 종종 사람들과 악수를 하기도 했다. 링컨과의 추억을 소중히 여겼던 조나단 버치는 이렇게 말했다.

"블루밍턴에서 열린 재판에 참석했을 때, 링컨은 방청인들과 재판정이나 사무실, 혹은 거리에서 주위가 떠나갈 듯이 웃으며 약 한 시간을 보냈다. 그러고는 다음 한 시간 동안은 깊은 사색에 잠기는 바람에 누구도 감히 그를 방해하지 못했다⋯. 그는 벽을 등지고 기울인 의자에 앉아 발은 의자 밑의 가로대에 놓고, 다리를 바싹 오므려 턱을 무릎에 올려놓았다. 모자는 앞으로 눌러쓴 채 손으로 무릎을 쥐었고, 눈은 우울하고 실의에 차 애처로운 모습이었다. 그렇게 몇 시간씩 앉아 있는 그를 보고 있노라면 아무리 가까운 친구라도 그를 방해할 생각을 하지 못했다."

베버리지 상원 의원은 그 누구보다 링컨의 생애를 철저히 연구해 다음과 같은 결론을 내렸다. "1849년부터 죽을 때까지 링컨의 삶에서 가장 두드러진 특징은 평범한 사람들이 재거나 예측하기 어려울 정도로 깊은 슬픔이었다."

하지만 링컨의 지칠 줄 모르는 유머와 재미있게 이야기를 풀어내는 놀라운 말재주는 그의 슬픔만큼이나 빼놓을 수 없는 그의 개성 가운데 하나였다. 데이비스 판사도 때로는 걸음을 멈추고 그의 떠들썩한 유머에 귀 기울일 정도였다. 헌돈은 이렇게 말한다. "200~300명의 사람들이 그의 주위로 몰려들었으며, 몇 시간이고 계속 배를 움켜잡고 웃었다." 어떤 사람은 링컨의 이야기가 요점에 도달하면, 사람들이 "와아" 하고 탄성을 지르며 의자에서 나자빠졌다고 전하기도 한다.

링컨을 아는 사람들은 '깊이를 가늠하기 어려운 슬픔'이 두 가지 이유, 즉 극복할 수 없는 정치적 실망과 불행한 결혼 생활로 인한 것이라는 데 의견을 같이했다.

이처럼 정치적으로 잊혀 지내던 쓰라린 6년의 세월이 흐르다가 갑자기 링컨 인생의 방향을 송두리째 바꿔놓는 사건이 일어났다. 그 사건으로 링컨은 백악관을 향해 힘차게 나아가게 되었다.

그 사건의 이면에는 링컨의 마음을 선동하고 휘저어놓은 인물, 즉 메리 토드의 옛 연인, 스티븐 A. 더글러스가 있었다.

재기했지만 또다시 맛본 실패

　1854년 링컨에게 엄청난 일이 벌어졌다. 미주리 협정이 폐지되면서 일어난 일이었다. 미주리 협정에 대해 간단히 살펴보면 다음과 같다. 1819년 미주리 주는 노예제를 찬성하던 주였는데 연합에 들어오길 희망했다. 하지만 북부가 이에 반대했고, 상황은 점점 더 심각해졌다. 결국 당시 유능했던 공인들은 지금 미주리 협정으로 알려진 결과를 내놓았는데, 이로써 남부와 북부는 각기 소기의 성과를 달성할 수 있었다. 남부는 노예제에 찬성하는 미주리 주의 연방 가입 승인이라는 성과를 얻었고, 북부는 이를 계기로 미주리 주의 남부 경계선 너머의 서부전 지역에서 노예제 금지라는 성과를 얻었다.

　사람들은 노예제에 대한 분쟁이 이제 끝났다고 생각했고, 실제로 잠시나마 그렇게 되었다. 하지만 30여 년이 흐른 1854년, 스티븐 A. 더글러스는 그 협정을 폐기하고 최초 독립한 13개 주와 같은 면적의 미시시피 강 서쪽의 새로운 지역에서는 노예제를 시행할 수 있도록 하자는 주장을 펼쳤다. 그는 미주리 협정을 폐기시키기 위해 의회에서 오랫동안 힘들게 싸웠다. 이 투쟁은 수개월에 걸쳐 계속되었고, 급기야 하원에서 격렬한 논쟁이 벌어져 의원들이 책상 위로 올라가 칼을 휘두르고 총을 꺼내 드는 사태까지 벌어졌다.

더글러스가 격정적으로 안건을 상정한 뒤, 결국 심야에서부터 동트기 직전까지 회의가 계속되더니 1854년 3월 4일에 그의 안건은 통과되었다. 그것은 엄청난 사건이었다. 신문 배달 소년들이 아직 잠에서 깨어나지 않은 워싱턴 도심지를 뛰어다니며 호외를 뿌렸고, 해군 기지에서는 피로 뒤덮일 새로운 시대의 서막을 알리는 예포가 울려 퍼졌다.

더글러스는 왜 그랬을까? 그 이유를 정확히 아는 사람은 없는 것 같다. 저명한 역사가들도 여전히 의견이 분분하다. 하지만 이것만큼은 분명하다. 더글러스는 1856년 대통령 선거에서 당선되기를 원했다. 그는 이 협정이 폐지될 경우 남부의 표를 얻는 데 유리하다는 것을 잘 알고 있었다. 그렇다면 북부의 표는?

"장담컨대 북부에서는 엄청난 폭풍이 일 것이다"라고 그는 호언했다. 그의 예상은 맞아서 북부에서는 거센 반발이 있었다. 두 대표 정당이 크게 분열하면서 결국 남북전쟁이 일어나고 말았다.

수많은 도시와 마을, 촌락 지역에서 거센 항의와 성난 집회가 있었다. 사람들은 스티븐 아놀드 더글러스를 '배신자 아놀드'라 비난했고, 그를 현대판 유다로 비유하며 은화 30조각을 보냈다. 그에게 줄을 보내면서 그 줄로 목매 죽으라는 비난을 하는 사람도 있었다.

교회들도 격분해 성스러운 싸움에 동참했다. 뉴잉글랜드 지역의 목사 3050명은 '전능하신 하나님의 이름과 그의 임하심'이라는 항의문을 써서 의회에 보내기도 했다. 분노에 찬 신문 사설들은 민중의 성난 불길에 부채질을 했다. 시카고에서 발행되는 민주당 신문조차도 더글러스에게 등을 돌리고, 그에 관해 지독하게 글을 썼다.

8월에 국회는 휴회를 했고, 더글러스는 고향으로 향했다. 자신의 형상을 한 인형이 목매달려 불타는 광경을 눈으로 목격하며 충격을 받은 그는 그 불빛에만 의지해도 보스턴에서 일리노이까지 줄곧 걸어갈 수 있을 정도였다고 나중에 회고했다.

대담하게도 더글러스는 자신의 고향인 시카고에 가서 연설을 하겠다고 밝혔다. 시카고 사람들은 분노로 들끓었다. 지역 신문에서는 그를 맹비난했고, 분노한 목사들은 그의 반역적인 언사에 대해 "깨끗한 일리노이의 공기를 두 번 다시 오염시켜서는 안 된다"라고 흥분했다. 사람들은 총을 사려고 철물점에 몰려들었다. 해가 질 무렵에는 도시의 모든 판매용 총기가 바닥날 지경이었다. 더글러스의 적들은 그가 계속해서 자신의 더러운 행동을 계속 변호하도록 놔둬서는 안 된다고 했다. 더글러스가 도시로 입성할 무렵, 항구에 있던 모든 배는 조의를 표시하기 위해 반 정도 높이로 깃발을 게양했다. 여러 교회에서는 자유의 죽음을 애도하는 종을 울렸다.

더글러스가 연설했던 그날 밤은 시카고 역사상 가장 더웠던 밤 중 하나였다. 자리에 가만히 앉아 있던 사람들의 얼굴에도 땀이 줄줄 흘러내렸다. 잠을 청하기 위해 시원한 모래사장이 있는 호숫가로 가다가 쓰러지는 여자들도 있었다. 지친 말들은 마구간과 길에서 쓰러졌다.

하지만 그토록 더운 날씨에도 흥분한 군중 수천 명은 총을 차고 더글러스의 연설을 듣기 위해 속속들이 모여들었다. 시카고에는 많은 군중을 수용할 만한 실내 공간이 없었기 때문에 야외 광장에 사람들이 가득 모였으며, 미처 광장에 들어오지 못해 인근 건물의 발코니나 지붕 위에 올라간 사람들도 수백 명에 달했다.

더글러스가 첫 문장을 말하자마자 여기저기서 야유 소리가 들렸다. 그래도 그는 연설을 계속했다. 아니, 적어도 계속하려 애를 썼다. 청중들은 소리치며 야유를 보내고, 모욕적인 노래를 불렀으며, 형용하기 힘든 욕을 퍼부었다.

그의 열성 지지자들이 맞서 싸우려 들자, 더글러스는 그들을 진정시켰다. 그는 폭도들의 흥분을 잠재우려 했지만 허사였다. 그가 〈시카고 트리뷴〉을 비난하자, 군중은 그 신문을 지지했다. 연설을 방해하면 밤새 그 자리를 떠나지 않겠다고 하자, 8000여 명의 군중은 이렇게 합창했다. "우리는 아침까지 집에 가지 않을 거야. 우리는 아침까지 집에 가지 않을 거야."

그때는 토요일 밤이었다. 경망스런 말과 무례한 행동이 넘친 지 네 시간이 지나자, 더글러스는 시계를 꺼내 보더니 아우성

치고 주먹을 휘두르는 군중에게 이렇게 소리쳤다. "이제 일요일 아침입니다. 저는 교회로 가겠습니다. 여러분은 지옥에나 가십시오." 지친 더글러스는 연설을 포기하고 연단을 떠났다. 그 작은 거인은 평생 처음으로 수모를 당하고 패배를 맛보았다.

다음 날 아침, 신문들은 일제히 그 사건을 다루었다. 그리고 이 소식은 스프링필드에도 흘러들어 갔는데, 거만하고 뚱뚱한 모습에 흑갈색 머리의 중년 여성이 부르르 떨면서도 묘한 만족을 느끼며 기사를 읽고 있었다. 그녀는 15년 전 더글러스의 아내가 되고자 했던 메리 토드였다. 오랫동안 남편 링컨이 굴욕적인 패배를 당해 마음속에 화가 쌓였던 그녀는 지금까지 더글러스가 인기 많고 강력한 지도자로 승승장구하는 모습을 지켜봐야 하는 처지였다.

하지만 고맙게도 그 거만한 더글러스가 이제는 추락했다. 그는 자신의 고향에서 자신이 소속된 민주당 지지자들을 분열시켰다. 선거가 바로 코앞으로 임박한 시점에 말이다. 이는 링컨에게는 좋은 기회였고, 메리 링컨은 이 사실을 잘 알고 있었다. 1848년에 잃었던 대중의 지지를 다시 얻고, 정치적 재기를 해 상원 의원에 당선될 수 있는 절호의 기회라고 직감했다. 사실 더글러스의 의원 임기는 아직 4년이나 남아 있었지만, 그의 동료는 몇 개월 뒤에 재선을 앞두고 있었다.

그 동료는 누구일까? 그는 허풍 많고 호전적인 아일랜드 출신 쉴즈였다. 메리 링컨은 그에게도 앙갚음해야 할 원한이 있었다. 1842년에 그녀가 쓴 모욕적인 편지가 주요 원인이 되어 쉴즈가 링컨에게 결투를 신청한 적이 있었다. 두 사람은 기병대 칼로 무장하고 입회인을 대동한 채 미시시피 강 하구 모래사장에서 만나 결투를 벌이게 되었다. 하지만 마지막 순간에 친구들이 중재에 나서면서 비극적인 사태는 피할 수 있었다. 그 이후로 쉴즈는 정치적으로 오름세를 탔지만, 링컨은 내림세를 타기 시작했다.

하지만 이제 링컨이 바닥을 치고 올라가기 시작했다. 그의 말에 따르자면, 미주리 협정 폐지가 링컨을 일으켜 세웠다. 그는 더 이상 잠자코 있을 수 없었다. 링컨은 온 힘을 다해 싸우기로 했다. 그는 연설 준비에 착수했다. 먼저 주립 도서관에 가서 역사에 대해 수 주일 동안 조사하고, 현재의 모든 상황을 파악했으며, 그 법안이 어렵사리 통과되기까지 의회에서 요란하게 오고 간 모든 논쟁들을 살펴보았다.

10월 3일, 스프링필드에서 품평회가 열렸다. 농부 수천 명이 시내로 쏟아져 들어왔다. 남자들은 자신이 기른 돼지, 말, 소, 옥수수 등을 가지고 나왔으며, 여자들은 자신이 만든 젤리, 잼, 파이, 절인 과일 등을 가지고 나왔다. 하지만 보다 놀라운 사건 때문에 이런 전시품들은 사람들의 관심에서 밀려나 있었다. 더글러스가 품평회 개막식에서 연설한다는 소문이 몇 주 전부터 퍼지면서 전국의 정치인들이 그의 연설을 들으려고 스프링필드로 몰려왔기 때문이다.

그날 오후, 그는 세 시간이 넘도록 자신의 경력을 되짚어 설명하고, 자신을 방어하기도 하고, 남들을 공격하기도 했다. 그는 "노예제를 한 지역으로 몰아 합법화시키거나 불법화시키는 것에 반대해야 하고, 노예제는 각 주의 결정에 따라야 한다"라고 주장했다.

그는 이렇게 소리쳤다. "분명히 캔자스와 네브래스카 주민이 자치를 할 수 있다면, 그들은 불쌍한 흑인 노예도 일부 다스릴 수 있습니다."

링컨은 맨 앞자리에 앉아 더글러스의 말을 하나도 놓치지 않고 들으며 그의 모든 주장을 머릿속으로 하나하나 정리해보았다. 더글러스가 연설을 마치자, 링컨은 이렇게 장담했다. "내가 내일 저 사람의 가죽을 울타리에 걸어놓게 되겠군."

다음 날 아침, 링컨이 품평회에서 더글러스에게 응수하는 연설을 할 거라는 전단이 시내 곳곳에 뿌려졌다. 사람들의 관심이 집중되었고, 연설회장의 좌석은 연설 예정 두 시간 전에 이미 다 찼다. 이윽고 더글러스가 연단에 등장해 여느 때처럼 깔끔하고 완벽한 차림으로 자리에 앉았다.

메리 링컨은 이미 청중 속에 자리 잡고 있었다. 그날 아침, 집을 나서기 전에 그녀는 링컨의 코트를 열심히 손질하고, 새 옷깃을 달고, 가장 좋은 타이를 정성껏 다려놓았다. 그녀는 외부로 드러나는 남편의 이미지가 그에게 득이 되길 바랐다. 하지만 날씨가 더워서 링컨은 연설장의 공기가 숨이 막힐 것 같다고 느꼈다. 그래서 그는 코트, 조끼, 옷깃, 타이를 모두 벗어놓고 연단 위로 성큼성큼 올라갔다. 그의 길고 그을린 목이 마른 몸에 헐렁하게 걸쳐 있는 듯한 셔츠 밖으로 튀어나와 있었다.

머리는 헝클어져 있었고, 구두는 낡고 지저분했다. 짧고 잘 맞지 않는 바지가 멜빵 하나로 지탱되고 있었다. 그런 남편의 모습을 보면서 메리 링컨은 화가 나고 당황스러워서 얼굴을 붉혔다. 어쩌면 실망과 절망감에 눈물을 흘렸을지도 모른다.

그 당시에는 어느 누구도 상상하지 못했겠지만, 우리는 알고 있다. 아내가 부끄러워 어쩔 줄 몰라 하던 이 세련되지 못한 남자가 그 무더운 가을날 오후에 세계 역사에서 불멸의 위치에 오를 첫걸음을 내딛고 있었다는 사실을.

그날 오후 링컨은 일생일대의 연설을 했다. 만약 그가 이전에 했던 연설을 모아 한 권의 책으로 엮고, 다시 그날 오후에 했던 연설을 다른 책으로 엮는다면 그 모든 연설을 같은 사람이 했다고 믿기 어려울 것이다. 그날 링컨은 전혀 예상치 못했던 위대한 연설을 남겼다. 링컨은 커다란 불의를 깊이 있게 비난했고, 억압받는 흑인을 변호했으며, 도덕의 위대함으로 청중들의 마음을 사로잡고, 그들을 감동시켰다. 그는 노예제의 역사를 자세히 살피고, 노예제를 혐오하는 다섯 가지 이유를 들었다. 하지만 관대한 아량으로 조심스레 말했다.

"저는 남부 사람들에 대해 편견을 갖고 있지 않습니다. 우리가 처할 수도 있었을 상황에 그들이 처해 있는 것뿐입니다. 만약 그들에게 노예제가 없었다면, 그들은 노예제를 하지 않았을 것입니다. 만약 우리에게 노예제가 존재했다면, 우리도 당장 노예제를 포기하지 못했을 것입니다.

노예제의 시작에 대한 책임이 우리 북부 사람들에게도 똑같이 있다고 그들이 주장하는 것에 대해 저는 사실이라고 인정합니다. 제도란 한번 뿌리내리면 쉽사리 없애기 어렵기 때문에 그들의 입장을 이해하고 받아들일 수 있습니다. 제 자신도 그 같은 처지에서 어떻게 행동할지 모르면서 그들이 노예제를 유지하면 안 된다고 비난하지 않을 것입니다. 모든 권력이 제게 주어진다고 해도 기존에 있는 제도를 어떻게 처리해야 할지 모르기 때문입니다."

세 시간이 넘게 연설하느라 얼굴에는 땀이 줄줄 흘렀지만, 링컨은 더글러스의 주장을 반박하는 연설을 계속했으며, 그의 주장이 억지고 완전히 잘못된 것임을 지적했다. 그의 연설은 심오했고, 청중들에게 깊은 인상을 남겼다. 더글러스는 연단 밑에서 괴로운 듯 계속 자세를 바꾸어 앉았다. 그런 시간이 계속되자 자리에서 일어나 링컨의 연설을 제지하기도 했다.

선거가 멀지 않았다. 진보적인 젊은 민주당원들은 더글러스의 공천을 반대하며 그를 공격했고, 그 결과 더글러스의 민주당은 일리노이 주 선거에서 크게 패하고 말았다. 당시에는 주 의회가 상원 의원을 선출했다. 1855년 2월 8일, 상원 의원을 뽑기 위한 일리노이 주 의회가 스프링필드에서 열렸다. 링컨 부인은 이날을 위해 새 옷과 모자를 샀고, 형부 니니안 W. 에드워즈는 긍정적인 결과를 기대하며 밤에 있을 상원 의원 링컨의 축하연을 준비했다.

개표 초반에는 링컨이 다른 후보를 앞지르며, 당선까지 단 6표만 남겨두었다. 하지만 그 이후부터 링컨은 계속 표를 얻지 못했다. 결국 10번째 투표에서 패배해 라이먼 W. 트럼불이 당선되고 말았다.

라이먼 트럼불은 링컨 부인의 친한 친구이자 링컨 부부의 결혼식에서 신부 들러리를 섰던 줄리아 제인과 결혼했다. 그날 오후, 메리와 줄리아는 하원 의사당 발코니에 나란히 앉아 상원 의원 투표를 지켜보았다. 이윽고 줄리아 남편의 당선이 발표되자, 링컨 부인은 분을 참지 못하고 자리를 박차고 나가버렸다. 그 이후로 메리는 질투와 울분 때문에 줄리아 트럼불과 말을 하지 않았다.

슬프고 우울한 링컨은 벽이 잉크로 얼룩지고, 책장에는 먼지 속에서 씨앗들이 싹을 틔우고 있는 지저분한 자신의 변호사 사무실로 돌아갔다.

일주일 후, 그는 올드 벅을 끌고 아직 사람들이 정착하지 않은 초원 지대를 지나 다시 순회 재판이 열리는 곳으로 돌아다녔다. 하지만 그는 더 이상 변호사 일에는 뜻이 없었다. 이제 정치와 노예제에 대한 생각만이 가득했다. 링컨은 수없이 많은 사람들이 노예 신분으로 있는 현실 때문에 비참한 생각이 든다고 말했다. 우울한 감정에 휩싸이는 시간이 더 많아지고 길어졌으며, 날이 갈수록 상태는 더 심각해졌다.

어느 날 밤, 시골의 한 여인숙에서 그는 동료 변호사 한 명과 방을 같이 쓰게 되었다. 그 동료는 새벽녘에 잠옷 차림으로 침대 끝에 걸터앉아 있는 링컨을 발견했다. 링컨은 낙담한 표정으로 뭔가를 골똘히 생각하다가 혼자 중얼거리고 있었다. 그러고는 자신을 보더니 이렇게 말했다고 한다. "이 나라가 반쪽은 노예제를 하고, 반쪽은 자유로운 상태로 지속될 수는 없다네."

그리고 얼마 지나지 않아 스프링필드에 사는 어느 흑인 여성이 링컨을 찾아와 안타까운 사연을 털어놓았다. 그 여자의 아들은 세인트루이스로 가서 미시시피 강을 항해하는 증기선에서 일자리를 얻었는데, 뉴올리언스에 도착하자마자 감옥으로 끌려갔다는 것이었다. 그는 자유의 몸으로 태어났지만, 노예가 아니라는 증명 서류가 없었기 때문에 배가 출항할 때까지 감옥에 갇혀 있을 수밖에 없었다. 그리고 이제는 감옥 비용을 내지 않으면 노예로 팔려 갈 처지에 있다고 했다.

링컨은 이 일을 논의하기 위해 일리노이 주지사를 찾아갔다. 하지만 주지사는 자신이 그런 일에 관여할 권리나 권한이 없다고 대답했다. 루이지애나 주지사 역시 편지로 자신도 해줄 수 있는 것이 없다고 답변했다. 링컨은 일리노이 주지사를 다시 찾아가 조치를 취해달라고 강력히 요청했지만, 그는 고개를 흔들었다.

이에 링컨은 자리에서 일어나며 힘주어 말했다. "안타깝군요, 주지사님. 당신은 불쌍한 그 소년을 풀어줄 법적 권한이 없을지도 모릅니다. 하지만 저는 맹세코 노예 소유주들이 더 이상 이 땅에 발을 붙이지 못하는 나라를 만들고 말 겁니다."

그다음 해에 링컨은 마흔여섯 살이 되었다. 그는 친구 휘트니에게 안경이 필요하다고 털어놓았고, 보석상에 들러 37.5센트를 내고 처음으로 안경을 장만했다.

정치적 적수 더글러스에게 패배

1858년 여름, 에이브러햄 링컨은 생애 처음으로 커다란 대결을 치르게 된다. 시골 출신의 무명 인사였던 그가 미국 역사상 가장 유명한 정치적 대결의 주인공이 된 것이다.

그의 나이 이제 마흔아홉. 힘든 삶과 사투를 벌이며 그가 도달한 곳은 어디일까?

그는 사업에 실패했고, 결혼 생활도 삭막하고 황량했으며 불행했다. 법조계에서는 연 300달러의 수입을 올리며 변호사로서 어느 정도 성공했다고 할 수 있지만, 정치와 마음속에 품은 뜻을 펼치는 데 있어서는 좌절과 패배만을 경험했다.

링컨은 스스로 "내가 품었던 야망은 실패, 완전한 실패였다"라고 고백했다.

하지만 그때부터 상황은 크게 변하며 걷잡을 수 없이 진행되기 시작했다. 그리고 7년 뒤 그는 죽게 된다. 그 7년 동안 그는 먼 후세까지 기억되는 명예와 영예를 얻게 된다. 우리가 연설

대결에서 보았던 그의 정치적 적수는 스티븐 A. 더글러스였다. 그 더글러스가 이제는 전국적인 우상이 되었고, 더 나아가 세계적으로 유명한 인사가 되었다.

그는 미주리 협정의 폐기로 인한 4년간의 정치적 위기를 딛고 역사상 가장 놀랍게 정치계에 복귀했다. 그는 극적이고 인상적인 정치적 대결을 불사함으로써 정치적 입지를 회복했다. 그 과정은 이러했다.

캔자스 주가 연방 가입을 희망하며 노예제를 허가하는 주로 인정해달라고 했다. 그 요구가 받아들여져야 할까? 더글러스의 대답은 '아니요'였다. 왜냐하면 캔자스 헌법을 만든 의회는 진정한 의미의 입법기관이 아니었기 때문이다. 그 구성원들은 속임수와 총으로 선출되었다. 투표권이 있는 캔자스 정착민들의 절반이 선거인 명부에 등록조차 되어 있지 않았기에 투표를 할 수 없었다. 하지만 미주리 주 서부에 사는 5000명의 민주당원들은 캔자스에서 법적 투표권이 없는데도, 선거일에 병기고로 가서 무장을 하고 나타났다. 그들은 깃발을 휘날리고 군악대를 앞세워 캔자스 거리를 행진하고는 노예제 찬성표를 행사했다. 이 모든 것이 정의를 가장한 유치한 쇼에 불과했다.

그러면 노예제를 반대하는 캔자스 주의 자유주의 주민들은 무엇을 했을까? 그들은 전투를 준비했다. 총을 닦고, 기름칠을 하고, 나무에 걸어놓은 표적지와 헛간 손잡이의 옹이 구멍에 총을 쏘며 사격을 연습했다. 그들은 행진하여 훈련하고, 참호를 파고, 방벽을 만들고, 숙박하는 곳을 요새로 만들었다. 그들

은 투표로 정의를 수호하지 못하면 총알로 승리를 거둘 생각이
었다!

　북부 지역의 거의 모든 마을에서는 언변이 있는 연설가가 나
서서 시민들에게 열변을 토한 뒤, 모자를 돌리며 캔자스의 전
투를 위해 돈을 모금했다. 브루클린에서 교회 설교단을 때려
부순 헨리 워드 비처는 성경보다 총이 캔자스를 구하는 데 더
효과적이라고 소리쳤다. 그 이후로 샤프의 총은 '비처의 성경'
으로 불렸다. 그 무기들은 동부에서 '성경' '도자기' '개정 법
률'이라는 라벨이 붙은 상자와 통에 실려왔다.

　노예제를 반대하는 다섯 개 주의 주민이 살해되고 난 후, 포도
를 재배하고 부업으로 포도주를 만드는 어느 늙은 광신도는 캔
자스 평원에 서서 이렇게 외쳤다. "내게는 선택권이 없다. 전능
하신 하나님께서 노예제 찬성자를 벌하라고 내게 명령하셨다."

　그의 이름은 존 브라운이었고, 오서와터미에 살고 있었다.
5월의 어느 날 밤, 그는 《성경》을 펼쳐 다윗의 〈시편〉을 가족
들에게 읽어주고는 다 같이 무릎 꿇고 기도했다. 그런 뒤 찬송
가를 몇 곡 부르고 나서 네 명의 아들과 사위와 함께 말을 타고
초원 지대를 지나 노예제 지지자의 오두막으로 갔다. 그리고
노예제 지지자와 그 곁에 있던 소년 두 명을 끌고 나와 그들의
팔을 자르고 머리를 도끼로 잘랐다. 새벽에 비가 내리자, 죽은
사람들의 머리에서 뇌가 일부 씻겨 내려갔다. 그 이후로 노예
주와 자유주 사이에서는 서로를 찔러 죽이거나 총으로 쏴 죽이
는 일이 생겼다. '피투성이 캔자스'라는 용어가 역사의 한 페이

지를 장식하게 되었다.

이제 스티븐 A. 더글러스는 불의와 음모가 판치는 상황에서 사이비 의회가 만든 헌법은 압지(잉크가 번지지 않게 물기를 빨아들이는 종이—옮긴이)를 써서 보관해둘 가치조차 없음을 알게 되었다. 그래서 더글러스는 캔자스 주민들에게 정당하고 평화로운 투표를 통해서 노예주와 자유주 중 어느 쪽을 선택할 것인지를 결정하자고 요청했다.

그의 요구는 옳고 정당했다. 하지만 당시 대통령이었던 제임스 뷰캐넌과 노예제를 지지하는 워싱턴 정가의 오만한 정치가들은 그 요청을 고분고분 받아들일 생각이 없었다. 그래서 뷰캐넌과 더글러스는 언쟁을 벌였다.

대통령은 더글러스를 정치적으로 파멸시키겠다고 협박했고, 이에 더글러스는 이렇게 응답했다. "내가 당신을 대통령으로 만들었지만, 맹세코 당신을 끌어내리겠소이다." 더글러스는 이런 말을 통해 위협을 가했을 뿐 아니라 새로운 역사를 만들었다. 삽시간에 노예제에 대한 정치적 힘과 오만이 절정에 달했다. 하지만 그 순간부터 그 힘은 빠르고 극적으로 쇠퇴하기 시작했다.

연이어 일어난 싸움은 파국을 알리는 시작이었다. 왜냐하면 1860년의 그 싸움으로 더글러스는 자신이 속한 민주당을 분열시켰고, 민주당이 패배하는 문을 열었으며, 이로 인해 결국 링컨의 대통령 당선은 가능한 정도를 넘어 불가피한 상황이 되고 만다.

더글러스는 자신의 정치 인생의 미래를 자기 소신과 북부 사람들 대부분이 믿는 데 걸었다. 그것은 개인적인 욕심을 버리고 위대한 원칙을 지키기 위한 투쟁이었다. 그래서 일리노이 주는 더글러스를 매우 좋아하게 되었으며, 이제 그는 미국에서 가장 존경받는 인물이 되어 자신의 고향으로 돌아왔다.

예전에 그에게 야유를 보내고, 배에 조기를 걸고, 교회에서 조종을 치기도 했던 시카고에서도 1854년에 더글러스가 돌아올 때는 악단과 특별열차를 보내기도 하고, 영접 위원들이 집까지 그를 경호하기도 했다. 또 디어본 공원에서는 150발의 축포가 발사되고, 수백 명의 남자들이 그와 악수를 하려고 아우성쳤으며, 수천 명의 여자들은 그의 발치에 꽃을 던졌다. 또한 그에 대한 존경의 표시로 그의 이름을 따서 아이 이름을 짓는 사람들도 있었다. 그러니 어느 광적인 추종자가 그를 위해서라면 단두대에라도 서겠다고 했다는 말은 아마 과장은 아니었을 것이다. 그가 죽은 지 40년이 지나도록 사람들은 여전히 '더글러스의 민주당'이라며 자랑스럽게 생각했다.

더글러스가 의기양양하게 시카고에 온 지 몇 달이 지난 후, 일리노이 주에서는 상원 의원 선거가 예정되어 있었다. 민주당에서는 자연스레 더글러스가 지명되었다. 그렇다면 공화당에서 그에 맞설 인물은 누구였을까? 잘 알려지지 않았던 링컨이었다.

선거 기간 동안 링컨과 더글러스는 격렬한 논쟁을 벌였으며, 이 논쟁을 통해 링컨은 유명세를 얻게 되었다. 그들은 하나의 현안을 놓고 논쟁을 벌였고, 감정싸움으로 치달으면서 유권자들의 열기도 더해갔다. 미국 역사상 전례가 없을 정도로 많은 사람들이 두 사람의 연설을 듣기 위해 몰려들었다. 그들을 수용할 만한 큰 건물이 없었기에 가로수가 있는 거리나 평원에서 오후에 집회를 열기도 했다. 기자들이 두 사람을 쫓아다녔고, 신문들은 연일 파란을 일으키는 두 사람의 대결을 보도했다. 이제 두 사람은 청중을 대변하는 인물이 되어 있었다.

2년 후, 링컨은 백악관에 입성하게 된다.

당시의 열띤 정치적 대결 덕분에 링컨은 국민 모두에게 자신을 알릴 수 있었고, 그 대결을 기회로 새로운 정치 인생의 길을 열 수 있었다.

링컨은 더글러스와의 대결이 있기 몇 달 전부터 좋은 생각이나 마음에 드는 구절이 떠오르면 여기저기 나뒹구는 종이쪽지(편지 봉투 뒷면, 신문 여백, 종이 봉지 조각 등)에 그때그때 기록해두었다. 그리고 마지막에는 그 종잇조각들을 한곳에 모아 옮겨 적고는 큰 소리로 한 문장 한 문장씩 읽어가며 수정하고 보완해서 더 나은 문장을 만들었다.

첫 연설 초안이 완성되자, 그는 어느 날 밤에 몇몇 친구들을 국립 도서관으로 불렀다. 그곳에서 문을 걸어 잠그고는 친구들에게 자신의 연설문을 읽어주면서 한 문장이 끝날 때마다 멈추며 반응을 들어보고 평가를 부탁했다. 이 연설문 초고에는 후에 유명해진 다음과 같은 예언적인 문구가 들어 있었다.

"스스로 분리된 집은 존립할 수 없습니다."

"이 정부가 반은 노예주로, 반은 자유주로 계속 남아 있을 수는 없다고 생각합니다."

"연방이 해체되지 않기를 바랍니다. 집이 무너지지 않기를 바라지만, 이제 분열은 종식되어야 합니다."

"이제 양자택일을 해야 할 때입니다."

그가 연설문을 읽자, 친구들은 아연실색하고 말았다. 연설문의 내용이 너무 과격하고, '정말 바보 같은 주장'이라며 오히려 표를 잃고 말 것이라고 했다.

결국 링컨은 천천히 자리에서 일어나며 자신이 제시한 주제에 관한 열띤 견해를 드러내며 모임을 마쳤다. 그러면서 "스스로 분리된 집은 존립할 수 없다"라는 것은 모든 인간이 경험한 진리라고 했다. 그는 이렇게 말했다.

"이 말은 6000년 동안 진리로 받아들여져 왔다네. 나는 곤경에 처한 이 시대 사람들을 일깨워 줄 보편적이고 간결한 언어를 원해. 이제 이 진리를 주장해야 할 때가 왔으며, 내 주장을 바꾸거나 고칠 뜻이 없다네. 만일 필요하다면, 나는 기꺼이 이 진리와 함께 죽을 거야. 만일 이 연설로 인해 내가 땅에 묻히고 말 운명이라면, 나는 진리와 함께 죽겠어. 나는 목숨을 다해 옳은 것을 주장할 생각이야."

8월 21일, 더글러스와의 위대한 첫 대결은 시카고에서 약 120킬로미터 떨어진 오타와의 작은 농촌에서 펼쳐졌다. 군중은 전날 밤부터 그 마을로 몰려들기 시작했다. 여관, 민박, 마차 마구간까지 만원을 이루었으며, 그곳에서 약 2킬로미터 떨어진 계곡과 강가의 절벽, 저지대 곳곳에서 사람들이 캠프를 치고 불을 지피는 모습이 마치 침략군에 포위된 것처럼 보일 정도였다.

동이 틀 무렵이 되자, 또다시 사람들이 밀물처럼 몰려들었다. 시골길을 가득 메운 마차와 수레, 보행자, 말 위에 올라탄 남녀들의 머리 위로 일리노이 초원의 태양이 내려 비추고 있었다. 날은 계속 건조했고 무덥기까지 했다. 거대한 흙먼지 바람이 불어 옥수수 밭과 초원을 쓸고 지나갔다.

정오에는 시카고에서 출발한 17량짜리 특별열차가 도착했다. 좌석은 다 찼고, 통로에도 사람들로 가득 찼으며, 심지어 지붕에까지 올라탄 승객들이 있었다. 인근 60킬로미터 이내의 모든 마을에서는 악단까지 데려왔다. 드럼과 나팔 소리는 물론 행진하는 의용군들의 발소리까지 들렸다. 돌팔이 의사들은 공짜 뱀 공연을 하며 진통제를 팔았다. 마술사와 곡예사들은 술집 앞에서 공연을 펼쳤고, 거지들과 창녀들이 돌아다녔다. 폭죽이 터지고 총포가 울리자, 말들이 놀라 뒷걸음질 쳤다.

어떤 마을에서는 여섯 마리의 말이 끄는 멋진 마차에 더글러스를 태우고 여기저기 다녔다. 그러면 커다란 환호성과 갈채가 끊임없이 터져 나왔다.

링컨의 지지자들은 더글러스의 과시와 고상한 행진을 경멸이라도 하는 듯이 하얀 노새 몇 마리가 끄는 낡은 짐수레에 링컨을 태우고 다녔다. 그 뒤로 32명의 소녀들이 탄 짐수레가 따라갔다. 그 소녀들은 각 주의 이름과 그 위에 커다랗게 다음과 같은 모토를 적어 옷에 붙이고 있었다.

제국의 별은 서쪽으로 저물어간다.
어머니들이 클레이를 따랐듯이, 소녀들은 링컨을 따른다.

연설 시작 30분 전부터 링컨과 더글러스, 행사 위원들, 기자들은 운집한 군중을 뚫고 연단에 오를 준비를 하고 있었다. 나무로 세운 천막이 타오르는 태양을 막아주고 있었다. 수많은 사람이 천막으로 올라가자, 천막이 무게를 견디지 못하고 무너졌다. 천막 판자가 더글러스의 위원단 쪽으로 떨어졌다.

링컨과 더글러스는 거의 모든 면에서 대조를 이뤘다. 더글러스는 160센티미터의 단신인 데 비해 링컨은 190센티미터의 장신이었다. 링컨은 가냘픈 목소리를 가진 데 반해, 더글러스는 굵은 바리톤 목소리를 지녔다. 더글러스는 우아하고 세련됐지만, 링컨은 촌스럽고 어설펐다. 더글러스는 대중의 우상이 될 만한 매력을 지니고 있었지만, 링컨은 창백하고 주름진 얼굴에 우울함이 배어 있어서 외적인 매력은 찾아보기 어려웠다.

더글러스는 남부의 부농처럼 주름 장식이 있는 셔츠에 감청색 코트, 흰 바지, 챙 넓은 흰 모자를 잘 갖추어 입었던 데 반해, 링컨은 짧은 소매의 낡고 검은 외투, 짧고 헐렁한 바지, 낡고 지저분하고 우뚝 솟은 실크 모자 차림으로 촌스럽고 우스꽝스러웠다.

더글러스는 유머 감각이 없었지만, 링컨은 이야기를 재미있게 풀어가는 재주를 갖고 있었다. 더글러스는 어딜 가든 같은 연설을 되풀이했지만, 링컨은 자신이 말하는 주제에 관해 끊임없이 숙고한 끝에 예전에 했던 이야기를 새로운 표현으로 보다 쉽게 연설했다.

더글러스는 허영심이 많고 허세와 허풍을 많이 떨었다. 그래서 깃발로 장식된 특별열차로 이동하며 열차 끝에 있는 유개화차에 놋쇠 빛의 대포를 준비해놓고 역에 도착할 때마다 축포로 지역 주민들에게 자신의 도착을 알렸다.

하지만 링컨은 그의 표현대로 '시끌벅적한 연주 소리와 불꽃놀이'를 싫어해서 보통열차나 화물열차를 이용했으며, 낡아빠진 여행 가방과 손잡이가 떨어져나가 갑자가 펴지는 일이 없도록 중간을 끈으로 묶어놓은 녹색 면직 우산을 들고 다녔다.

더글러스는 기회주의자였다. 링컨의 말대로 그는 '확고한 정치적 도덕성'이 없었다. 이기는 것만이 그의 목표였다. 하지만 대의를 위해 싸우기로 한 링컨은 최후에 정의와 자비가 승리하기만 한다면, 지금 당장 누가 이기느냐는 중요한 문제가 아니라고 생각했다. 그는 이렇게 말했다.

"제게는 열망이 있습니다. 하나님은 이 격전이 있기 훨씬 전부터 제가 이 열망을 위해 얼마나 진실하게 기도했는지 알고 계십니다. 저도 정치적 명예에 관심이 없는 것은 아닙니다. 하지만 미주리 타협안이 복구될 수 있다면, 노예제 문제가 예전의 '관용'의 기반 위에서 기존에 존재하는 곳에서 제한적으로 시행되기만 한다면, 저는 노예제 확산에 대해 절대적으로 반대하는 입장이긴 하지만 원칙적으로 더글러스가 의원직을 박탈당해서는 안 된다고 생각하며, 우리 두 사람의 생전에 제가 상원 의원에 당선되는 일이 없어도 좋습니다.

사실 누가 상원 의원이 되느냐는 그리 중요하지 않습니다. 지금 우리가 여러분에게 제시한 이 중요한 문제는 사사로운 개인적 이익이나 정치적 이해관계 이상의 것입니다. 더글러스와 저의 부족하고, 미약하고, 우물쭈물하는 세 치 혀가 무덤에서 잠자고 있을 때도 이 문제는 계속 살아 숨 쉬며 불타오를 것입니다."

논쟁이 계속되는 동안 더글러스는 어떤 주든 어떤 지역이든, 다수의 주민이 투표로 찬성한다면 언제든 노예제를 유지할 권리가 있다고 주장했다. 그리고 자신은 노예제가 폐지되든 유지되든 신경 쓰지 않는다고 했다. 그가 내건 슬로건은 이러했다. '각 주는 자기 주만 신경 쓰고 다른 주는 신경 쓰지 말자.'

링컨은 정반대되는 입장을 취했다. 그는 이렇게 설명했다.

"이 논쟁의 핵심은 노예제에 대한 더글러스의 생각이 옳고, 제 생각이 틀렸는가 하는 데 있습니다. 그의 주장은 어떤 사회가 노예를 원한다면, 그들에게 노예제를 유지할 권리가 있다는 것입니다. 그 주장이 틀리지 않다면, 어떤 사회든 노예제를 유지할 권리를 갖게 됩니다. 하지만 그 주장이 잘못된 것이라면, 그는 우리가 잘못을 행할 권리를 가지고 있다고 말해서는 안 됩니다.

그는 이웃이 농장에 담배를 심든 뿔 달린 소를 사서 키우든 상관하지 않듯이, 자신은 어떤 주가 노예제를 유지하건 폐지하건 상관하지 않겠다고 합니다. 하지만 대단히 많은 사람들은 더글러스와 다른 생각을 갖고 있습니다. 노예제를 도덕적으로 매우 잘못된 것으로 생각하고 있습니다.”

더글러스는 전국을 돌아다니며 링컨이 흑인들도 사회적으로 평등하게 살 수 있어야 한다고 주장한다며 계속 비난했다. 이에 링컨은 다음과 같이 반박했다.

“아닙니다. 흑인들에 관해 부탁드리고자 하는 것은 만약 당신이 흑인들을 좋아하지 않는다면 그들을 그냥 내버려 두라는 것입니다. 하나님이 흑인들에게 작은 권리를 주었다면, 그들이 그 권리를 누리게 합시다. 그들은 여러 가지 면에서 우리와 동등하지 않습니다. 하지만 그들에게도 삶, 자유, 행복을 추구할 권리는 있습니다. 그들 손으로 번 빵을 입에 넣을 권리가 있을 뿐 아니라 그들은 더글러스를 비롯해 생명이 있는 모든 사람들과 동등한 존재입니다.”

논쟁이 계속되면서 더글러스는 링컨이 ‘백인들과 흑인이 포옹하고 결혼’하기를 원하고 있다고 비난했다. 링컨은 이를 부정하며 여러 차례 다음과 같이 말했다.

“흑인 여성이 노예가 되는 것을 원하지 않으면, 아내로 맞이해야 한다는 양자택일 논리에 저는 반대합니다. 저는 50년간 살아오면서 흑인 여성을 노예로 두거나 아내로 맞이한 적이 없습니다. 백인 남성에게는 결혼할 백인 여성이 충분하고, 흑인 남성에게는 결혼할 흑인 여성이 충분합니다. 그러니 그들이 그렇게 결혼하게 두면 되는 것입니다."

더글러스는 이 문제에서 슬쩍 발을 빼려 했다. 링컨은 그의 주장이 '굶어 죽은 비둘기 가죽으로 끓인 스프'처럼 알맹이가 없다고 비판했다. 또 이런 표현을 쓰기도 했다. "그는 마로니에 나무(Horse-chestnut)가 밤색 말(Chestnut horse)이 될 수 있음을 증명하려는 사람처럼 단어를 그럴듯하게 배열합니다."

그리고 링컨은 이렇게 덧붙였다. "논쟁거리가 되지 않는 것에 대해 반박해야 한다는 것은 정말 바보 같은 짓입니다."

더글러스는 그의 말이 사실이 아니라고 말했다. 자신은 그렇지 않으며, 링컨의 말도 거짓이라고 주장했다. 그러자 링컨은 이렇게 답했다.

"만약 어떤 사람이 2 더하기 2가 4가 아니라고 줄기차게 우긴다면, 저는 그 사람을 멈추는 방법을 알지 못합니다. 지적인 말장난이나 늘어놓는 논쟁을 벌일 수는 없는 노릇이며, 그렇다고 그 사람의 입을 막아버리는 조치를 취할 수도 없습니다. 저는 더글러스를 거짓말쟁이라고 부르고 싶지는 않습니다만, 그와 맞서야 하는 순간이 오면 그때는 저도 그를 어떻게 부를지 모르겠습니다."

날이 지날수록 두 사람 사이의 싸움은 치열해졌다. 링컨은 더글러스에 대한 공격을 계속했다. 다른 사람들도 이 소동에 가세했다. 더글러스를 거짓말쟁이라고 칭하는 라이먼 트럼불은 그가 '세상에서 가장 파렴치하고 지독한 사람'이라고 했다. 유명한 흑인 연설가인 프레더릭 더글러스는 일리노이 주에 가서 공격에 가세했다. 뷰캐넌을 지지하는 민주당원들도 더글러스에 대한 비방에 가세해 상황은 점점 더 치열해졌다. 열렬한 독일계 미국인 개혁가 카를 슈르츠는 외국인 투표에 앞서 더글러스를 기소했다. 공화당 신문은 헤드라인에 더글러스를 '날조자'로 낙인찍어 센세이션을 일으켰다.

자신이 속한 민주당을 분열시켜 사방에서 시달리는 신세가 된 더글러스는 대적을 상대로 싸우고 있었다. 절망에 빠진 더글러스는 친구 어서 F. 린더에게 도움을 호소하는 전보를 보냈다. "악마들이 나를 쫓고 있네. 제발 부탁인데 린더, 와서 나를 도와 그들과 싸워주게나."

이 전신을 전달받아 보내던 교환원이 전보 내용을 공화당원들에게 팔아넘기는 바람에 여러 신문사에서 이를 1면에 실어 신문을 찍어냈다. 더글러스의 적들은 환호했고, 그 전보의 수신자는 살아 있는 내내 '제발 부탁인데 린더'라고 불렸다.

선거 당일 밤, 링컨은 밤새 전신국에서 개표 소식을 듣다가 자신의 패배를 접하고 나서야 집으로 돌아갔다. 어둡고 비가 내리는 우울한 날이었다. 집으로 돌아가는 길은 닳아서 미끄러운 보도였다. 갑자기 한쪽 발이 미끄러지며 쓰러질 뻔했으나 이내 중심을 잡았다. 그는 이렇게 중얼거렸다. "미끄러진 거야. 넘어진 게 아니야."

얼마 후에 그는 자신의 기사가 실린 일리노이 주 신문의 사설을 읽었다. 그 신문에는 이렇게 쓰여 있었다.

"확실히 에이브러햄 링컨은 일리노이 주에서 출마한 정치가

중에서 가장 불운했다. 정치와 관련해서는 무슨 일이든 실패할 운명인 듯하다. 그는 보통 사람이었으면 인생을 망치고 말았을 정치적 실패를 번번이 겪었다."

그는 더글러스와 논쟁을 벌이는 과정에서 자신의 연설을 듣기 위해 사람들이 몰려들었던 것을 떠올리며, 강연을 통해 어느 정도 돈을 벌 수 있지 않을까 생각했다. 그래서 블루밍턴에 있는 건물을 빌려 표 파는 아가씨까지 입구에 세워두고 '발견과 발명'이라는 제목으로 강연을 준비했다. 하지만 강연을 들으러 오는 사람은 아무도 없었다. 정말 단 한 사람도!

그래서 링컨은 잉크 자국으로 얼룩진 벽과 책장 먼지 속에서 씨앗이 싹트고 있는 더러운 변호사 사무실로 또다시 돌아갔다. 6개월 동안 사건을 맡지 않아서 한 푼도 벌지 못했기 때문에 변호사 사무실로 돌아가지 않을 수 없었다. 이제는 돈이 거의 바닥나 정육점과 식료품점에서 먹을 것을 살 돈조차 충분치 않았다. 그래서 올드 벅에 딜컹거리는 마차를 매고 다시 순회 재판을 돌기 시작했다.

그때가 11월이었고, 추위가 몰려왔다. 멀리 잿빛 하늘에는 기러기들이 시끄럽게 소리 내며 남쪽으로 날아가고 있었다. 토끼가 갑자기 길 위로 뛰어올랐고, 멀리 숲 속에서 늑대 울부짖는 소리가 들렸다. 하지만 상심한 링컨에게는 주위의 모습들이 보이지 않고 들리지 않았다. 시간이 흐를수록 그는 턱을 가슴에 묻고 생각에 잠긴 채 깊은 절망 속으로 빠져들었다.

공화당 대통령 후보에 뽑힌 링컨

   1860년 봄, 공화당은 새로이 전열을 정비하고 시카고에서 대통령 후보 지명을 위한 전당대회를 개최했다. 당시만 해도 에이브러햄 링컨이 그 기회를 잡을 수 있을 것이라고는 누구도 생각지 못했다. 전당대회가 있기 얼마 전에 링컨 자신도 어느 신문 편집인에게 보낸 편지에서 "저는 솔직히 대통령에 어울리는 사람이 아닙니다"라고 말할 정도였다.

   1860년 당시에는 뉴욕 출신의 잘생긴 윌리엄 H. 수어드에게 대통령 후보의 영광이 돌아갈 것이라고 다들 생각하고 있었다. 이에는 의심의 여지가 없었다. 왜냐하면 시카고 행 열차 안에서 비공식 투표를 해봤는데, 다른 후보의 표를 모두 합친 것보다 두 배나 많은 표를 수어드가 얻었기 때문이다. 그 기차를 탄 대의원 중에서 에이브러햄 링컨에게 표를 준 사람은 한 명도 없었다. 심지어는 링컨이라는 후보가 있는지도 모르던 대의원도 있었을 것이다.

전당대회는 수어드의 59번째 생일날 열렸다. 얼마나 제격인가! 그는 자신의 생일 선물로 후보 지명을 받을 것이라고 굳게 믿고 있었다. 너무나 자신했던 나머지 동료 상원 의원들에게 고별 인사를 하고, 뉴욕 오번에 있는 자신의 집에서 성대하게 축하 파티를 하려고 친한 친구들을 초대해두었다. 또한 기쁜 소식을 주변 이웃들에게 알리기 위해서 축포 발사용 대포를 빌려 자신의 정원에 대기시켜놓기까지 했다.

만약 목요일 밤에 전당대회가 열려 투표가 진행되었다면 그는 예정대로 축포를 쏘아 올렸을 테고, 미국의 역사는 바뀌었을 것이다. 하지만 투표는 인쇄업자가 투표용지를 가져와야만 할 수 있는 것이다. 어쩌면 그 인쇄업자는 전당대회로 오는 도중에 맥주를 한잔 걸쳤는지도 모를 일이다. 투표용지 배달이 늦어져서 결국 전당대회가 있기로 한 목요일 밤에 대의원들은 그저 앉아서 인쇄업자를 하염없이 기다리기만 했다.

실내에는 모기가 득실거렸고, 더워서 숨이 막힐 지경이었다. 게다가 대의원들은 허기와 갈증을 느끼기 시작했다. 그때 어느 대의원이 전당대회를 휴회하고, 다음 날 아침 10시에 다시 모이자고 제안했다. 휴회는 언제든 합법적이었고, 휴회 제안은 늘 다른 제안에 우선하고 반응도 좋은 법이다. 그래서 그 제안은 열광적인 지지를 얻었다.

17시간이 지나 전당대회가 다시 열렸다. 그리 긴 시간은 아니었지만, 수어드의 정치 인생이 끝나고 링컨의 정치 인생이 새로 시작되기에는 충분한 시간이었다. 수어드의 몰락은 기이

한 외모의 호레이스 그릴리로부터 시작되었다. 그의 머리는 멜론처럼 둥글었으며, 머리카락은 색소결핍증에 걸린 사람처럼 희고 가늘었다. 비뚤어진 나비넥타이는 한쪽 끝이 거의 왼쪽 귀 아래쪽에 닿을 듯했다.

그릴리도 링컨을 후보로 지지한 것은 아니었지만, 윌리엄 H. 수어드와 그의 매니저인 설로 위드에게 앙갚음을 하겠다고 마음 깊이 작정하고 있었다. 그릴리가 원한을 품게 된 사연은 이랬다.

그릴리는 14년간 그 두 사람을 도와 수어드가 뉴욕 주지사, 그 이후에는 미국 상원 의원이 되도록 헌신했다. 그는 수어드가 이 나라의 정치 지도가가 되고, 또 그 자리를 유지할 수 있도록 위드를 보좌했다.

그토록 노력하고 치열하게 싸운 그릴리에게 어떤 보답이 주어졌을까? 무시당하는 일 말고는 거의 없었다. 그는 주의 인쇄 담당 관직을 맡고 싶었으나, 그 자리는 위드에게 돌아갔다. 그는 뉴욕 주의 우체국장 자리를 원했지만, 위드는 그를 추천조차 해주지 않았다. 그는 주지사가 되고 싶다고 했고, 그게 어렵다면 부지사라도 되었으면 하고 바랐지만, 위드는 거절했을 뿐 아니라 상처와 고통을 주는 말까지 했다.

결국 더 이상 참지 못한 그릴리는 수어드에게 가시 돋힌 장문의 편지를 보냈다. 이 책에 옮긴다면 7페이지나 될 그 편지는 한 문장 한 문장이 신랄했다.

그렇게 격렬한 편지를 쓴 때는 1854년 11월 11일 토요일이었고… 전당대회가 열린 때는 1860년이었다. 그 6년간의 시간 동안 그릴리는 복수의 기회를 노리고 있었고, 마침내 그 기회가 왔다. 공화당 후보 지명 전당대회가 휴회에 들어간 그 운명의 목요일 밤, 그는 잠자리에 들지 않고 있다가 해가 지고 동이 트는 사이에 대의원들을 찾아다녔다. 그는 대의원들을 설득하고, 때로는 간청하기도 했다. 그가 소유하고 있던 〈뉴욕 트리뷴〉은 북부 지역에서 많은 독자를 확보하고 있었기에 다른 어떤 신문보다도 여론에 많은 영향을 끼쳤다. 그는 유명 인사였으므로, 가는 곳마다 대의원들은 목소리를 낮추고 예의를 갖춰 그의 말을 경청했다.

그는 온갖 근거를 대며 수어드에 반하는 주장을 펼쳤다. 그는 수어드가 프리메이슨 교단을 거듭 비난해왔다는 사실을 지적했다. 1830년에 프리메이슨 반대를 내걸고 상원 의원에 당선되면서 더욱 심하고 광범위하게 프리메이슨에 대한 분노를 일으켰다고 했다. 이후 뉴욕 주지사가 된 수어드는 공립초등학교 기금 모금과 외국인 및 가톨릭 분리 학교 설립을 반대해 또다시 지긋지긋한 비난이 일게 했다고 말했다. 그릴리는 한때 강력했던 부지당(不知黨, Know-Nothing party) 사람들이 수어드를 강력히 반대했으며, 수어드를 뽑은 건 그를 따르던 사냥개들뿐이었다고 말했다.

그뿐이 아니었다. 그릴리는 그 '교활한 선동가'가 너무 급진적이며, 그가 '잔인한 계획'을 세우고, 또 헌법보다 더 상위의 법을 언급해 인근 주를 겁주는 바람에 그들도 등을 돌렸다고 했다. "말씀드린 주의 주지사 후보들을 데려와서 제 말을 확인시켜드리겠습니다." 그릴리가 약속했다. 그릴리는 약속대로 했고, 공화당원들의 감정은 더욱 격해졌다.

펜실베이니아와 인디애나 주지사 후보들이 나와서 손을 불끈 쥐고 이글거리는 눈빛을 하고는, 수어드가 대통령 후보가 되면 자신들의 주에서는 참패를 면하기 어렵다고 말했다.

공화당원들은 대선에서 이기려면 그 두 개의 주에서 승리해야 한다고 여겼다. 그렇게 해서 수어드를 향해 흐르던 큰 물결이 갑자기 줄어들기 시작했다. 그러자 링컨의 친구들은 대의원마다 찾아다니며 수어드를 반대하는 이들의 관심을 링컨 쪽으로 돌리기 위해 애썼다. 그들은 민주당에서는 분명 더글러스가 공천될 것이며, 더글러스에게 맞설 준비가 된 사람은 링컨밖에 없다고 주장했다. 실제로 링컨은 더글러스와 대결했던 경험이 있었고, 켄터키 출신이었으므로 의심이 많은 경계주들로부터 표를 얻을 가능성도 있었다. 게다가 나무를 패고, 잔디를 깎으며, 자신의 길을 헤쳐나가고, 서민들을 충분히 이해할 수 있는 인물이었기 때문에 노스웨스트 지역에서 원하는 사람이기도 했다.

그런데 이런 주장이 잘 먹혀들지 않자, 그들은 또 다른 방법을 동원했다. 그들은 갈렙 B. 스미스를 각료로 기용하겠다고 약속해 인디애나 주 대의원들을 설득했고, 시므온 카메론을 요직에 앉히겠다고 해 펜실베이니아 주에서 56표를 얻어냈다.

금요일 아침, 투표가 시작되었다. 4만 명의 사람들이 흥분에 휩싸인 채 시카고로 모여들었다. 1만 명이 전당 대회장으로 들어왔고, 3만 명이 바깥 도로를 가득 메웠다. 흥분에 찬 군중이 무리를 이루고 있었다. 첫 번째 선거구에서는 수어드가 이겼다. 두 번째 선거구인 펜실베이니아에서는 링컨이 25표를 얻어 기회가 오기 시작했다. 세 번째 선거구에서는 링컨의 표가 압도적으로 많았다.

대회장 안에 있는 1만 명에 달하는 사람들은 흥분을 감추지 못하고 열광했다. 의자 위로 올라가 소리를 지르고, 모자를 던지며 환호성을 올리기도 했다. 지붕에서는 대포를 쏘고, 거리에서는 3만 명에 달하는 사람들이 소리를 질러댔다. 사람들은 서로 부둥켜 안고 격하게 춤을 추었으며, 울고 웃고 소리쳤다. 트레몬트 하우스에서는 100개의 총이 총성을 울렸고, 1000개의 종이 동시에 울렸다. 그날 내내 기차, 증기선, 공장에서는 경적을 계속 울렸다.

흥분은 24시간 계속되었다. 그날의 광경에 대해 〈시카고 트리뷴〉은 "에리코 성(성경에서 나팔 소리와 함성으로 무너져 내린 성 ─ 옮긴이)이 함락된 후로 그렇게 커다란 함성은 없었다"라고 기술했다. 기쁨의 아우성 속에서 호레이스 그릴리는 과거 '킹메이커' 였던 설로 위드가 패배의 눈물을 훔치고 있는 것을 보았다. 마침내 자신이 그들에게 복수를 한 것이었다.

한편 스프링필드에서는 그사이 무슨 일이 벌어지고 있었을까? 링컨은 그날 아침, 여느 때처럼 사무실로 출근해 업무 준비를 하고 있었다. 하지만 너무 초조해서 일에 집중할 수가 없었다. 그는 법률 문서를 한쪽으로 밀어두고 밖으로 나가, 가게 뒤편에서 공 던지기를 한참 하다가 당구 게임을 몇 차례 했다. 그리고 전당대회 결과를 알아보기 위해 〈스프링필드 저널〉로 갔다. 전신국이 그 사무실 바로 위층에 있었기 때문이다. 그가 커다란 의자에 앉아서 두 번째 선거구 상황을 훑어보고 있을 때였다. 링컨의 모습을 발견한 교환원이 계단 쪽으로 불쑥 튀어나와 소리를 질렀다. "링컨 씨, 당신이 되셨어요! 당신이 대통령 후보로 지명되셨다고요!"

링컨의 아랫입술이 가볍게 떨렸고, 그의 얼굴이 달아올랐다. 몇 초간 숨이 멎었다. 그때가 그의 인생에서 가장 극적인 순간이었다. 19년간 참담한 패배의 길만 걸었던 그에게 현기증이 날 정도로 큰 승리가 찾아온 것이었다.

사람들이 쏟아져 나와 링컨이 대통령 후보로 지명되었다고 소리쳤다. 스프링필드 시장은 100발의 축포를 쏘라고 지시했다. 링컨의 친구들이 많이 몰려와, 웃음 반, 울음 반 섞인 모습으로 그와 악수하고, 모자를 공중에 던져 올리고, 미친 듯이 소리치며 환호했다.

"실례하겠소, 친구들." 그가 부탁했다. "8번가에 이 소식을 듣고 싶어 할 여성이 있어서." 그러고는 옷자락을 휘날리며 내달렸다.

그날 밤 내내 타르와 울타리를 떼어내 축하의 모닥불을 피워대는 바람에 스프링필드 거리는 붉게 타올랐고, 술집은 밤새 문을 닫지 않았다. 이후 오래지 않아 미국의 절반이 다음의 노래를 불렀다.

　늙은 에이브 링컨은 황야에서 왔다네,
　황야에서 왔다네, 황야에서 왔다네,
　늙은 에이브 링컨은 일리노이 주
　황야에서 왔다네.

대통령에 당선된 링컨

링컨이 백악관으로 가는 데 가장 큰 역할을 한 인물은 스티
븐 A. 더글러스다. 그는 민주당을 분열시켜 선거에서 한 명이
아닌 세 명의 후보가 링컨을 상대로 싸우게 했기 때문이다.

상대 당이 절망적인 상황으로 분열되자, 링컨은 선거 초반부
터 자신의 승리를 예감했다. 하지만 자신의 텃밭이나 고향에서
는 승리하지 못할 수도 있다는 생각이 들었다. 그래서 대책 위
원회는 스프링필드 주민들이 누구에게 투표할지 알아보기 위
해서 집집마다 찾아다니며 여론조사를 했다. 23명의 목사와
신학생 중 단 세 명을 제외하고는 모두가 링컨을 반대하고 있
었고, 이들의 열렬한 추종자들도 마찬가지였다.

링컨은 신랄하게 말했다. "그들은 성경을 믿는 척, 신을 섬기
는 크리스천인 척하는 사람들입니다. 그들은 노예제가 폐지되
든 존속되든 개의치 않겠다고 투표로 말하고 있습니다. 하지만
저는 하나님과 인류가 이를 염려하고 있음을 알고 있습니다.

그럼에도 그들이 노예제를 우려하고 있지 않는다면, 그들은 성경을 바르게 읽지 않는 것이 분명합니다."

놀랍게도 링컨의 아버지 쪽 친척들 모두, 그리고 어머니 쪽 친척들 역시 한 사람을 제외하고는 모두 링컨에게 투표하지 않았다. 왜 그랬을까? 그들이 민주당원이었기 때문이다.

링컨은 적은 표를 얻고도 대통령에 당선되었다. 비율로 따져보면, 다른 후보들이 다 합해서 3표 얻을 때 그는 2표 정도 얻은 셈이었다. 그의 당선은 부분적인 승리일 뿐이었다. 그가 얻은 총 200만 표 가운데 남부에서 얻은 표는 고작 2만 4000표뿐이었기 때문이다. 20표당 1표씩만 결과가 바뀌었어도 북서부 지역은 더글러스에게 넘어갔을 것이고, 그러면 선거는 하원이 맡게 되어 남부가 승리하게 되었을 것이다.

남부의 9개 주에서는 누구도 공화당에 표를 주지 않았다. 추측해보건대 앨라배마, 아칸소, 플로리다, 조지아, 루이지애나, 미시시피, 노스캐롤라이나, 테네시, 텍사스 주에서는 어느 누구도 에이브러햄 링컨을 찍지 않았던 것이다. 이는 불길한 징조였다.

링컨이 당선된 직후 어떤 일이 일어났는지 알아보기 위해서는 북부에서 허리케인처럼 휘몰아쳤던 사건의 전말을 살펴봐야 한다. 노예제 폐지에 열의를 갖고 있던 광신도들은 30년간 내전을 준비하고 있었다. 그사이 신랄한 비난이 적힌 전단지와 책자들이 쏟아져 나왔고, 돈을 받고 강연하는 강사들이 북부의 크고 작은 마을마다 돌아다니며 노예들의 더러운 누더기 옷,

사슬, 수갑, 피로 물든 채찍, 못을 박은 목걸이, 여러 고문 기구 등을 보여주었다. 도망 나온 노예들은 자신이 직접 보고 겪었던 잔인한 광경들을 격앙된 목소리로 전달했다.

1839년 미국 노예제 반대협회는 '미국의 노예제 실상—1000명의 증언'이라는 제목의 선전물을 발행했다. 이 책자에서 목격자들은 자신이 목격한 잔혹한 사례들을 구체적으로 전하고 있었다. 노예들의 손이 끓는 물속에 강제로 넣어졌고, 빨갛게 달아오른 인두에 지져졌으며, 이는 맞아서 부러졌고, 몸은 칼에 찔리고, 살은 개에 물려 찢어졌고, 죽을 때까지 채찍질을 당했고, 죽기 직전까지 불에 타들어 가기도 했다. 노예 엄마들은 눈물로 작별을 한 뒤 자식들이 노예 경매로 팔려가는 모습을 지켜봐야 했다. 여자들은 자식을 더 많이 낳지 않는다고 매질당했고, 혼혈로 밝은 살색을 가진 아이들, 특히 여자 아이의 인기가 좋았기 때문에 골격이 크고 힘이 센 백인 남성들은 25달러를 받고 흑인 여성과 잠자리를 가져달라는 제안을 받기도 했다.

노예제 폐지론자들이 가장 흥분하며 자주 거론하는 것은 백인과 흑인 간의 성교 문제였다. 남부 남성들이 '주체하지 못하는 욕정'으로 흑인들을 범한 죄로 고발되곤 했다. 웬들 필립스는 "남부는 50만 여성들이 매춘으로 매질당할 거대한 매춘 굴"이라고 말했다.

당시 노예제 폐지를 주장하는 책자에는 너무 외설스럽고 불쾌해 이 책에 옮길 수 없는 내용들이 많이 실려 있었다. 노예 주인들은 자신의 혼혈아 딸을 폭행하고, 다른 남자의 정부로 팔다가 고소되기도 했다.

스티븐 S. 포스터는 남부의 감리교회가 채찍질에 못 이겨 부도덕한 삶을 살고 있는 5만 명의 흑인 여성들을 소유하고 있으며, 그 지역 목사들이 노예제를 지지하는 이유는 오로지 자신들이 첩을 원하고 있기 때문이라고 말했다. 링컨 역시 더글러스와 논쟁을 벌이던 1850년에 미국에는 40만 5751명의 혼혈아가 있으며, 거의 모두가 흑인 노예와 백인 주인 사이에서 태어난 사람들이라고 말했다. 헌법이 노예 소유주들의 권리를 보호하고 있었기 때문에 노예 해방론자들은 그 권리를 '죽음과의 계약이자 지옥과 맺은 계약'이라고 비난했다.

아주 가난한 어느 신학과 교수의 부인이 식탁에 앉아 노예해방 문학의 정점이 될《톰 아저씨의 오두막》이라는 제목의 책을 썼다. 그녀는 격앙되어 울면서 그 이야기를 써 내려갔다. 집필이 모두 끝나자, 그녀는 하나님이 쓰신 이야기라고 말했다. 그 책은 노예들의 비극적인 삶을 극적이면서 사실적으로 그려냈다.《톰 아저씨의 오두막》은 수백만 독자들의 심금을 울리고, 엄청난 판매고를 올렸으며, 지금껏 나왔던 그 어떤 소설보다도 강력한 영향을 미쳤다.

링컨은 이 책의 작가인 해리엇 비처 스토를 소개받았을 때, 그녀를 '전쟁을 시작한 작은 여인'이라 불렀다.

그렇다면 좋은 의도를 가졌지만, 북부의 광신도적 노예제 폐지론자들에 의해 과격하게 진행된 운동의 결과는 어떠했을까?

남부 사람들이 잘못을 인정했을까? 전혀 그렇지 않았다. 결과는 예상대로였다. 노예제 폐지론자들에 의해 촉발된 미움은 언제나 그렇듯 또 다른 미움을 낳았다. 그로 인해 남부는 무례하고 간섭하기 좋아하는 북부와 분리되기를 원했다. 정치적 갈등과 감정적인 대응이 난무하면서 진실은 좀처럼 드러나지 못했고, 남부와 북부의 경계선 양쪽에서는 비극적인 실수가 점점 확대되어가면서 마침내 참혹한 전쟁으로 이어지게 되었다.

1860년에 '흑인 공화당원'들이 링컨을 뽑았을 때 남부 사람들은 노예제가 운이 다했음을 확신했으며, 노예제 폐지와 연방 탈퇴 중 하나를 선택해야 했다. 탈퇴하지 못할 이유가 무엇이란 말인가? 그들에게 그럴 권리가 없단 말인가?

이 질문은 반세기 동안 뜨거운 논쟁거리였으며, 여러 주들은 연방에서 탈퇴하겠다고 여러 차례 으름장을 놓았다. 예를 들어 1812년 전쟁 기간 동안 뉴잉글랜드는 독립된 국가를 조직하는 것에 대해 진지하게 논의했으며, 코네티컷 의회는 '코네티컷 주는 자유, 자주, 독립 주'라고 선언하는 결의문을 통과시키기도 했다.

한때는 링컨조차 각 주에는 연합 탈퇴의 권리가 있다고 생각한 적이 있었다. 그는 의회 연설에서 이렇게 말했다.

"하고자 하는 의욕과 능력을 갖고 있는 사람은 누구든 현 정부의 제안을 소리 높여 거부할 권리와 더 좋은 것을 만들 권리가 있습니다. 이는 무척 소중하고 성스러운 권리로 자유로운 세상을 만들고자 하는 우리가 희망하고 믿는 권리입니다.

현 정부의 모든 국민이 그 권리를 행사하려 한다면, 그 무엇도 이를 제한할 권리가 없습니다. 그런 국민 가운데 일부는 혁명을 일으킬 수도 있고, 실제로 일으킬지도 모릅니다. 그리고 자신들이 살아갈 영토를 만들 수도 있고, 실제로 만들지도 모릅니다."

1848년 링컨은 그렇게 말했다. 물론 1860년에는 생각이 달라졌지만 말이다. 아무튼 남부 사람들은 그 말을 믿었다. 링컨이 당선된 지 6주 후, 사우스캐롤라이나는 연방 탈퇴 법령을 통과시켰다. 찰스턴에서는 이 새로운 '독립선언문'을 축하하며, 거리에는 군악대가 연주하고 폭죽이 터졌으며, 사람들은 기뻐서 춤을 추었다. 다른 여섯 개 주도 재빨리 뒤를 이어 탈퇴를 선언했다. 링컨이 스프링필드를 떠나 워싱턴으로 가기 이틀 전에 제퍼슨 데이비스가 새로운 남부 연합의 대통령으로 선출되었고, 이른바 "위대한 진실… 노예제는 흑인들의 자연적이고 정상적인 신분"이라고 주장했다.

물러나는 뷰캐넌 정권은 불신으로 가득 차 있어서 이 사태를 막기 위한 어떤 조치도 취하지 않았다. 그래서 링컨은 어쩔 수 없이 스프링필드에서 연방이 해체되고 공화국이 붕괴 위기에서 비틀거리는 모습을 3개월간 속수무책으로 지켜볼 수밖에 없었다. 그는 남부 연합이 총을 사고, 요새를 짓고, 군인을 훈련시키는 모습을 보면서 자신이 국민을 잔인하고 참혹한 내전으로 끌고 갈 수밖에 없다는 것을 깨닫게 되었다.

링컨은 너무나 괴로운 나머지 잠을 이룰 수 없었다. 그는 걱정 때문에 몸무게가 16킬로그램이나 줄었다. 미신에 사로잡힌 링컨은 꿈과 불길한 조짐을 통해 앞으로 안 좋은 일이 일어날 지도 모른다고 생각했다. 1860년 대통령에 당선되고 다음 날 오후, 집에 온 링컨은 거친 모직 천 소파에 몸을 던졌다. 맞은편 에 있던 장롱의 거울이 흔들리면서 순간 몸 하나에 두 개의 얼 굴을 한 자신의 모습이 비쳤다. 창백한 얼굴이었다. 그가 놀라 일어나 보니 환영은 사라졌다. 링컨이 다시 소파에 앉자, 이전 보다 더 창백한 귀신 같은 얼굴이 보였다. 불길한 기운이 그를 따라다니며 걱정을 불러일으켰다. 그래서 그는 아내에게 이에 대해 말했다. 그녀는 링컨이 대통령에 두 번 당선될 징조가 확 실하다고 말했지만, 사실 죽은 듯 창백한 그 얼굴은 그가 두 번 째 임기 중에 죽을 것을 암시하는 것이었다.

얼마 지나지 않아 링컨 스스로도 자신이 워싱턴에서 죽게 될 것이라 강하게 믿게 되었다. 교수대와 칼을 그려 보낸 수많은 편지가 링컨에게 배달되었으며, 거의 모든 편지에 살해 위협이 담겨 있었다.

당선된 후 링컨은 친구에게 이렇게 말했다. "집을 어떻게 해 야 할지 모르겠어. 팔고 싶지 않지만, 그렇다고 세를 주면 내가 다시 돌아왔을 때 굉장히 낡아 있겠지."

그런데 결국 그 집을 맡아 깨끗하게 사용할 사람을 구했다. 링컨은 1년에 90달러를 받기로 하고 세를 놓았다. 그러고 나서 〈스프링필드 저널〉에 다음과 같은 광고를 냈다.

"잭슨 8번가 모퉁이에 있는 집에서 응접세트, 침실 가구, 양탄자, 소파, 의자, 양복장, 침실 옷장, 침대 틀, 난로, 도자기, 식기, 유리잔 등을 조건 없이 판매합니다. 자세한 내용은 위 주소로 문의해주시기 바랍니다."

이웃 사람들이 찾아와 물건들을 살펴보았다. 어떤 사람은 의자 몇 개와 음식 요리용 스토브를 사고 싶어 했고, 어떤 사람은 침대 가격을 물어보기도 했다.

"필요한 물건은 뭐든 가져가시고 돈은 알아서 주세요." 아마도 링컨은 이렇게 답했을 것이다. 사람들은 아주 적은 돈만 내고 갔다.

미국 서부 철도 소장인 L. L. 틸턴이 그 가구 대부분을 구입해 나중에 시카고로 가져갔지만, 1871년 큰 화재로 모두 소실되었다.

가구 몇 점이 스프링필드에 남아 있었는데, 몇 년 뒤 책 판매상이 대부분을 구입해 워싱턴으로 가져가 링컨이 숨을 거둔 하숙집에 가져다 놓았다. 그 집은 포드 극장 맞은편에 있는데, 지금은 미국 정부 소유가 되어 국가의 성지이자 박물관이 되었다.

링컨의 이웃들이 1달러 50센트를 주고 산 중고의자는 이제 그 의자 무게만큼의 금 혹은 백금의 값어치 이상이다. 링컨이 가까이했던 모든 물건들이 이제는 그 가치와 영광을 누리고 있다. 부스의 저격을 받았을 때 앉았던 검은 호두나무로 만든 흔들의자는 1929년에 2500달러에 팔렸다. 또 링컨이 포토맥 부대의 사령관으로 후커 소장을 임명하며 쓴 편지는 최근 공개 경매를 통해 1만 달러에 팔렸다. 링컨이 전쟁 중에 보낸 485통의 전보 모음집은 현재 브라운 대학에 소장되어 있는데, 그 가격이 25만 달러에 달한다. 또 사사로운 이야기가 적힌 서명 없는 그의 글은 최근에 1만 8000달러에 팔렸으며, 친필로 쓴 게티즈버그 연설문 한 장은 수천만 달러에 팔렸다.

1861년 스프링필드 주민들은 링컨이란 남자의 역량과 앞으로 그가 어떤 인물이 될지 알지 못했다. 이 미래의 위대한 대통령은 수년간 매일 아침마다 시장바구니를 들고, 목에는 숄을 두른 채 거리를 걸어가 식료품점과 정육점에 들러 물건을 사서 집으로 돌아오는 사람이었다. 저녁마다 마을 끝에 있는 목장으로 가서 자기 소를 끌고 외양간에 와서 젖을 짜고, 말을 손질하고, 마구간을 손질하며, 장작을 패서 부엌 난로 옆에 들여다 놓는 사람이었다.

워싱턴으로 떠나기 3주 전, 링컨은 자신의 첫 취임 연설을 준비하기 시작했다. 격리된 한적한 장소를 찾던 그는 식료품점 위에 있는 방에 들어가 방문을 걸어 잠그고 작업을 시작했다. 그는 갖고 있는 책이 거의 없었지만, 그의 동료 변호사에게는 장서가 꽤 있었다. 링컨은 헌돈으로부터 《미합중국 헌법》, 앤드류 잭슨의 〈무효에 대한 포고문〉, 헨리 클레이의 〈1850년의 대연설〉, 다니엘 웹스터의 〈헤인에게 보내는 웹스터의 답변〉을 빌렸다. 그러고는 더럽고 먼지 많은 물건들 틈에서 남부 주들을 향한 아름답고 호소력 짙은 문장으로 끝을 맺는 유명한 연설문을 작성했다.

"끝을 맺기 아쉽습니다. 우리는 적이 아니라 친구입니다. 우리는 적이 되어서는 안 됩니다. 비록 격한 감정으로 팽팽하게 맞서더라도, 그로 인해 호의로 뭉쳤던 우리의 결속이 깨져서는 안 됩니다. 모든 전쟁터와 애국지사의 무덤에서부터 살아 있는 모든 이의 마음과 이 땅의 모든 가정에 이르기까지 신비로운 기억의 심금이 우리 본성에 자리한 천사에 의해 다시 한 번 연방의 합창을 울릴 것입니다. 반드시 그럴 것입니다."

일리노이 주를 떠나기 전에 그는 100여 킬로미터 떨어진 찰스턴에 있는 새어머니에게 작별 인사를 하러 갔다. 그는 항상 부르던 대로 '엄마'라고 불렀고, 그녀는 링컨을 껴안고 흐느끼며 말했다. "에이브야, 나는 네가 대통령에 출마하지 않았으면 했단다. 그리고 당선되는 것도 원치 않았어. 좋지 않은 일이 벌어져 우리가 하늘나라에서 다시 만날 때까지 다시는 보지 못할 것 같다는 예감이 드는구나."

스프링필드에서의 마지막 날들을 보내는 동안, 이제는 까마득한 추억이 되어버린 지난 꿈들을 떠올리며 뉴세일럼과 앤 러틀리지를 회상했다. 워싱턴으로 떠나기 전에 그와 작별 인사를 하러 스프링필드에서 온 뉴세일럼 사람들과 오랫동안 추억에 젖어 앤에 관해 많은 이야기를 나누었다. "정말 그녀를 많이 사랑했습니다. 지금도 그녀를 자주, 아주 많이 생각한답니다." 그가 고백했다.

스프링필드를 영원히 떠나기 전에 그는 몇 가지 일을 처리하기 위해 마지막으로 지저분한 사무실에 들렀다. 헌돈은 그때 일을 이렇게 적고 있다.

"이런저런 일을 다 처리한 뒤에 그는 맞은편에 있는 낡은 소파에 몸을 던졌다. 그 소파는 너무 오랫동안 사용해서 쓰러지지 않도록 벽에 기대어놓고 있었다. 그는 잠시 천장을 올려다보았다. 우리는 아무 말도 하지 않았다. 이윽고 그가 입을 열었다.

'빌리, 우리가 얼마나 함께 있었지?'

'16년이 넘었지.' 내가 말했다.

'우린 그 오랜 시간 동안 다툰 적이 없었어. 그렇지?' 링컨의 말에 내가 확신하며 답했다.

'맞아, 그랬지.'

링컨은 초창기 시절 일어났던 사건들을 회상하고, 순회 재판 당시에 있었던 재미있던 일들을 이야기하며 즐거워했다. (⋯) 그는 가져갈 한 묶음의 책과 서류를 챙겨 떠날 준비를 했다. 그런데 출발 전, 그는 계단 아래 녹슨 경첩에 덜렁거리며 매달려 있는 간판을 떼지 말고 그대로 두라는 희한한 부탁을 했다.

'저건 손대지 말고 그대로 두게.'

그는 특유의 낮은 목소리로 이렇게 말했다.

'대통령에 당선되었다고 해도 링컨과 헌돈의 공동 사무실에는 아무 변화가 없다는 것을 의뢰인들에게 알려주고 싶어. 언젠가 다시 돌아오면 아무 일도 없었던 것처럼 다시 일을 시작하세.'

링컨은 익숙한 방을 마지막으로 보듯 발걸음을 떼지 못하더니 문을 나서서 좁은 복도로 향했다. 나는 층계 아래까지 그와 함께 내려갔다. 내려가면서 그는 대통령 업무와 관련해서 이런

저런 불만을 이야기했다. '대통령 업무를 생각하면 벌써부터 머리가 아파. 앞으로 있을 일을 생각만 해도 몸서리가 쳐진다니까.'"

당시 링컨에게는 약 1만 달러의 재산이 있었을 테지만, 현금이 모자랐기 때문에 워싱턴으로 가는 경비를 마련하기 위해 친구들에게 돈을 빌려야 했다.

링컨 가족은 스프링필드에서의 마지막 주를 체너리 하우스에서 지냈다. 떠나기 전날 밤, 그들의 짐 가방과 상자들이 호텔 로비로 내려왔고 링컨이 직접 짐들을 묶었다. 그러고는 직원에게 부탁해서 호텔 명함 몇 장을 구한 뒤, 그 뒤에 'A. 링컨, 대통령 관저, 워싱턴 D. C.'라고 적어 짐에 붙였다.

다음 날 아침 7시 30분에 짐마차가 호텔에 도착하자, 링컨과 가족들은 짐마차를 타고 덜컹거리며 위배시 역으로 향했다. 그곳에는 워싱턴으로 그들을 데려갈 특별열차가 대기 중이었다.

날이 어둡고 비가 내렸지만, 역 승강장에는 1000명 내지 1500명가량의 주민이 배웅을 나와 있었다. 그들은 차례대로 링컨의 크고 앙상한 손을 잡고 악수를 나누었다. 마침내 열차 출발을 알리는 종소리가 울렸고, 그는 앞쪽 계단을 따라 전용 칸으로 들어갔다가 잠시 후 뒤쪽 플랫폼에 모습을 드러냈다.

그는 연설할 생각이 없었다. 기자들에게 역에 나올 필요가 없다고 말해두었고, 아무 말도 하지 않으려 했다. 하지만 오랜 이웃들의 얼굴을 마지막으로 대하자, 무슨 말이든 해야겠다는 생각이 들었다. 비가 내리던 그날 아침에 그가 한 연설은 게티즈버그에서 한 연설이나 두 번째 취임식에서 한 연설만큼 심오하고 장엄하지는 않았다. 하지만 이 고별사는《구약성경》의〈시편〉만큼이나 아름다웠고, 링컨의 다른 어떤 연설보다 개인적인 감정과 비애가 담겨 있는 것이었다.

링컨이 눈물을 흘리며 연설했던 것은 일생에 단 두 번뿐이었다. 이날 아침의 연설이 그중 하나였다.

"친애하는 주민 여러분, 어느 분도 제 입장이 아니기에 떠나는 저의 슬픔을 공감할 수는 없을 것입니다. 저는 이곳에, 여러분의 친절에, 그리고 모든 것에 신세를 졌습니다. 저는 이곳에서 25년을 살면서 청년에서 중년이 되었습니다. 제 아이들도 모두 이곳에서 태어났고, 한 아이는 이곳에 묻었습니다. 언제 돌아올지, 다시 돌아올 수는 있을지 기약은 없지만, 제 앞에 놓인 중대한 일을 하기 위해 저는 이제 워싱턴으로 떠납니다. 항상 저를 돌봐 주시는 하나님의 도움이 없었더라면 저는 성공할 수 없었을 겁니다. 그분의 도움이 있었기에 저는 실패하지 않을 수 있었습니다. 하나님이 저와 함께하시고, 여러분과 함께하시고, 좋은 일이 있는 곳에 계시기에 모든 일이 잘되리라 믿습니다. 여러분이 기도하실 때 저를 돌봐 달라고 하시듯, 저도 하나님께서 여러분을 돌봐 주시기를 진실로 기원하며 애정을 담아 작별 인사를 마칩니다."

링컨의 워싱턴 입성과
남북전쟁의 조짐

　미국 비밀 검찰국과 사립 탐정들은 링컨이 대통령 취임을 위해 워싱턴으로 가는 길에 볼티모어에서 암살 계획이 있다는 정보를 입수했다. 놀란 링컨의 친구들은 발표된 예정을 취소하고, 밤에 몰래 워싱턴에 들어가라고 부탁했다.

　링컨은 사람들로부터 비웃음을 사고 조롱받을 일로 여겨 단호히 거절했다. 하지만 수 시간에 걸친 계속된 간청 끝에 그는 결국 조언자들의 진정을 받아들여 남은 여정은 은밀히 진행할 준비를 했다.

　링컨 부인은 일정이 변경되었다는 말을 듣고는 자신도 링컨과 함께 가겠다고 우겼는데, 나중에 다른 열차로 와야 한다는 이야기를 듣게 되자 발끈하여 크게 소리치는 바람에 모든 계획이 수포로 돌아갈 뻔했다.

　링컨은 2월 22일 펜실베이니아 주의 해리스버그에서 연설을 하고 그곳에서 밤을 보낸 뒤, 다음 날 아침에 볼티모어와 워싱턴으로 가기로 되어 있었다. 일정에 따라 그는 해리스버그에서 연설은 했지만, 그곳에서 하루 밤을 묵지는 않았다. 전에 입어본 적 없는 누더기 외투와 털모자로 변장을 하고, 저녁 6시에 호텔 뒷문으로 몰래 빠져나온 뒤 불이 꺼진 열차에 올랐다. 몇 분 뒤 필라델피아로 향하는 기차가 출발했고, 암살을 기도하는 자들이 서로 정보를 주고받지 못하도록 해리스버그의 모든 전신망은 차단되었다.

필라델피아에서 링컨 일행은 기차를 갈아타기 위해 한 시간을 기다려야 했다. 그동안 정체가 탄로 나는 것을 막기 위해 링컨과 감각이 뛰어난 앨런 핑커톤 형사는 밖에서 안이 들여다보이지 않도록 차창을 어둡게 만든 마차를 타고 시내를 돌아다녔다.

10시 55분, 큰 키 때문에 신분이 노출되지 않도록 링컨은 몸을 숙이고 핑커톤의 팔에 의지해 옆문으로 기차역에 들어갔다. 링컨은 고개를 앞으로 숙인 채 낡은 여행용 숄에 얼굴을 묻었다. 그 모양으로 대합실을 지나 침대칸 맨 끝으로 갔다. 핑커톤을 도운 한 여성은 두꺼운 커튼으로 링컨이 있는 칸과 다른 칸을 차단시켜 자신의 '병약한 형제'가 쉴 수 있게 했다.

링컨은 백악관에 절대 들어갈 수 없다고 협박하는 수십 통의 편지를 받았다. 육군 참모총장 윈필드 스콧 장군을 비롯해 많은 사람들은 그가 취임 연설 도중 총격을 받지 않을까 걱정했다. 워싱턴의 많은 정계 인사들은 취임식에 참석하기를 꺼렸다. 그리하여 늙은 스콧 장군은 링컨이 취임 연설을 하는 의사당 동쪽 연단 아래에 60명의 군인을 배치시켰으며, 의사당 내 대통령

뒤와 청중들 앞에도 군인들을 배치시켰다. 취임식이 끝난 뒤, 새 대통령은 건물들에 배치된 녹색 코트를 입은 저격병들과 대검으로 무장한 보병 대열의 보호를 받으며 마차를 타고 펜실베이니아 거리를 지나갔다.

마침내 심장에 총을 맞는 일 없이 링컨이 무사히 백악관으로 들어서자, 많은 사람들이 놀라움을 감추지 못했다. 심지어 어떤 이들은 실망하기도 했다.

1861년이 되기 몇 해 전부터 미국은 불경기로 고전했다. 당시 상황이 너무도 심각했던 나머지, 정부는 굶주린 군중이 재무성 분국에 침입하는 것을 막기 위해 뉴욕에 군대를 파견해야 할 정도였다.

링컨이 취임할 때도 굶주리고 절망에 빠진 수천 명의 사람들은 일거리를 찾으러 돌아다녔다. 사람들은 공화당이 처음으로 정권을 잡았기 때문에 민주당원이라면 누구를 막론하고 주급 10달러를 받는 공무원까지 모두 해고될 것이라 생각했다.

수많은 사람들이 일자리를 얻으려고 달려들었다. 링컨은 백악관에 들어선 지 채 두 시간도 안 되어 무척 당황했다. 수많은 구직자들이 현관으로 돌진했고, 복도를 꽉 메웠으며, 이스트룸을 점유하는가 하면 심지어 거실까지 쳐들어왔다.

점심 값을 달라고 구걸하는 거지가 있는가 하면, 링컨더러 오래된 바지 하나 달라는 남자도 있었다. 어떤 과부는 가족을 부양할 직업을 구해주는 조건으로 어떤 남자와 결혼을 약속했다며 그 남자의 일자리를 부탁하기도 했다. 그저 그의 사인을 받기 위해 몰려든 사람도 수백 명이었다. 하숙집을 운영한다는 어느 아일랜드 여성은 공무원에게서 밀린 하숙비를 받지 못했다며 도와달라고 했다. 공무를 담당하는 어떤 이가 중병에라도 걸리면, 수십 명의 구직자가 링컨에게 몰려들어 '그가 죽을 경우' 그 자리를 달라고 부탁했다.

모두가 이력서를 보내왔지만, 링컨은 10분의 1도 읽지 못했다. 어느 날 우체국에서 일하고 싶어 하는 구직자 두 명이 서류 뭉치를 보내왔을 때, 그는 그 서류 꾸러미 두 개를 열어보지도 않고 저울에 달아서 더 무거운 서류를 보낸 사람을 임명해 일을 간단히 처리했다.

수많은 사람들이 끊임없이 링컨에게 일자리를 부탁했고, 그가 거절하면 사납게 욕을 하기도 했다. 그들 대부분이 내세울 것도 없는 그저 빈둥거리는 게으른 사람들이었다. 어떤 여자는 남편의 직장을 달라고 찾아왔는데, 남편은 술을 마셔서 함께 데려오지 못했다고 했다.

그들의 이기심과 탐욕에 링컨은 놀랐다. 그들은 링컨이 점심 먹으러 가는 길을 막아서기도 했고, 링컨이 거리를 지나갈 때 그가 탄 마차에 뛰어들어 신임장을 내보이며 일자리를 구걸하기도 했다. 심지어 링컨이 대통령이 된 지 한 해가 지나고 전쟁이 10개월째 진행되는 와중에도 무리를 이뤄 그를 쫓아다녔다. "사람들이 그만 찾아올 리는 없겠지?"라고 그는 말했다.

재커리 테일러는 대통령이 된 지 1년 반도 되지 않아 구직자들의 거센 습격으로 목숨을 잃었다. 또 이를 걱정하던 '티피커

누' 해리슨 대통령은 4주 만에 죽었다. 하지만 링컨은 공직 구직자들을 견뎌내며 동시에 전쟁까지 치러야 했다.

결국 그의 강철 같은 체력도 과로로 인해 무너졌다. 천연두에 걸려 괴로워하던 링컨은 이렇게 말했다. "공직 구직자가 오면 나에게 즉시 알려주시오. 이제 내가 그 사람들에게 줄 게 생겼거든."

링컨은 중요하고 심각한 문제에 봉착하면 하루 종일 백악관에 있지 않았다. 사우스캐롤라이나 주 찰스턴 항구에 있는 섬터 요새 수비대의 식량이 바닥날 무렵, 링컨은 요새에 식량을 보낼 것인지, 아니면 남부 연합에 요새를 넘길 것인지 결정해야 했다. 육군과 해군의 고문들은 이렇게 말했다. "식량을 보내지 마십시오. 식량을 보내면 그건 전쟁을 의미합니다."

링컨의 내각 일곱 명 중 여섯 명도 똑같은 말을 했지만, 링컨은 연방 탈퇴를 사실상 인정하지도 않았고 연방 탈퇴를 권장하지도 않았다. 연방을 해체하지 않으면서 섬터 요새를 철수할 수는 없었다.

취임 연설에서 그는 "연방을 보존하고 지키겠다"라고 엄숙하게 맹세했다.

그래서 링컨은 U.S.S. 포우하탄(미 해군함정 ─ 옮긴이)에 베이컨, 콩, 빵을 실어 섬터 요새로 보내라고 명령했다. 하지만 총과 병사와 탄약은 보내지 않았다.

이 소식을 들은 남부 연합 대통령 제퍼슨 데이비스는 보우리가드 장군에게 필요하면 전투를 해도 좋다는 전보를 보냈다.

요새 지휘를 맡고 있던 앤더슨 소령은 보우리가드 장군에게 수비대는 이미 절인 돼지고기로 연명하고 있기 때문에 4일만 기다리면 굶주림 때문에 철수할 수밖에 없을 거라고 전했다. 그런데 왜 보우리가드 장군은 기다리지 않았을까?

아마도 그의 고문들 몇몇이 '사람들의 얼굴에 피가 뿌려지지 않는다면' 몇몇 탈퇴한 주들이 연방으로 다시 돌아갈지도 모른다고 생각했기 때문일 것이다. 북부인들에게 어느 정도 사격을 해대면, 남부 연합의 열정을 불러일으키고 연합의 결속을 다질 수 있을 것이라 생각했다.

그래서 보우리가드 장군은 비극적인 명령을 내렸다. 4월 12일 오전 4시 30분, 요란한 소리를 내며 날아온 포탄이 요새 방벽 근처의 바다에 떨어졌다. 포격은 34시간 동안 계속되었다.

남부 연합은 이 전투를 사교 이벤트 정도로 여겼다. 새 제복을 차려입은 용감한 젊은 병사들은 선창가와 포대 근처를 산책하는 멋진 사교계 여성들의 갈채를 받으며 포를 쏘아댔다.

일요일 오후, 북부 연방 군인들은 요새와 함께 절인 돼지고기 네 통을 내주고는 성조기가 휘날리고 악단이 '양키 두들'을 연주하는 가운데 뉴욕으로 배를 타고 떠났다.

일주일간 찰스턴은 기쁨에 젖어 있었다. 성당에서는 감사 예배를 올렸고, 군중들은 거리를 몰려다니고, 술집에서는 사람들이 술을 마시고 노래하며 떠들었다.

사망자 수만 따지면 섬터에서 일어난 포격은 아무것도 아니었다. 어느 쪽도 사망자는 없었다. 하지만 이후에 일어난 일련의 사건으로 추정해보면 이보다 더 중요한 전투는 없었다. 이 전투는 전에 있었던 세상 그 어느 전쟁보다 잔혹한 전쟁의 시작이었다.

3

미국 역사상 가장 존경받는
대통령의 탄생

Lincoln

The unknown

남북전쟁의 시작

링컨은 7만 5000명의 병사를 소집했고, 온 나라는 애국심으로 불타올랐다. 수천 개의 건물과 광장에서 대중 집회가 열렸고, 악단들이 연주하고, 깃발이 나부꼈으며, 연설가들은 열변을 토했고, 불꽃이 타올랐다. 사람들은 농기구와 펜을 내려놓고 깃발 아래 모여들었다. 10주 만에 19만 명의 신병이 훈련받고, 행진하고, 노래를 불렀다.

　존 브라운의 시체는 무덤에 있지만,
　그의 영혼은 행진하고 있다네.

그런데 이 군대의 지휘를 누구에게 맡길 것인가? 당시 군에는 유일하게 인정받는 군사 천재가 있었다. 바로 로버트 리 장군이었다. 그는 남부 출신이었지만, 링컨은 그에게 북부 연방군의 지휘를 맡아달라고 요청했다.

만약 리 장군이 제안을 승낙했다면 전쟁의 양상이 완전히 달라졌을 것이다. 그는 승낙 여부를 놓고 오랫동안 심사숙고했다. 그는 올바른 결정을 내리고자 《성경》을 읽고, 무릎을 꿇고 기도했으며, 밤새 침실에서 왔다 갔다 했다.

그는 여러 가지 면에서 링컨에 동의했다. 링컨이 그랬듯 노예제를 혐오했다. 그는 오래전에 자신의 흑인 노예를 풀어주었다. 그는 링컨만큼 연방을 사랑했고, 연방은 영원하며, 남부의 탈퇴는 '혁명'이며, 나라에 닥친 '무엇보다 큰 재앙'이라 생각했다.

하지만 가장 큰 문제가 있었으니, 바로 그가 버지니아 출신이라는 사실이었다. 자랑스러운 버지니아 인. 나라보다 자신의 주를 앞세우는 버지니아 인이었다. 200년간 그의 선조들은 처음에는 식민지 영토였다가 이후에는 미국의 주가 된 버지니아의 운명을 개척하는 데 큰 기여를 했다. 그의 아버지는 유명한 '경기병 해리' 리로, 워싱턴과 함께 영국 조지 왕의 군대를 몰아냈으며, 이후 버지니아 주지사가 된 인물이다. 그는 아들 로버트 리에게 연방보다 버지니아를 더 사랑하라고 가르쳤다.

그래서 버지니아 주가 남부와 운명을 같이하기로 하자, 리는 조용히 말했다. "나는 친척과 아이들, 그리고 고향에 대적하는 군대를 지휘할 수 없습니다. 나는 그들에게 가서 절망을 함께 나누겠습니다." 이 결정으로 인해 남북전쟁은 2~3년 더 길어졌을 것이다.

그럼 이제 링컨은 누구에게 지휘를 맡겼을까? 당시 총사령관은 윈필드 스콧 장군이었다. 하지만 그는 너무 늙었다. 그는

1812년 런디스레인 전투에서 승리를 거뒀다. 그런데 지금은 49년이 지난 1861년이었다. 이제는 몸과 마음이 지쳐 있었고, 젊은 시절의 기상과 용기는 사라진 지 오래였다. 게다가 그는 척추에 병이 나서 고생하고 있었다. 그는 이렇게 썼다. "병이 난 지 3년이 넘었고, 이제는 통증 때문에 말에 올라탈 수도, 한 번에 여러 걸음을 걸을 수도 없다." 게다가 그는 이제 '부종과 현기증이라는 새로운 증상'까지 있었다. 북부에 승리를 안겨줄 인물로 링컨이 기대야 할 사람이 실제로는 간호사와 침대가 있는 병원에 있어야 할 쇠약한 노병에 지나지 않았다.

4월에 링컨은 3개월간 복무할 지원병 7만 5000명을 소집했다. 그들의 복무 기간은 7월까지였으므로, 6월 말이 되자 행동을 요구하는 목소리가 거세졌다. 행동! 행동! 호레이스 그릴리는 〈뉴욕 트리뷴〉에 '전쟁을 외치는 국민의 함성'이라는 제목의 강경한 칼럼을 계속 썼다. "리치먼드로 돌격!"

경기는 좋지 않았다. 은행들은 신용을 확대하기를 두려워했다. 정부조차도 채권에 12퍼센트의 이자를 붙여줘야 했다. 사람들은 당혹스러워하며 이렇게 외쳤다. "자, 이제 더 이상 상황을 질질 끌지 말자. 크게 일격을 날려 리의 군대를 사로잡고, 이 성가신 혼란을 종식시켜 모든 것을 해결하자."

이 말은 멋지게 들렸고, 모두가 이에 동의했다.

그런데 모두가 동의하는 상황에서도 군 당국만은 예외였다. 그들은 군이 아직 준비가 되어 있지 않다는 것을 알고 있었다. 그럼에도 국민들의 요구에 밀려 대통령은 진격 명령을 내리고 말았다.

　이윽고 7월의 어느 무덥고 눈부신 어느 날, 맥도웰 장군은 3만의 강한 병력을 이끌고 버지니아의 불런에 있는 남부 연맹군을 공격하러 행진했다. 당시 그렇게 큰 군대를 지휘해본 미국 장군은 없었다.

　군대는 어떠했는가! 미숙했고, 훈련도 덜 되었다. 고작 열흘 전에 도착한 연대들도 있었고, 규율도 잡히지 않은 상태였다. 여단을 지휘하던 셔먼은 이렇게 말했다. "모든 노력을 다 해봤지만, 행진하다가 물이나 블랙베리 등 이것저것을 탐내며 대오를 일탈하는 병사들을 막지는 못했다."

　당시 사람들은 주아브 병(알제리인으로 구성된 프랑스 보병 — 옮긴이)과 투르코 병(알제리 저격병 — 옮긴이)이 막강한 용사라고 생각했다. 그래서 많은 군인들이 그들처럼 입고 행동하고 싶어 했다. 불런으로 진군하던 날도 많은 군인들이 그들처럼 머리에 진홍색 터번을 두르고, 빨간색 헐렁한 바지를 입었다. 죽음을 향해 돌진하는 군대가 아니라 마치 희극단 배우들처럼 보였다. 이들의 전투를 보기 위해 실크 모자를 쓰고, 아내와 애완견을 데리고 샌드위치와 포도주를 담은 바구니를 들고 나온 의원들도 있었다.

　마침내 7월 하순의 뜨거운 태양이 빛나던 날 오전 10시, 남북전쟁의 첫 번째 전투가 시작되었다. 과연 어떻게 되었을까?

　전투 경험이 없던 병사들은 나무에 대포가 떨어지고, 비명을 지르며 피를 흘리는 병사들을 보자 기겁했다. 전투가 벌어지자마자, 펜실베이니아 연대와 뉴욕 포대는 복무 기간 90일이 끝낳음을 상기시키며 제대시켜달라고 요구했다. 그것도 그 자리에서 당장!

맥도웰의 표현에 따르면, 그들은 "적의 포성이 미치지 않는 후방으로 물러났다." 나머지 군대는 오후 4시 30분이 될 때까지 놀랍게도 잘 싸웠다. 그런데 남군이 2300명의 신병들을 투입시키면서 전투는 걷잡을 수 없게 되었다. "존스턴의 군대가 오고 있다"라는 소문이 입에서 입으로 퍼져나갔다. 순간 공황 상태가 되었다.

2만 5000명의 북부 연방군은 명령을 거부하고 미친 듯이 대오를 이탈했다. 맥도웰과 여러 장교들이 달아나는 병사들을 어떻게든 제지하려 했지만 소용이 없었다. 정신없이 도망치는 병사들과 병참 마차, 구급차, 실크 모자를 쓰고 전투를 구경하려던 의원들을 실은 마차들로 혼잡한 도로에 남군은 재빨리 포격을 가했다.

여자들은 비명을 지르며 기절했다. 남자들은 소리를 지르며 서로를 밟고 지나갔다. 마차 한 대가 다리에서 전복되어 길이 막혔다. 날뛰며 발길질하는 말들은 마차, 구급차, 대포를 팽개치고 달아났다. 빨간 터번을 쓰고 노란 바지를 입은 병사들은 겁에 질려 그 말들 위로 뛰어올라 줄행랑을 쳤다. 자욱한 먼지 속에 어지러운 말 발자국과 질질 끌려다닌 마차 자국이 도처에 가득했다. 북군은 남군 기병대가 바짝 추격해오고 있다고 생각했다. "기병대! 기병대!"라고 외치는 소리에 그들은 공포감에 몸을 떨었다.

와해된 대규모 군대는 이제 공포에 사로잡힌 군중이 되어버렸다. 미국 역사상 어떤 전투에서도 볼 수 없었던 광경이었다. 넋이 빠진 병사들은 미지의 공포에 휩싸여 총, 옷, 모자, 벨트, 대검 등을 버리고 달아났다. 완전히 탈진해 길에 주저앉아 있다가 달려오는 말과 마차에 깔려 죽는 병사들도 있었다.

그날은 일요일이었는데, 30킬로미터쯤 떨어진 곳의 교회에 앉아 있던 링컨의 귀에도 대포 소리가 들렸다. 예배가 끝나자마자, 링컨은 여러 전장에서 쏟아져 들어오기 시작한 전문들을 읽기 위해 국방성으로 달려갔다. 전문의 내용은 단편적이고 불충분했지만, 링컨은 총사령관인 스콧 장군과 의논하기 위해 다급히 그의 거처로 갔다. 그런데 그는 낮잠을 자고 있었다.

스콧 장군은 일어나 눈을 비비며 하품을 했다. 하지만 너무 노쇠해서 남의 도움 없이는 일어나지도 못할 지경이었다. 그는 천장에 매달린 도르래 끈을 붙잡고 나서야 몸을 똑바로 일으켜 세울 수 있었고, 비틀거리며 발을 간신히 바닥에 댔다.

"모르겠습니다." 그가 말했다. "저는 전쟁터에 우리 북군이 얼마나 갔는지, 지금 어디에 있는지, 어떻게 무장했는지, 어떻게 배치되어 있는지, 가능한 전력이 어느 정도인지 모릅니다. 제게 알려준 사람이 없으니 전 아는 바가 없습니다."

이렇게 말한 사람이 연방 군대의 총사령관이었다. 이 노장은 전장에서 보내온 몇 통의 전문을 보더니, 걱정할 필요 없다고 말하고는 등이 아프다고 투덜대며 다시 잠을 자러 갔다.

무기력하게 무너진 패잔병들이 한밤중에 비틀거리며 롱 브리지를 건너 포토맥 강을 지나 워싱턴으로 쏟아져 들어오기 시작했다. 길가에 테이블이 급하게 차려졌고, 어디선가 빵을 가득 실은 마차가 왔으며, 자원봉사를 하는 여인들이 스프와 커피를 끓이고 음식을 나누어주었다.

기진맥진한 맥도웰은 나무 그늘 밑에서 전문을 쓰다가 펜을 잡은 채 잠들고 말았다. 병사들도 너무 지친 나머지 길가에 쓰러져 비가 오는데도 시체처럼 잠이 들었다. 일부 병사들은 잘 때도 여전히 손에서 소총을 놓지 않고 있었다.

링컨은 북군의 패주를 직접 눈으로 본 신문기자들과 실크 모자를 쓴 시민들의 목격담을 새벽 동이 틀 때까지 밤새 들었다. 많은 시민들이 공포에 질려 있었다. 호레이스 그릴리는 무슨 수를 써서라도 전쟁이 당장 끝나기를 바랐다. 그는 남군이 절대 지지 않을 거라고 생각했다.

런던의 은행가들은 북부 연방군이 패할 것이라 확신하고, 일요일 오후에 워싱턴에 있는 에이전트를 부랴부랴 재무성에 보내 미국 정부 측에 4만 달러에 달하는 담보를 바로 내달라고 요청했다. 그는 미국 정부가 월요일에도 여전히 건재할 테니 월요일에 다시 오라는 답변을 들었다.

링컨에게 실패와 패배는 낯선 게 아니었다. 그는 지금까지 실패와 패배를 많이 겪어왔지만 좌절한 적은 없었다. 대의를 위한 이번 전쟁에서도 결국 승리할 것이라는 그의 믿음은 확고했다. 그는 낙심한 병사들과 악수를 나누며 "신의 축복이 있기를, 신의 축복이 있기를"이라고 격려했다. 그는 병사들과 함께 앉아서 콩을 먹으며 앞으로 밝은 미래가 올 것이라며 사기를 진작시켰다. 긴 전쟁이 될 것이라 전망한 링컨은 의회에 40만 명의 징집을 청원했다. 의회는 우선 10만 명을 징집하고, 50만 명의 남성이 3년간 복무하도록 법을 제정했다.

하지만 그 군대는 누가 지휘할 것인가? 제대로 걷지도 못하는 늙은 스콧은 도르래 끈 없이는 침대에서 일어날 수도 없고, 전쟁 중에도 낮잠이나 자고 있지 않던가? 절대 그는 안 되었다. 그는 누군가로 교체되어야 했다.

그때 상당한 매력이 있지만, 동시에 실망스러운 장군 한 명이 크게 주목받기 시작했다.

하지만 링컨의 고난은 끝난 게 아니었다. 이제 막 시작일 뿐이었다.

소심하고 나약한
북군 사령관 매클렐런

　전쟁이 시작되고 처음 몇 주 동안, 잘생기고 젊은 매클렐런 장군은 20여 문의 대포와 휴대용 인쇄기를 가지고 서부 버지니아로 진군해 남군을 상대로 일부 승리를 거두었다. 하지만 그 전투들은 대규모 전투가 아닌 소규모 전투였고, 전초전에 불과할 뿐이었다. 그래도 북군이 처음 승리를 거두었기 때문에 의미 있는 전투였다. 매클렐런은 이를 잘 알고 있었다. 그래서 자신의 휴대용 인쇄기를 이용해 극적이면서도 과장되게 내용을 인쇄해 자신이 이룬 성과를 국민에게 알렸다.

　몇 년 후에는 그런 우스꽝스러운 행동이 웃음거리가 되었지만, 당시 전쟁을 처음 겪은 국민들은 혼란에 빠져 믿을 만한 지휘관이 나타나기를 갈망하고 있었다. 그래서 자화자찬하는 이 젊은 지휘관의 말을 그대로 믿고 따랐다. 의회는 감사를 표시했고, 사람들은 그를 '리틀 나폴레옹'이라 불렀으며, 불런에서의 패배 뒤 링컨은 그를 워싱턴으로 불러 포토맥의 군사령관으로 임명했다.

그는 타고난 지휘관이었다. 그가 백마를 타고 달려 나가면 병사들은 환호했다. 게다가 부지런하고 성실했다. 불런 전투에서 대패한 군대를 훈련시켜 자신감과 사기가 충만한 군대로 바꾸어놓았다. 이런 점에서 그를 능가하는 지휘관은 없었다. 10월이 되자, 그가 이끄는 군대는 서구 역사에서 지금껏 볼 수 없었던 가장 강력하고 잘 훈련된 군대로 변모했다. 물론 그의 군대가 단지 전투만을 위해 훈련된 것은 아니었지만, 전투를 기다리고 있었다.

모든 사람—매클렐런만 제외하고—이 행동이 시작되기만을 고대하고 있었다. 링컨은 그에게 공격을 개시하라고 재촉했으나, 그는 움직이지 않았다. 그는 열병식만 하고 앞으로의 계획만 늘어놓았다. 하지만 말뿐이었다. 이런저런 핑계를 대며 출정을 미루고 또 미뤘다. 그는 좀처럼 출정하지 않았다.

한번은 군이 휴식 중이라며 출정을 거부했다. 링컨은 도대체 무엇 때문에 피곤하냐고 따졌다. 또 앤티텀 전투가 끝난 후에는 정말 놀라운 사건도 있었다. 리 장군보다 매클렐런에게 병력이 훨씬 더 많았고, 당시 리 장군은 패배해 후퇴하고 있었다. 매클렐런이 리 장군을 추격해 생포했더라면 전쟁은 끝났을 것이다. 링컨이 그에게 몇 주 동안 계속 남군을 공격하라고 편지, 전보, 그리고 전령까지 보내 재촉했다. 하지만 매클렐런은 자신의 말들이 지쳤고, 혀에 염증이 생겨 움직일 수 없다고 대답했다!

뉴세일럼에 가보면, 링컨이 점원으로 일했던 오프츠 잡화점이 있는 언덕 아래로 움푹하게 들어간 지대를 볼 수 있다. 그 지대에서 '클레리 숲 패거리'들은 투계를 했으며 링컨이 심판을 보았다. 배브 맥냅은 생거먼 카운티의 누구든 이길 수 있는 어린 수탉을 갖고 있다고 자랑했다. 하지만 막상 그 닭은 투계장에 들어가기만 하면 싸우려 들지 않고 꽁무니를 뺐다. 이에 실망한 배브가 닭을 집어 하늘 높이 던져버렸다. 그러자 수탉은 근처 장작더미에 내려앉더니, 깃털을 활짝 펴고 으스대며 호기롭게 울어댔다.

"이런 제기랄!" 맥냅이 말했다. "넌 폼 잡는 데는 일가견이 있지만, 싸우는 데는 아무 소용이 없구나."

링컨은 매클렐런을 보면 배브 맥냅의 수탉이 생각난다고 말했다.

한번은 버지니아 반도 캠페인(Peninsular Campaign, 북군의 대규모 공세 작전—옮긴이) 중에 10만 명의 군대를 이끈 매클렐런은 5000명밖에 되지 않는 매그루더 장군이 이끄는 남군과 맞선 적이 있었다. 공격을 두려워한 그는 흥장을 내던지며 링컨에게 더 많은, 좀 더 많은 병력을 지원해달라고 거듭 요청했다. 이에 대해 링컨은 이렇게 말했다. "내가 요술처럼 10만 명을 즉시 증원해준다면, 그는 미친 듯이 기뻐하면서 내게 감사 인사를 전하면서 내일 리치먼드로 진격한다고 할 거야. 하지만 내일이 되면 적군이 40만 명이 됐다는 확실한 정보를 입수했다며, 병력 증원 없이는 진격할 수 없다는 전문을 또 보내올 게 틀림없어." 당시 육군 장관이었던 스탠턴은 이렇게 말했다. "만약 매클렐런이 100만 병사를 갖고 있었다면, 그는 적군이 200만이라며 진흙탕에 주저앉아 300만을 보내달라고 했을 것이다."

'리틀 나폴레옹' 매클렐런은 한 번의 도약으로 명예를 얻자, 마치 터져나오는 샴페인처럼 금세 거만해졌다. 그의 자만심은 하늘을 찔렀다. 그는 링컨과 그의 내각을 '사냥개' '비열한 것들' '천하의 멍청이들'이라고 비난했다. 그는 링컨에게 대놓고 무례한 행동을 일삼았다. 링컨이 그를 찾아갔을 때, 대기실에서 30분이나 기다리게 했다. 한번은 그가 밤 11시에 귀가했을 때, 하인이 와서 링컨이 몇 시간째 기다리고 있다고 전해주었다. 그런데 매클렐런은 링컨이 기다리고 있던 방을 그냥 지나쳐 위층으로 가서는 취침 중이라는 메모를 내려보냈다. 신문들이 이러한 일들을 보도해 워싱턴이 떠들썩했다. 링컨 부인은 눈물까지 흘리며 '그 끔찍한 수다쟁이'를 해임하라고 링컨에게 말했다. 이에 링컨이 말했다.

"부인, 나도 그가 잘못했다는 것을 알고 있소. 하지만 지금과 같은 시기에 내 감정대로만 할 수는 없는 일이오. 매클렐런이 승리할 수만 있다면 나는 기꺼이 그를 붙잡아 둘 것이오."

여름이 가고 가을이 오고, 다시 겨울이 찾아왔다. 그리고 다시 봄이 코앞으로 다가왔지만, 매클렐런은 여전히 병사들을 훈련만 시키고 사열과 말만 늘어놓았다. 온 나라가 들썩이기 시작했고, 매클렐런이 출정하지 않는 것에 대해 링컨에게 비난이 쏟아졌다. "장군의 지연이 이 나라를 망치고 있소." 링컨이 이렇게 말하며 공식적으로 진격을 명령했다.

이제 매클렐런은 진격을 하든지, 사임하든지 둘 중의 하나를 선택해야 했다. 그래서 그는 하퍼스페리로 달려가 병사들에게 즉각 자신을 따르라고 명령했다. 그는 그곳에서 배를 타고 체서피크와 오하이오 운하를 통과해 포토맥을 건너 버지니아로 공격해 들어갈 계획을 세웠다. 하지만 마지막 순간에 그 모든 계획을 포기해야 했다. 배의 폭이 운하의 수문보다 15센티미터쯤 커서 운하를 통과할 수 없었기 때문이다.

매클렐런이 링컨에게 이 커다란 실수에 대해 전하며 평저선이 준비되지 않았다고 말하자, 참을 대로 참고 있던 링컨도 결국 폭발했다. 그는 인디애나 주의 피전 크리크 계곡 풀밭에서 쓰던 말투로 물었다. "젠장, 왜 준비를 안 한 거요?" 국민들도 똑같은 심정으로 물었다.

마침내 4월이 되자, '리틀 나폴레옹'은 진짜 나폴레옹이 그랬듯이 병사들에게 일장 연설을 하고 나서 〈나 그녀를 두고 떠나네〉라는 노래를 부르는 가운데 12만 병사를 이끌고 출정길에 올랐다.

전쟁은 1년 동안 계속되었다. 매클렐런은 이제 곧 모든 것이 다 해결될 것이며, 머지않아 젊은이들이 집으로 돌아가 제철이 조금 지난 옥수수와 수수를 심게 될 것이라고 허풍을 떨었다.

믿기 어려워 보이는 말이었음에도 링컨과 스탠턴은 워낙 낙천적으로 사태를 봤던지라, 여러 주의 주지사들에게 더 이상 지원병을 받지 말고 신병 훈련소를 폐쇄하며 징병 관련 기관에 속한 공유 자산을 매각하라는 전문까지 보냈다.

프리드리히 대왕의 전쟁 관련 격언 중에 이런 말이 있다. "네가 싸우고 있는 적을 알라." 리와 스톤월 잭슨은 자신들이 상대하고 있는 나약한 리틀 나폴레옹 같은 사람에 대해 잘 알고 있었다. 그는 피가 낭자한 광경을 차마 볼 수 없어 좀처럼 전쟁터로 가지 않으려 하는, 소심하고 나약하며 툭하면 칭얼대는 인물이었다.

그래서 리 장군은 매클렐런이 리치먼드로 진군해오도록 3개월간 그대로 놔두었다. 이윽고 매클렐런의 군대가 교회에서 울리는 종소리가 들릴 정도로 리치먼드에 가까이 근접했다. 그때 자신에 찬 리 장군은 매클렐런 군대에 맹렬한 공격을 가했고, 7일 만에 매클렐런은 군함이 있는 후방까지 밀려나며 병사 1만 5000명을 잃었다. 매클렐런이 '대사건'이라고 부른 이 전투는 처참한 실패로 막을 내렸다.

하지만 매클렐런은 언제나 그랬듯 모든 것을 '워싱턴의 배반자들' 탓으로 돌렸다. 늘 비난하던 대로 그들이 병사를 충분히 보내주지 않았고, 그들의 비겁하고 어리석은 처신 때문에 자신의 피가 끓어올랐다고 말했다. 이제 그는 링컨과 그의 내각을 남부 연합보다 더 싫어했다. 그들의 행위는 '역사상 가장 파렴치한 것'이라고까지 매도했다.

매클렐런은 대개는 적군보다 훨씬 많은 병력을 거느리고 있었다. 그럼에도 자신이 데리고 있는 병사들을 한번에 모두 투입시키지 못하고, 계속해서 병력을 더 충원해달라는 요구만 했다. 추가 병력 1만 명을 요청하더니, 그다음에는 5만 명, 그리고 결국엔 10만 명까지 요청했다. 그만 한 병력은 있지도 않았다. 그도 그런 사실을 알고 있었으며, 링컨 역시 그가 알고 있다는 것을 알았다. 링컨은 그에게 '정말 터무니없는' 요구라고 말했다.

매클렐런이 스탠턴과 링컨에게 보내는 전문은 격하고 무례했다. 마치 제정신이 아닌 사람의 말 같았다. 링컨과 스탠턴이 자기 군대를 망치기 위해 노력하고 있다고 비난했다. 내용이 너무 지나쳐서 전신 기사가 전송을 거부하는 일도 있었다.

온 나라가 놀랐고, 월스트리트는 공포에 휩싸였으며, 국민들은 침울해졌다. 링컨은 야위고 초췌해졌다. 그는 "나는 간신히 숨이 붙어 있을 정도로 슬픔을 가눌 수 없다"라고 말했다. 매클렐런의 장인이자 참모장인 P. B. 마시는 지금으로서는 항복하는 수밖에 없다고 말했다. 링컨은 이 말을 듣고 화가 나서 그를 불러 이렇게 말했다.

"장군, 나는 장군이 '항복'이라는 단어를 썼다는 걸 알고 있습니다. 그 단어는 우리 군과 관련해서는 절대 쓰면 안 되는 단어입니다."

북군 지휘관에 대한 링컨의 고민과
아들 윌리의 죽음

과거 뉴세일럼에 있을 당시, 링컨은 건물을 빌려 식료품점을 차리는 것은 쉬워도, 주정뱅이 동업자와 함께 그 가게의 수지를 맞추기는 쉽지 않다는 걸 배웠다.

그는 비통하고 유혈이 낭자한 시기를 보내면서 기꺼이 목숨을 바치고자 하는 50만 명의 병사와 총, 탄약, 담요를 구할 수 있는 1억 달러의 돈을 마련하기는 쉬워도, 전쟁의 승리에 필요한 리더를 찾는 것은 아주 어렵다는 사실을 절실히 깨닫게 되었다. "군사적인 문제는 어떤 지휘관을 뽑느냐에 달려 있다." 링컨이 외쳤다.

그래서 그는 무릎을 꿇고 신에게 자신에게도 남군의 로버트 리나 조지프 D. 존스턴이나 스톤월 잭슨 같은 장군을 내려달라고 여러 차례 간절히 기도했다.

"잭슨은 용감하고 정직하고 장로교회에 다니는 군인이다. 만약 그런 사람이 우리 북군을 지휘한다면, 이처럼 커다란 재난으로 고통받지 않았을 것이다"라고 링컨은 말했다.

하지만 스톤월 잭슨 같은 사람을 어디서 찾을 수 있단 말인가? 아무도 알지 못했다. 에드먼드 클래런스 스테드먼은 각 연마다 다음과 같은 청원으로 끝나는 유명한 시를 발표했다. "에이브러햄 링컨, 우리에게 대장부를 보내주시오."

이 구절은 단순한 시의 후렴구 이상의 의미를 갖고 있었다. 피 흘리고 혼란에 처한 국가가 외치는 울음 소리였다. 링컨은 이 시를 읽으며 눈물을 흘렸다.

2년 동안 링컨은 온 국민이 울부짖으며 찾는 지휘관을 찾으려 애썼다. 그가 만약 아무 소득도 없이 살육을 초래할 장군에게 군대의 지휘를 맡기게 된다면, 1만 명, 아니 3만 명이나 4만 명에 달하는 과부와 고아들의 울음이 온 나라를 가득 채울 것이었다. 그렇게 되면 그 사령관은 신임을 잃고 해임되고, 또 다른 무능한 지휘관이 임명되어 애를 쓰다가 또 1만 명이 넘는 병사들을 죽음으로 내몰게 될 것이었다. 결국 링컨은 밤새 잠옷 차림에 실내화를 신은 채로 서성이다가 실망스런 보고를 연거푸 받으며 이렇게 울부짖었을 것이다. "오, 하나님이시여! 이 나라는 어떻게 되는 겁니까? 오, 하나님이시여! 이 나라는 어떻게 되는 겁니까?"

그리고 또 다른 사령관이 지휘를 맡고, 또다시 무의미한 희생만 계속 이어질 터였다.

일부 군사 비평가들은 놀랍고 어처구니없이 무능력한 매클렐런이 어쩌면 포토맥을 이끈 최고의 사령관이었을 것이라고 주장하기에 이르렀다. 전문가들까지 이 정도였으니, 다른 사람들은 어떻게 생각했을지 상상해보시라!

매클렐런이 패한 뒤, 링컨은 존 포프를 후임으로 임명했다. 포프는 미주리에서 혁혁한 전과를 올렸으며, 미시시피에 있는 섬을 점령해 수천 명의 적을 포로로 잡은 전과를 올린 장군이었다. 그는 두 가지 면에서 매클렐런과 비슷했다. 얼굴이 잘생겼고 허풍을 잘 떨었다. 그는 사령부에 모든 실권이 있다고 선언했으며, 수많은 폭탄발언을 해대는 바람에 '발표를 일삼는 포프'라는 별명을 얻었다.

"나는 수많은 적을 무찔렀던 서부 전선에서 제군들을 지휘하기 위해 이곳에 왔다." 그는 무뚝뚝하고 건조한 말로 연설을 시작했다. 그러고는 동부 전선 병사들의 진취적이지 않은 태도를 꾸짖고, 지독한 겁쟁이라고 넌지시 비난한 다음, 자신이 올린 전과를 자랑하며 연설을 마쳤다. 이 연설로 인해 그는 한여름 더위에 기승을 부리는 다이아몬드 방울뱀만큼이나 유명해졌다. 장교들과 사병들 모두 그를 싫어하게 된 것이다.

매클렐런은 자신의 자리를 차지한 그를 아주 혐오했다. 하지만 매클렐런의 처지를 이해해줄 수 있는 사람은 없었다. 그는 자신의 자리를 요구하는 서신을 뉴욕으로 보냈고, 질투심과 엄청난 시기심과 분노로 불타올랐다.

포프는 군대를 이끌고 버지니아로 갔다. 곧 큰 전투가 있을 예정이었다. 그는 자신이 얻을 수 있는 최대한 많은 병사를 요구했고, 링컨은 매클렐런에게 최대한 빨리 병사를 이끌고 가서 포프를 지원하라고 전보를 보냈다.

과연 매클렐런이 지시에 따랐을까? 따르지 않았다. 그는 따지고, 미루고, 지체하고, 온갖 핑계를 전보로 보내며, 자신이 앞서 보냈던 병사들도 소환했다. 그리고 포프가 병력을 충원받는 것을 막기 위해서 온갖 교묘한 수단을 다 썼다. 그리고 경멸하는 투로 이렇게 말했다. "포프가 스스로의 힘으로 헤쳐 나오게 놔둬."

심지어 그는 남군이 맹렬하게 쏘는 대포 소리를 듣고서도 자신의 3만 병사가 불쾌한 경쟁자를 도우러 가지 못하게 막았다.

그래서 리 장군은 예전에 전투가 벌어졌던 불런에서 포프의 군대를 제압했다. 불런에서의 살육은 처참했다. 북군 병사들은 다시 한 번 겁을 먹고 도망쳤다. 불런에서의 첫 전투가 되풀이된 것이다. 또다시 유혈이 낭자한 병사들이 워싱턴으로 도망쳐 왔다. 리 장군은 멈추지 않고 북군을 추격했다. 링컨조차 수도가 함락되지 않을까 걱정에 휩싸였다.

전함을 강 쪽으로 배치하라는 명령이 떨어졌고, 워싱턴에 있는 모든 사람들—시민이든 공무원이든—은 다 같이 수도를 지키기 위해 군에 소집되었다. 육군 장관 스탠턴은 겁에 질린 나머지 여섯 개 주지사들에게 특별열차 편으로 그들의 시민군과 지원병을 모두 보내달라는 전보를 보냈다.

술집은 문을 닫았고, 교회에서는 종이 울렸다. 사람들은 무릎을 꿇고 전지전능하신 하나님이 워싱턴을 구해달라고 기도했다. 노인들과 여자들은 무서워서 달아났고, 거리는 급히 달리는 말굽 소리와 메릴랜드로 향해 질주하는 마차들의 덜컹거리는 소리로 가득했다.

스탠턴은 뉴욕으로 정부 기관을 옮길 준비를 하며, 무기고를 비우고 무기들을 북쪽으로 선적하라는 명령을 내렸다. 재무부 장관 체이스는 정부가 보유한 금과 은을 월스트리트에 있는 재무부 보관소로 빨리 옮기라고 지시했다.

지치고 낙담한 링컨은 신음과 한숨을 내뱉었다. "이제 어떻게 해야 하나? (…) 이제 어떻게 해야 하나? 밑 빠진 독에… 밑 빠진 독에….."

사람들은 매클렐런이 복수를 하기 위해 포프의 군대가 패하길 원하고 있다고 믿었다. 링컨도 그를 백악관으로 불러 사람들이 그를 배신자라고 비난하고 있으며, 워싱턴이 함락되고 남군이 승리하기를 바라는 사람으로 생각한다고 전해주었다.

스탠턴은 분노와 증오로 얼굴이 일그러졌다. 그의 얼굴을 본 사람들은 만약 그때 매클렐런이 육군 본부에 갔다면, 스탠턴이 달려가 한 방에 그를 쓰러뜨렸을 것이라고 말했다. 체이스는 그보다 더 심했다. 그는 매클렐런에게 한 방 먹일 게 아니라 총살시켜야 한다고 말했다. 체이스는 신앙심이 깊었고, 비유적으로 말하거나 과장해 말하지 않는 사람이었다. 그는 정말로 매클렐런의 눈을 가리고 심장에 총알을 12발 쏴야 한다고 했다.

하지만 링컨은 넓은 이해심과 예수 같은 성품으로 어느 누구도 비난하지 않았다. 포프가 실패한 것은 사실이지만 최선을 다하지 않았던가? 링컨은 자신도 많은 실패를 경험해봤기 때문에 다른 사람의 실패를 비난하지 않았다.

그래서 링컨은 포프를 노스웨스트로 보내며 그곳의 인디언 봉기를 진압하라고 지시했다. 그리고 병사들을 다시 매클렐런 휘하로 보냈다. 왜 매클렐런을 다시 중용했을까? 이에 관해서 링컨은 이렇게 말했다. "우리 군이 절반이라도 제 구실을 할 수 있도록 만들 사람은 매클렐런 장군밖에 없다. 자신이 싸울 수 없다면, 다른 병사들이 싸우도록 준비시키는 데 능한 사람이 매클렐런이기 때문이다."

대통령은 '비열한 매클렐런'에게 다시 지휘를 맡긴 것 때문에 비난받을 것이라는 사실을 잘 알고 있었다. 그리고 예상대로 심한 비난을 받았다. 특히 자신의 내각 인사들로부터 엄청난 공격을 받았다. 스탠턴과 체이스는 반역적인 행동에다 경멸스러운 매클렐런에게 다시 지휘권을 주느니, 차라리 리 장군에게 워싱턴이 함락되는 게 낫다고 말하기까지 했다. 링컨은 그들의 극심한 반대에 너무도 큰 상처를 받은 나머지, 만약 내각이 자신의 사임을 원한다면 그렇게 하겠다고 말하기도 했다.

앤티텀 전투가 있고 몇 달 뒤, 매클렐런은 리 장군을 추격해 공격하라는 링컨의 명령을 완강히 거부하고 군대를 철수해 영원히 군에서 물러나야 할 처지가 되었다. 이제 포토맥 군대를 지휘할 다른 지휘관이 필요했다. 하지만 누구란 말인가? 어디에 있단 말인가? 아무도 알지 못했다.

절망에 빠진 링컨은 번사이드에게 지휘를 맡아달라고 부탁했다. 그는 적합하지 않았고, 자신도 그런 사실을 알고 있었다.

그는 지휘를 맡아달라는 링컨의 제안을 두 번이나 거절했지만, 결국 눈물을 흘리며 어쩔 수 없이 지휘권을 맡았다. 이후 그는 군대를 이끌고 프레데릭스버그에 있는 리 장군의 요새를 성급히 공격했다가 1만 3000명의 병사만 잃었다. 이제 병사들은 승리에 대한 실낱같은 희망도 갖지 못한 채 그저 헛되이 목숨만 잃어갔다. 이젠 사병들뿐만 아니라 장교들도 대거 탈영하기 시작했다. 번사이드는 해임됐고, 군은 또 다른 허풍쟁이인 '화이팅 조' 후커에게 지휘권을 맡기게 되었다. "하나님께서 리 장군에게 자비를 베푸시기를. 나는 그에게 자비를 베풀지 않을 테니까." 조가 큰소리쳤다.

그는 남군의 두 배에 달하는, 스스로 '세상에서 최고'라고 생각하는 대군을 이끌고 리 장군과 싸웠다. 하지만 리 장군은 챈설러빌에 있는 강을 거슬러서 후커를 기습했고, 이로 인해 북군 1만 7000명이 목숨을 잃었다. 이는 남북전쟁에서 있었던 가장 처참한 패배 중 하나였다.

1863년 5월에 벌어진 이 전투로 인해 링컨은 잠을 이루지 못하고 내내 방 안을 서성거렸다. 대통령 비서관은 "잃었어! 잃었어! 모든 것을 잃어버렸어!"라는 그의 울부짖음과 초조한 발걸음 소리를 들었다고 한다. 그럼에도 결국 링컨은 프레데릭스버그로 가서 '화이팅 조'를 응원하고 병사들을 독려했다.

국민들은 슬픔과 절망에 빠진 채 어느 쪽에도 도움이 되지 않는 소모적인 학살만 계속되고 있다며 링컨을 강하게 비난했다. 그런데 이처럼 전쟁 문제로 인한 슬픔에 더해 링컨 가정의 비극까지 더해졌다.

링컨은 두 아들 테드와 윌리를 끔찍하게 사랑했다. 여름날 저녁이면 아이들과 야구를 하려고 백악관을 자주 빠져나갔다. 코트 자락을 휘날리며 베이스를 옮겨 다녔고, 심지어 백악관에서 육군 본부로 가는 내내 아이들과 공기놀이를 하기도 했다. 밤이 되면 아이들과 마룻바닥을 구르고 뛰어놀았으며, 화창하고 따뜻한 날에는 백악관 뒤편에서 두 아들과 염소를 데리고 놀기도 했다.

테드와 윌리는 백악관에서도 난리를 피우며 놀았고, 민스트럴 쇼(백인이 흑인 분장을 하는 쇼―옮긴이)를 벌이는가 하면, 하인들에게 군사 훈련을 시키고, 구직자들 사이를 이리저리 뛰어다녔다. 또 어떤 구직자가 마음에라도 들면 그 사람을 쫓아가 아버지를 만나는 모습을 지켜보기도 했다. 만약 앞문에서 그를 만나지 못하면 뒷문으로 들어가곤 했다.

아버지가 그랬던 것처럼 아이들도 의식이나 관례 같은 데는 관심이 없었다. 국무회의 도중에 불쑥 들어가서는 아버지에게 지하실에 있는 고양이가 방금 새끼를 낳았다고 말하기도 했다. 또 한번은 국가가 직면한 중요한 재정 문제에 관해 논의하는 와중에 테드가 링컨의 몸에 기어올라 목마를 타는 것을 보고 엄격한 성격의 살몬 P. 체이스 재무 장관이 기겁한 적도 있었다.

누군가가 윌리에게 조랑말을 주었다. 윌리는 추운 겨울 날씨에도 말을 타겠다고 고집 부리며 타더니, 땀에 젖어 오한을 느끼고 결국 심한 감기에 걸리고 말았다. 이어 심각한 열병으로 이어졌다. 링컨은 밤새 머리맡에서 아이를 간호했으나, 윌리는 끝내 죽고 말았다. 링컨은 목 놓아 울었다.

"불쌍한 녀석! 불쌍한 녀석! 이 세상에 어울리지 않게 착한 녀석이었는데. 하나님이 데려가셨구나. 네가 죽다니 참 애석하구나."

당시 방에 있었던 케클리 부인은 이렇게 전한다.

"대통령은 머리를 두 손으로 감쌌고, 그의 큰 몸은 감정에 못 이겨 떨고 있었습니다. 죽은 아들의 창백한 얼굴을 보고 링컨 여사는 경련을 일으켰습니다. 그녀는 너무도 깊은 슬픔에 빠져 장례식에도 참석하지 못했습니다."

윌리가 죽은 뒤, 링컨 부인은 윌리의 사진을 보는 것조차 힘겨워했다. 케클리 부인은 이렇게 말한다.

"링컨 여사는 아들이 좋아했던 어느 것도, 심지어 꽃도 보려 하지 않았습니다. 값비싼 꽃다발을 선물로 받으면 몸을 떨면서 등을 돌리거나, 받더라도 볼 수 없는 방에 갖다 놓게 하거나 창밖으로 던져버렸습니다. 그녀는 윌리의 장난감도 모두 갖다 버렸으며… 윌리가 죽은 후에 여사님은 윌리가 숨을 거둔 손님방과 시신에 방부 처리를 했던 온실에 다시는 가지 않았습니다."

슬픔을 가누지 못한 링컨 부인은 심령술사를 '콜체스터 경'이라고 속여 백악관으로 불러들였다. 이 지독한 사기꾼은 나중에 정체가 밝혀져 구속될 처지에 몰렸다가 워싱턴에서 추방되었다. 어쨌든 당시 링컨 여사는 백악관의 어느 어두운 방에서 징두리 벽판 긁는 소리, 벽 두드리는 소리, 탁자 두드리는 소리를 죽은 아이가 보낸 사랑스러운 메시지라 믿으며 흐느껴 울었다.

링컨은 슬픔으로 인해 깊은 절망에 빠졌다. 그는 공적 업무를 제대로 수행하지 못할 지경이었다. 회신을 기다리는 편지와 전보가 그의 책상 위에 쌓였다. 주치의는 그가 슬픔에서 빠져나오지 못하고 몸을 완전히 망쳐버리지는 않을까 걱정했다.

대통령은 때로 비서와 측근들과 함께 몇 시간이고 책을 읽곤 했는데, 주로 셰익스피어의 작품을 읽었다. 하루는 링컨이 측근들에게 《존 왕》을 읽어주고 있었는데, 콘스탄스가 아들을 잃고 통곡하는 장면에서 책을 덮고는 외우고 있던 다음의 구절을 반복해 읊조렸다.

> 그리고 저는 추기경님이 말씀하시는 걸 들었습니다.
> 천국에서 우리는 친구들을 다시 만나게 될 것을.
> 그게 사실이라면, 내 아들을 다시 만날 거예요.

"대령, 자네는 죽은 친구의 꿈을 꾼 적이 있나?" 대통령이 물었다. "그리고 꿈속에서 친구와 즐겁게 교감을 나누고, 그 꿈이 현실이 아님을 깨닫고 슬픔에 빠져본 적이 있나? 나는 아들 윌리가 나오는 꿈을 자주 꾼다네." 링컨은 이렇게 말하고 탁자에 머리를 떨어뜨린 채 흐느껴 울었다.

내각의 불화

    링컨의 내각에서도 군대와 똑같은 불화와 시기가 벌어졌다. 수어드 국무 장관은 자신을 '총리'라고 생각해 내각 내의 다른 각료들을 무시했고, 그들의 일에 간섭해 깊은 원한을 샀다.

    체이스 재무 장관은 수어드를 경멸했고, 매클렐런 장군을 혐오했다. 또한 스탠턴 육군 장관을 싫어했고, 블레어 체신 장관을 멀리했다.

    한편 블레어는 사람들과 불화하며 "내가 싸울 때는 죽기를 각오했다"라고 큰소리치고 다녔다. 그는 수어드를 '부도덕한 거짓말쟁이'라고 비난하며 그와는 상종하려 들지 않았으며, 스탠턴과 체이스 같은 불한당과는 말을 섞을 수 없다며 국무회의에서조차 그들과 이야기하려 하지 않았다.

    블레어는 다툼을 너무 많이 일으켜서 정치판에서는 스스로 자기 무덤을 판 격이 되었다. 블레어가 점점 더 많은 사람들로부터 미움을 사게 되자, 링컨은 그를 물러나게 할 수밖에 없었다. 이처럼 링컨 내각 곳곳에는 서로에 대한 미움이 자리하고 있었다.

부통령 한니발 햄린은 해군 장관 기디온 웰스와 말을 하지 않았다. 웰스는 정교한 가발을 쓰고, 흰 구레나룻을 길게 길러 치장하고 다녔다. 그는 일기를 썼는데, 일기장에는 다른 각료들을 비웃고 경멸하는 내용이 가득했다. 웰스는 특히 그랜트, 수어드, 스탠턴을 싫어했다.

난폭하고 무례한 스탠턴은 특히 그 누구보다 다른 사람들을 가장 많이 증오하던 사람이었다. 그는 체이스, 웰스, 블레어, 링컨 여사, 아니 세상의 거의 모든 피조물을 증오했다. 이에 관해 그랜트는 이렇게 썼다. "스탠턴은 다른 사람의 감정에는 전혀 신경 쓰지 않았으며, 다른 사람의 요구를 받아들이기보다는 거절할 때 더 큰 즐거움을 느꼈다."

그에 대한 증오가 너무도 심했던 셔먼은 많은 청중들 앞에서 사열대에 오른 스탠턴을 모욕했고, 20년이 지나서 당시의 일을 회고록에 쓰며 즐거워했다.

"내가 스탠턴 쪽으로 다가가자 그는 내게 손을 내밀었다. 하지만 나는 많은 사람들 앞에서 그 손을 뿌리쳤고, 그 소식은 널리 퍼졌다."

당시에 스탠턴보다 더 사람들의 미움을 받는 사람은 없었다.

내각 내의 거의 모든 각료들은 자신이 링컨보다 더 뛰어나다고 생각했다. 그렇다면 이런 각료들의 윗사람으로 어울릴 만한, 미숙하고 어설프며 말만 번지르르한 인물은 누구였을까?

우연히 이들 틈에 끼어든 정치판의 다크호스가 있었다. 바로 법무 장관 베이츠로, 그는 1860년에 링컨이 아닌 자신이 대통령 후보가 되고자 하는 큰 희망을 품고 있었다. 일기장에 그는 "공화당원들은 링컨을 후보로 지명하는 치명적인 실수를 했다. 링컨은 의지가 약하고, 목적의식이 없으며, 통솔력도 없다"라고 적었다.

체이스도 링컨이 아닌 자신이 대통령 후보가 되려 했으며, 말년에는 링컨을 에둘러 무시하고 경멸했다.

수어드도 이렇게 심한 말로 화를 냈다. "실망했냐고? 실망했냐고 물은 건가? 나야말로 공화당의 대통령 후보감인데, 일리노이 주 애송이 변호사에게 밀려나 그가 선출되는 꼴을 봐야 했다고! 그런 나에게 고작 실망했냐고 할 수 있나!" 수어드는 만약 호레이스 그릴리만 없었더라면 자신이 대통령이 됐을 것이라고 생각했다. 그는 사태가 어떻게 돌아가고 있는지 알고 있었고, 국가의 일을 20년이나 맡은 경력이 있었다.

하지만 링컨은 도대체 무엇을 경영해보았는가? 뉴세일럼의 통나무집 잡화점을 운영한 것, 그것도 딱 그 지역에서 해본 것 말고는 아무것도 없었다. 아, 우체국에서 일한 적도 있었다. 모자 안에 편지를 넣어 다니며 배달한 것 말이다. 이런 일들이 시골 출신 정치인이 해봤던 행정 경험의 전부였다. 그리고 이제 그는 백악관에 앉아서 우물쭈물 당황하면서, 사태의 추이를 지켜보기만 한 채 아무 일도 못하고 나라를 재난으로 몰고 가고 있지 않은가.

수어드는 자신이 나라를 다스리기 위해 국무 장관이 되었으며, 링컨은 허울뿐인 수장이라고 생각했다. 많은 사람들도 그렇게 생각했다. 사람들은 수어드를 총리라고 불렀고, 본인도 그 호칭을 좋아했다. 그는 자신이 미국의 구원자이고, 자신만이 미국을 구원할 수 있다고 믿었다. 그는 국무 장관직을 수락하며 이렇게 말했다. "나는 자유와 나의 조국을 구하기 위해 애쓸 것이다."

그는 링컨이 부임한 지 5주도 채 되기 전에 그에게 주제넘은 메모를 보냈다. 놀라운 일이었다. 아니 그보다 더한 일이었다. 대놓고 모욕을 주는 일이었다. 미국 역사상 각료가 그런 뻔뻔하고 건방진 메모를 대통령에게 보낸 전례는 없었다.

"정부가 들어선 지 한 달이 다 돼가도록 국내 및 국외 정책이 마련되지 않았습니다." 메모는 이렇게 시작됐다. 그러고는 주제넘은 억측을 펴며 링컨이 뉴세일럼 잡화점에서 점원으로 일한 것을 비웃고, 정부를 운영하는 방법에 대해 링컨을 가르치듯 글을 썼다. 그러면서 이제부터 자신이 나라가 나락으로 떨어지는 것을 막을 테니, 링컨은 뒤에 앉아 지켜보라고 당돌하게 끝을 맺었다.

수어드가 제안한 것 중 하나는 매우 엉성하고 비상식적이어서 링컨을 깜짝 놀라게 했다. 그는 최근 프랑스와 스페인이 멕시코에서 분별없는 짓을 일삼은 것이 마음에 들지 않으니 이들 나라에 해명을 촉구하자고 제안했다. 게다가 영국과 러시아에도 그렇게 하자고 했다. 그런데 만약 '만족할 만한 해명을 받지 못할 경우'에 그는 어떻게 하려고 했을까?

그는 선전포고를 할 심산이었다. 그렇다. 이 정치가에게는 하나의 전쟁으로는 충분치 않았던 모양이다. 그래서 전쟁을 동시에 치르려 했던 것이다. 그는 영국에 보낼 문서에 경고와 위협과 무례함으로 가득 찬 표현을 담아 준비했다. 만약 링컨이 최악의 구절을 삭제하고 다른 구절을 부드러운 표현으로 바꾸지 않았다면, 전쟁이 일어났을지도 모른다.

수어드는 상황을 잘못 판단하고, 유럽 군대가 사우스캐롤라이나 편을 들어 개입하면 좋겠다고 말했다. 만약 그렇게 되면 북군이 유럽 군대와 맞서 싸우는 한편, 남부 연합 역시 북군을 도와 외적과의 싸움에 동참할 것이라고 여겼기 때문이다. 이제 영국과의 전쟁은 일보 직전 상황이 되어버렸다. 북군의 전함이 공해에서 영국의 우편 기선을 붙잡은 뒤, 영국과 프랑스로 가던 남부 연합 위원 두 명을 잡아서 보스턴에 있는 감옥에 가둬버렸다.

영국은 전쟁 준비를 시작했고, 수많은 병력을 배에 실어 대서양을 건너 캐나다에 상륙시켜 북군을 공격할 준비를 했다. 링컨은 "과거 그 어느 때보다 쓴 약을 삼켜버렸다"라고 인정했지만, 남부 연합 위원들을 풀어주고 사과를 해야 했다.

링컨은 수어드의 무모한 생각에 상당히 놀랐다. 처음부터 링컨은 자신에게 직면해 있는 거대하고 중대한 책임을 다하는 데 있어 자신이 미숙하다는 사실을 잘 알고 있었다. 그래서 지혜롭고 자신을 잘 지도해줄 수 있는 도움이 필요했다. 바로 그런 도움을 얻으려고 수어드를 임명했지만, 결국 무슨 일이 벌어졌는지 보라!

워싱턴에서는 온통 수어드의 국정 운영에 대해 수군거렸다. 이로 인해 자존심이 상한 링컨 여사는 분노를 터뜨렸다. 그녀는 눈에 불을 켜고 겸손한 남편에게 강력하게 조치를 취하라고 다그쳤다.

"나 혼자서는 통치하지 못하지만, 그렇다고 수어드가 하도록 놔두진 않겠소. 나를 이끄는 통치자는 오로지 양심과 하나님뿐이며, 나의 각료들도 이를 알게 될 것이오."

그리고 그렇게 행동했다. 하지만 그것이 끝이 아니었다.

샐먼 P. 체이스는 내각의 체스터필드(매력적인 외모의 영국 정치가─옮긴이)로 통했다. 잘생긴 외모, 186센티미터의 키, 규율 잡힌 품행과 교양을 갖추고, 3개 국어를 하는 그는 워싱턴 사교계에서 가장 매력적이고 인기 있던 여성의 아버지였다. 사실 그는 식사 예법도 모르는 인물이 백악관에 있는 것을 보고 깜짝 놀랐다.

체이스는 아주 신앙심이 깊어 일요일에 세 번 예배에 참석했고, 욕조 안에서 〈시편〉을 읊었으며, '우리는 하나님을 믿는다'라는 어귀를 미국 동전에 새겨 넣기도 했다. 그는 매일 잠자리에 들기 전에 《성경》과 설교집을 읽었으며, 잠자리에 아테머스 워드(미국의 유머 작가─옮긴이)나 피트롤리엄 내스비(미국의 풍자 작가─옮긴이)의 책을 들고 가는 대통령을 이해할 수 없었다. 심지어 언제 어디서나 계속되던 링컨의 유머 감각은 그를 짜증나게 만들었다.

어느 날, 링컨의 옛 친구가 일리노이에서 백악관으로 찾아온 적이 있었다. 경호원이 날카로운 눈빛으로 그를 살펴보더니 국무회의 중이라 대통령을 만날 수 없다고 말했다.

"그래도 상관없소." 방문자가 항의했다. "당장 에이브에게 가서 올랜도 켈로그가 왔다고 하고, 말더듬이 판사 이야기를 하고 싶다고 전하시오. 그러면 그가 날 만날 것이오." 링컨은 즉시 그를 들여보내라고 지시하고, 뜨겁게 악수를 나누며 친구를 맞이했다. 그러고는 내각 각료들을 향해서 이렇게 말했다.

"신사 여러분, 이쪽은 제 오랜 친구 올랜도 켈로그입니다. 말더듬이 판사 얘기를 해주고 싶다는군요. 아주 좋은 이야기이니 잠시 일을 제쳐두기로 합시다."

그래서 진지한 정치인들은 국가의 현안을 잠시 미뤄두고, 링컨이 크게 웃음을 터뜨리는 동안 기다리고 있어야 했다. 체이스는 몹시 불쾌했다. 그는 국가의 장래를 걱정했다. "링컨은 전쟁을 농담 삼아 말하고, 나라가 파산하고 몰락의 구렁텅이로 빠져들게 한다"라고 불평했다.

체이스는 여고 동창생처럼 질투심도 강했다. 그는 자신이 국무 장관이 되리라 예상했지만 그렇게 되지 않았다. 왜 그랬을까? 왜 무시당했을까? 왜 영예로운 직책이 오만한 수어드에게 돌아갔을까? 왜 그는 그저 재무 장관직이나 맡게 되었을까? 그는 원통하고 분했다.

이제 그는 권력의 3순위에 머물러야 했다. 그렇다. 하지만 언젠가 본때를 보여주겠다고 생각했고, 1864년이 다가오고 있었다. 그때는 다시 선거의 시기이고, 그 선거 후에는 백악관을 차지하겠다고 결심했다. 이제 그는 다른 것에 대해서는 별 생각이 없었다. 오로지 링컨의 표현대로 '대통령직을 겨냥한 체이스의 맹렬한 사냥'에 온 몸과 마음을 다 쏟았다.

그는 링컨 앞에서는 친구인 듯 행동했다. 하지만 링컨의 모습이 보이지 않거나 목소리가 들리지 않는 곳에서는 비열하고 가차 없는 적으로 돌변했다. 링컨은 영향력 있는 인사들을 화나게 만드는 결정을 자주 할 수밖에 없었다. 그럴 때 체이스는 불만을 품은 사람을 재빨리 찾아가 그를 위로하고, 그가 옳았다고 부추겨서 링컨에 대한 분노를 더 끓어오르게 했다. 그러고는 만약 자신이라면 일을 정당하게 처리했을 거라고 거들었다. 링컨은 이렇게 토로했다. "체이스는 청파리처럼 썩은 곳을 찾아다니며 알을 갈겨놓는군."

수개월 동안 링컨은 그러한 사실을 모두 알고 있으면서도 자기 권한을 행사하지 않고 이렇게 말했다.

"체이스는 아주 능력 있는 인물입니다만, 대통령직에 관해서는 좀 제정신이 아닌 것 같습니다. 최근에 그가 옳지 않은 행동을 하자, 사람들은 내게 '이제 그를 뭉개버릴 때'라고 말하더군요. 그런데 저는 어느 누구도 뭉개버리길 원치 않습니다. 만약 어떤 사람이 잘할 수 있는 일이 있고 또 그 일을 잘하기만 한다면, 저는 계속 그 일을 하게 놔두겠습니다. 그래서 저는 그가 재무 장관으로서 자신의 일을 수행하는 한, 그가 백악관을 분주히 공격하는 것에 대해서는 눈감아주기로 했습니다."

하지만 상황은 점점 더 악화되었다. 상황이 체이스에게 좋지 않게 흘러가자, 그는 사직서를 제출했다. 그가 다섯 차례나 사직서를 제출했지만, 링컨은 그때마다 그를 찾아가 칭찬하며 다시 일을 맡아달라고 했다. 하지만 마침내 인내하던 링컨도 더이상 버틸 수 없게 되었다. 두 사람 사이에 불편한 감정이 많이 쌓여서 서로 만나는 것조차 불편해졌기 때문이다. 그래서 체이스가 그다음에 또 사직서를 제출했을 때, 링컨은 그의 뜻을 받아들여 사표를 수리했다.

체이스는 깜짝 놀랐다. 허세를 부리기 위해 사의를 표명한 것이었는데 실제로 물러나게 되었기 때문이다. 국회 재무위원회 의원들이 백악관으로 달려와서 항의했다. 체이스가 물러나면 불행과 재난이 찾아올 거라고 말했다. 링컨은 그들의 이야기를 묵묵히 다 들어주었다. 그런 다음 체이스로 인해 지금껏 겪었던 고통을 다 설명했다. 체이스는 늘 자신이 지배하려 했고, 링컨의 권위를 인정하지 않았다고 말했다.

"그가 나를 화나게 하려 했든 아니든 간에, 저는 분명 그의 어깨를 다독이며 자리를 계속 맡아달라고 했습니다. 하지만 제가 꼭 그래야만 한다고 생각하지는 않습니다. 저는 그의 사임요청을 받아들일 것입니다. 각료로서 그의 역할은 끝났습니다. 저는 이제 그와의 관계를 유지하지 않겠습니다. 저는 필요하다면 기꺼이 대통령직에서 물러나겠습니다. 이곳에서 더 이상 일을 참고 견디느니 일리노이 주에 있는 농장으로 돌아가서 쟁기와 소로 땅을 일구며 사는 편이 나을 것 같습니다."

하지만 자신에게 모욕을 주고 무례하게 굴었던 그 사람을 링컨은 어떻게 생각했을까? 링컨은 "훌륭한 인물들을 많이 알고 있지만, 체이스는 그들보다 1.5배는 더 뛰어난 인물입니다"라고 말했다. 마음이 그토록 불편하고 괴로워도 링컨은 그 당시 자신의 인생에서 가장 훌륭하고 관대하게 일을 처리했다. 그는 체이스에게 미국 대통령이 수여할 수 있는 최고 영예의 하나인 미연방 대법원장 자리를 주었다.

그런데 거친 스탠턴에 비하면 체이스는 유순한 새끼 고양이였다. 작은 키에 황소처럼 다부진 체격의 스탠턴은 짐승처럼 사납고 포악스러웠다.

어린 시절부터 그는 성급하고 변덕스러웠다. 의사였던 그의 아버지는 스탠턴이 놀던 헛간에 사람의 해골을 매달아 놓고 아들 역시 의사가 되길 바랐다. 어린 스탠턴은 같이 놀던 친구들에게 해골, 모세, 지옥 불, 노아의 홍수에 대해 강연했다. 좀 더 자라서는 오하이오 주 콜럼버스로 가서 서점 점원이 되었다. 그는 하숙을 했는데, 어느 날 아침 그가 집을 나선 지 얼마 되지 않아 하숙집 딸이 콜레라에 걸려 죽고 말았다. 그리고 스탠턴이 저녁을 먹으러 집에 왔을 때는 그 딸이 이미 무덤에 묻혀 있었다.

그는 이 사실을 믿지 않았다. 그녀가 산 채로 묻혔을 거라고 생각한 그는 삽을 들고 급히 묘지로 가서 그녀를 꺼내려고 몇 시간 동안 땅을 팠다.

몇 년 후 자신의 딸 루시가 죽자, 절망에 빠진 그는 딸이 죽은 지 13개월 후에 무덤을 파서 1년 넘게 자신의 침실에 딸의 시신을 보관하기도 했다. 부인이 죽었을 때는 매일 밤 아내의 잠옷과 잘 때 쓰던 모자를 자신의 침대 곁에 두고 눈물을 흘렸다. 스탠턴은 보통 사람과는 달랐다. 그가 반쯤 실성했다고 말하는 사람도 있었다.

링컨이 스탠턴과 처음 만난 것은 필라델피아의 조지 하딩과 함께 피고 측 변호인단으로 특허 관련 소송을 맡았을 때였다. 링컨은 사건을 자세히 조사하고, 큰 관심 속에 부지런히 변론을 준비했다. 하지만 스탠턴과 하딩은 그를 창피하게 여겼다. 그들은 링컨을 무시하고 피했으며, 창피를 주면서 재판에서 한마디 변론도 하지 못하게 했다.

링컨이 변론 원고를 그들에게 건넸지만, 그들은 '쓰레기'로 여기며 읽어보지도 않았다. 그들은 법정을 오갈 때도 링컨과 함께 걷지 않았고, 자신들의 사무실로 링컨을 초대하지도 않았으며, 링컨과 같이 식탁에 앉아 식사하지도 않았다. 그들은 링컨을 사회에서 추방당한 사람처럼 대했다.

링컨은 스탠턴이 이렇게 말하는 것을 듣기도 했다.

"나는 저런 얼간이에 팔이 긴 고릴라 같은 놈과는 절대 상종 안 할 거야. 신사다운 외모를 한 사람과 함께 소송을 진행할 수 없다면 차라리 소송을 포기하고 말겠어."

"스탠턴이 내게 했던 그런 비정한 취급은 이제껏 받아본 적이 없었다"라고 링컨은 말했다. 그는 다시 한 번 굴욕감과 비애를 느끼며 집으로 돌아왔다.

링컨이 대통령이 되자, 링컨에 대한 스탠턴의 경멸과 혐오는 더 심해졌다. 그는 링컨을 '불쌍한 바보'라고 부르며 링컨에게는 정부를 이끌어갈 능력이 없다고 했으며, 무력을 가진 독재자에 의해 쫓겨나야 한다고까지 말했다. 그러면서 고릴라를 찾으러 아프리카로 간 샤이유(Du Chaillu, 아프리카를 탐험했던 인류학자―옮긴이)는 바보라고 놀렸다. 원조 고릴라가 백악관에서 몸을 긁고 있는데도 못 알아본다는 것이었다. 스탠턴이 뷰캐넌에게 보낸 편지는 이 책에 옮겨 적기 어려울 정도의 심한 표현으로 링컨을 비하하고 있었다.

링컨이 대통령직을 시작한 지 10개월이 지날 무렵 온갖 나쁜 소문이 전국으로 퍼져갔다. 정부가 강탈당하고 있다! 수백만 달러를 날렸다! 부당하게 이득을 챙기는 놈들이 있다! 부정한 전쟁물자 계약이 많다! 등이었다.

게다가 링컨과 육군 장관 사이먼 캐머런은 노예들에게 무기를 주는 문제에 관해서 첨예한 의견 대립이 있었다. 링컨은 캐머런에게 사임을 요구했고, 육군을 이끌어나갈 새로운 인물을 찾아야 했다. 링컨은 국가의 미래가 자신의 선택에 달려 있다는 것을 알고 있었다. 또 어떤 사람이 필요한지 정확히 알고 있었다. 그래서 링컨은 한 친구에게 이렇게 말했다.

"나는 내 자존심을 모두 굽히기로 했네. 이것도 내 자존심의 일부일지는 모르지만, 스탠턴을 육군 장관으로 임명하기로 했다네."

그 일은 후에 링컨이 했던 가장 현명한 인사 결정 중의 하나임이 증명되었다. 스탠턴은 항시 눈코 뜰 새 없이 바쁜 육군 본부의 책상에 버티고 앉아 있었는데, 부하 직원들은 마치 파샤(터키의 군사령관―옮긴이) 앞에서 떨고 있는 동부의 노예들처럼 열심히 일했다. 그는 집에도 가지 않고 상황실에서 숙식을 해결하며 밤낮으로 일했다. 그는 빈둥거리고 허세나 부리며 다니는 장교들이 득실거리는 꼴은 볼 수 없다며 장교들을 사정없이 몰아붙였다.

또한 참견하기 좋아하는 국회 의원들에게 악담과 욕설을 하며 모욕했다. 그는 전쟁 물자와 관련해 부정한 계약을 맺은 자들을 무자비하게 공격했다. 헌법을 무시하고 위반한 자들이라면 장군이라도 체포했고, 재판 없이 몇 개월 동안 투옥시켰다. 그는 매클렐런에게 만약 자신이 연대를 훈련시키고 있다면 당장이라도 전투에 나설 것이라고 훈계했다. 그는 '포토맥에서는 샴페인과 굴 반입을 금지할 것'이라고도 했다. 모든 철로를 장악하고 모든 전신선을 징발해 링컨조차도 육군 본부를 통해서만 전보를 보내고 받도록 했다. 모든 군의 지휘를 맡은 그랜트 장군의 명령조차도 그의 승인이 없으면 부관 사무실에 전달되지 않았다.

수년간 스탠턴은 두통으로 고생했고, 천식과 소화불량까지 있었다. 하지만 그는 한 가지에 열중하면 지독하게 몰아붙였다. 결국 남군이 북군에게 항복할 때까지 끊임없이 일했다.

링컨은 목적을 위해서라면 무엇이든 참아냈다. 어느 날, 한 의원이 링컨에게 어떤 연대를 옮기라는 명령을 내려달라고 종용했다. 마침내 링컨으로부터 명령서를 받아낸 그 의원은 급히 육군 본부를 찾아가 스탠턴의 책상 위에 올려놓았다. 그러자 스탠턴은 그런 명령은 따르지 않겠다고 날카롭게 말했다.

"하지만 당신은 내가 여기 대통령 명령서를 갖고 왔다는 사실을 잊은 겁니까?"라고 그 의원이 항변했다. "만약 대통령이 당신에게 그런 명령을 내렸다면 대통령은 지독한 바보요." 그가 맞받아쳤다.

그 의원은 격분하여 링컨에게 달려갔다. 대통령이 이 사실을 알면 육군 장관을 해임할 거라고 생각했다. 하지만 링컨은 이야기를 듣더니 눈을 깜박이며 이렇게 말했다. "만약 스탠턴이 내가 바보라고 했다면 나는 바보인 게지요. 왜냐하면 그는 거의 항상 옳았거든요. 내가 직접 그를 만나보겠습니다."

링컨이 찾아가자 스탠턴은 그 명령이 잘못된 까닭을 확실히 설명해주었고, 링컨은 그 명령을 철회했다. 스탠턴이 간섭받는 것을 매우 싫어한다는 것을 알게 된 링컨은 그의 의사를 최대한 존중해주었다.

"스탠턴과 불화를 더 만들어서는 안 됩니다. 그는 세상에서 가장 힘든 위치에 있기 때문입니다. 수많은 군인들이 자신을 승진시키지 않는다거나 임명하지 않는다고 그를 원망합니다. 그에게 쏟아지는 압박은 이루 말할 수도 없고 그칠 줄도 모릅니다. 비유하자면 그는 침입자들이 끊임없이 달려들고 고함치는 해변의 바위인 셈입니다. 그는 성난 파도를 저지하며, 그들이 우리 땅을 훼손하거나 덮치는 것을 막고 있습니다. 그가 어떻게 버텨내는지, 어떻게 부서져 산산조각 나지 않는지 이해되지 않을 정도입니다. 그가 없으면 저도 파멸하고 말 것입니다."

하지만 때로는 링컨 자신의 표현대로 '발을 내려놓을(Put one's foot, 단호한 태도를 취한다는 뜻—옮긴이)' 때도 있었다. 그러면 스탠턴도 조심해야 했다. 만약 '나이 든 용사' 스탠턴이 어떤 지시를 따르지 않겠다고 말하면, 링컨은 나지막이 이렇게 말했다. "나는 장관께서 그 일을 하셔야만 한다고 생각합니다." 그러면 스탠턴도 그 말을 따랐다.

한번은 그가 이런 명령을 내려보낸 적이 있었다. "이유를 불문하고 일리어트 W. 라이스 대령을 미합중국 준장으로 임명하시오. — 에이브러햄 링컨."

또 한번은 스탠턴에게 어떤 사람을 지명하라고 하면서 편지에 이렇게 쓰기도 했다. "율리우스 카이사르의 머리카락 색깔을 알든 모르든 상관없이."

스탠턴, 수어드, 그리고 링컨을 욕하고 경멸했던 대부분의 사람들도 결국에는 그를 존경하게 되었다.

한때 링컨을 '불쌍한 바보'라고 조롱했던 냉혹한 스탠턴은 링컨이 포드 극장 맞은편 하숙집에서 죽어가는 모습을 보며 이렇게 탄식했다. "이 세상에서 가장 완벽한 통치자가 쓰러졌다."

링컨의 비서 중 한 명이었던 존 헤이는 링컨이 백악관에서 일하던 방식에 관해 사실적으로 묘사했다.

"그는 체계적이지 않았습니다. 저와 니콜라이(링컨의 또 다른 비서관―옮긴이)가 일하는 부서는 대통령이 몇 가지 체계적인 규칙을 받아들일 수 있도록 4년 동안 애썼습니다. 그는 어떤 규칙이 만들어지면 어떻게 해서든 빠져나오려 했습니다. 하지만 사람들이 억지스러운 불평과 요청으로 자신을 괴롭히더라도 그 사람들을 멀리하시지는 않았습니다.

대통령께서는 편지를 거의 쓰지 않았으며, 받은 편지를 50통 가운데 한 통도 읽지 않으셨습니다. 처음에는 편지를 대통령의 눈에 띄게 두었으나 결국 모든 것을 제게 맡겼으며, 제가 대통령의 이름으로 쓴 답장을 읽어보지도 않고 서명하셨습니다.

대통령께서 직접 쓰시는 편지는 아마 일주일에 여섯 통쯤이었습니다. 그 이상은 쓰지 않으셨습니다. 어려운 문제를 처리하기 위해 워싱턴에서 멀리 떨어진 곳에 계실 때도 니콜라이나 제게 보내는 편지를 제외하고는 거의 쓰지 않으셨습니다.

대통령은 보통 10시에서 11시 사이에 잠자리에 드셨고… 아침 일찍 일어나셨습니다. 제대군인을 위한 구제 시설이 있는 지방에 계실 때는 아침에 계란 하나, 토스트 한 조각, 커피 한 잔으로 된 아주 소박한 아침을 드신 후 8시가 되기 전에 워싱턴으로 향했습니다. 겨울에 백악관에서는 그렇게 일찍 일어나지 않으셨습니다. 푹 잠들지는 못하셨지만 침대에서 꽤 오래 머무셨습니다.

겨울에는 점심으로 비스킷 한 조각과 우유 한 잔을 드셨고, 여름에는 몇 가지 과일 혹은 포도를 드셨습니다. 다른 사람들보다 덜 드시며 절제했습니다.

대통령께서는 물 이외의 음료는 잘 드시지 않았는데, 특별한 원칙이 있어서는 아니고 개인적으로 와인이나 술을 좋아하지 않으셨기 때문입니다.

때로는 휴식을 취하기 위해 강연이나 음악회에 가시거나 극장에 가셨습니다. 책은 거의 읽지 않으셨고, 신문도 보지 않았습니다. 이런 말씀을 자주 하셨죠. '나는 그 신문에 적힌 것보다 더 많이 알아.' 그를 보통 사람이 아니라고 하는 표현은 맞지 않습니다. 보통 이상의 위대한 인물입니다."

노예해방 선언과 그 의미

오늘날 미국의 보통 시민들에게 남북전쟁이 왜 일어났는지 물어보면 이렇게 답한다. "노예를 해방하기 위해서요." 과연 그럴까?

그럼 살펴보자. 다음은 링컨의 첫 취임문의 일부다. "저는 직접적으로나 간접적으로 지금 여러 주에 존재하고 있는 노예제에 개입할 생각이 없습니다. 저는 그렇게 할 법적인 권리가 없으며, 그렇게 할 의향도 없습니다."

사실 링컨이 노예 해방령을 발표하기까지 약 18개월 동안 포성이 울렸고, 사람들은 부상을 입고 신음했다. 그 기간 내내 급진주의자들과 노예제 폐지론자들은 노예제를 당장 폐지하라고 링컨에게 촉구했다. 그들은 언론을 통해 그를 공격했고, 대중 연설에서도 그를 공공연히 비난했다.

한번은 시카고의 성직자 대표단이 전능하신 하나님으로부터 노예들을 즉시 해방시키라는 명령을 직접 받았다고 주장하면서 백악관으로 몰려왔다. 링컨은 만약 하나님께서 조언을 주셨다면 시카고를 거치지 않고 직접 본부로 보내셨을 거라고 대답했다.

링컨이 능장을 부리며 조치를 취하지 않자, 화가 난 호레이스 그릴리는 마침내 '2000만의 기도'라는 제목의 기사를 써서 대통령을 공격했다. 두 개의 칼럼이 신랄한 불평불만으로 가득 차 있었다.

그릴리에 대한 링컨의 명쾌하고 간결하고 단호한 답변은 전쟁과 관련된 글 중에서 고전이 되었다.

"이번 전쟁에서 저의 최고 목표는 연방을 지키는 것이며, 노예제를 유지하거나 폐지하는 것이 아닙니다. 만약 노예를 해방하지 않고 연방을 지킬 수 있다면, 저는 그렇게 할 것입니다. 또 만약 모든 노예를 해방함으로써 연방을 지킬 수 있다면, 그렇게 할 것입니다. 또한 노예의 일부는 해방하고 다른 일부는 남겨둠으로써 연방을 지킬 수 있다면, 그렇게 할 것입니다. 제가 노예제와 유색인종들에게 취하는 조치는 연방을 지키는 데 도움이 된다고 생각하기 때문이며, 삼가는 것도 연방을 지키는 데 도움이 되지 않는다고 생각하기 때문입니다. 저는 대의를 손상시킨다고 생각되는 것은 언제든 더 적게 하고, 대의에 도움이 된다고 생각하는 것은 언제든 더 할 것입니다. 실수가 보이면 실수를 고치도록 할 것이며, 올바른 견해라고 생각되면 새로운 의견을 빨리 채택할 것입니다.

저는 공적인 임무에 대한 제 견해에 따라 제 목적을 말씀드렸습니다. 그리고 제가 자주 표명했던, 이 세상 모든 인간은 자유로워질 수 있다는 저의 개인적인 소망은 수정할 의도가 전혀 없습니다."

링컨은 자신이 연방을 지키고 노예제의 확산을 막는다면, 머지않아 노예제는 자연히 사라질 거라고 믿었다. 하지만 연방이 무너지면 노예제는 수세기 동안 지속될지 모른다고 생각했다.

북부에는 노예제가 남아 있는 주가 네 곳이었다. 그래서 링컨은 만약 자신이 전쟁 중에 성급히 노예해방을 선언하면 네 개의 주가 남부에 합류해 남부의 힘이 커지게 되고, 결국 연방이 영원히 붕괴될 수 있다고 생각했다. 당시에 이런 말이 있었다. "링컨은 전지전능하신 하나님을 곁에 두고 싶어 하지만, 그는 켄터키를 곁에 둬야 한다."

그래서 링컨은 때를 기다리며 조심스레 움직였다. 링컨 자신도 노예 소유주이자 경계주(노예제를 허용하던 주이면서 북군에 가담한 다섯 개 주―옮긴이)의 집안과 결혼했다. 그의 아내가 아버지로부터 받은 돈의 일부는 노예 매매로 번 돈이었다. 그리고 하나뿐인 링컨의 절친한 친구 조수아 스피드의 집안도 노예 소유주 집안이었다. 그래서 링컨은 남부 사람들의 입장에 공감했다. 게다가 링컨은 변호사로서 전통적인 헌법, 법률, 재산을 중시했다. 그는 그 모든 것을 다 존중했다.

링컨은 북부 역시 남부만큼이나 노예제에 대한 책임이 있으며, 노예제를 폐지할 때는 양측 모두 부담을 공평히 나누어야 한다고 생각했다. 그래서 그는 마침내 마음에 드는 계획을 마련했다. 그 계획에 따르면, 충성스러운 노예주에 있던 노예 소유주들은 그들의 노예 한 명당 400달러를 받게 된다. 그리고 노예들이 차츰, 아주 서서히 해방되어 1900년 1월 1일에는 비로소 노예해방이 완결되는 계획이었다. 링컨은 경계주 대표들을 백악관으로 불러 자신의 계획을 받아들여 달라고 간청했다.

"이 계획이 실행되면, 그 변화는 천국에서 내리는 이슬처럼 아무것도 부수거나 파괴하지 않고 서서히 이뤄질 것입니다. 이 계획을 받아들이지 않으시겠습니까? 지난날 훌륭한 일들은 한 번의 노력으로 이뤄진 게 아닙니다. 이제 여러분께서 신의 섭리에 따라 여러분의 위대한 특권을 행하실 때입니다. 미래를 살아갈 사람들이 절대 슬퍼하는 일이 없도록 여러분께서는 이 계획을 거절하지 말아주십시오." 링컨이 설득했다.

하지만 대표자들은 이를 무시했고, 계획 전체를 받아들이지 않았다. 링컨은 헤아릴 수 없을 만큼 실망했다.

"가능한 한 저는 이 정부를 구해야만 하고, 이용 가능한 카드를 모조리 쓸 거라는 점을 알아주시기 바랍니다. (…) 이제 저는 노예들을 해방시키고, 흑인들을 무장시키는 것이 군사적으로 불가피한 일이 되었다고 생각합니다. 그렇게 하거나 아니면 연방을 넘겨주거나 둘 중 하나를 선택해야 하는 상황입니다." 링컨이 말했다.

그는 곧바로 조치를 취해야만 했다. 프랑스와 영국이 남부연합을 인정하려는 움직임을 보였기 때문이다. 왜 그랬을까? 이유는 간단했다.

먼저 프랑스의 입장을 살펴보자. 나폴레옹 3세는 세상에서 가장 아름다운 여인으로 알려진 테바 백작 가문의 마리 위제니 드 몽띠조와 결혼한 뒤 약간 과시하고 싶어 했다. 자신의 유명한 삼촌 나폴레옹 보나파르트가 그러했듯이 영예를 얻고 싶어 했다. 그는 미국이 서로에게 칼질하고 총질하느라 바쁜 나머지 먼로주의(구미 양 대륙 간의 상호 불간섭주의—옮긴이)를 더 이상 주장하지 않을 것이라 판단했다. 그래서 멕시코로 군대를 보내 수천 명의 원주민을 학살하고 그 땅을 정복하라고 명하고, 멕시코를 프랑스 제국이라 부르며 막시밀리안 대공을 왕위로 즉위시켰다.

나폴레옹은 만약 남부가 승리하면 자신의 새로운 제국이 인정받을 수 있지만, 북부가 이기면 미국이 프랑스를 멕시코에서 몰아내는 조치를 취할 것이라고 생각했다. 근거 없는 생각이 아니었다. 그래서 나폴레옹은 남부가 연방 탈퇴를 유지하길 바랐으며, 자신이 할 수 있는 한 남부를 돕고자 했다.

전쟁 발발 초기에 북군 함대는 남부의 모든 항구를 봉쇄하고, 189개 항만을 감시했으며, 1만 5472킬로미터에 이르는 해안, 해협, 강변, 강어귀를 순시했다.

유례없는 가장 긴 봉쇄선이었다. 남부 연합은 절망했다. 그들은 면화를 팔 수 없었을 뿐만 아니라 총, 탄약, 신발, 의약품, 식품도 살 수 없었다. 그들은 커피 대용으로 밤과 면화씨, 차 대용으로 블랙베리 잎의 즙과 사사프러스의 뿌리를 끓여 마셨다. 신문은 벽지에 인쇄했다. 소금을 얻기 위해 베이컨 기름이 배어 있는 훈제소의 흙바닥을 파서 끓였고, 교회의 종을 녹여서 대포를 만들었다. 리치먼드의 전차 철로는 전함의 갑판을 만들기 위해 뜯겨나갔다.

남부 연합은 철로를 수리하거나 새로운 장비를 살 수 없어서 운송이 거의 정지된 상태였다. 그리하여 조지아에서는 2달러만 주면 옥수수를 두 말 살 수 있었지만, 리치먼드에서는 15달러나 나갔다. 버지니아에서는 사람들이 굶주렸다.

당장 무슨 조치를 취해야 했다. 그래서 남부 사람들은 만약 프랑스가 남부 연합을 인정하고, 또 봉쇄선을 무너뜨리는 데 프랑스 함대를 동원해준다면 나폴레옹 3세에게 1200만 달러에 달하는 면화를 주겠다고 했다. 게다가 나폴레옹 3세가 놀랄 정도로 프랑스의 모든 공장 굴뚝에서 밤낮으로 연기가 뿜어져 나올 정도의 물량을 주문하겠다고 약속했다.

이에 나폴레옹은 러시아와 영국에게 남부 연합을 인정하는 데 동참하자고 촉구했다. 영국의 지배층 귀족들은 자신들의 외알 안경을 매만지고 조니 워커를 잔에 따르면서 나폴레옹의 제안을 경청했다. 미국이 더 부유하고 강해지는 건 달갑지 않은 일이었다. 그들은 미국이 분열되고 연방이 깨지기를 바랐다. 게다가 그들은 남부의 면화가 필요했다. 이미 수많은 영국 공장들이 문을 닫아 일 없이 놀고 있는 사람들이 많았으며, 빈곤층으로 추락한 사람들도 많았다. 아이들은 먹을 것을 달라고 울어댔고, 굶주림으로 죽어가는 인구도 늘었다. 영국의 노동자들에게 음식을 제공하기 위한 국민 모금이 지구 반대편에서 일어나 인도와 가난한 중국까지 이에 동참했다.

영국이 면화를 얻을 수 있는 방법은 단 한 가지뿐이었다. 남부 연합을 인정하고 봉쇄선을 무너뜨리자는 나폴레옹 3세의 제안을 받아들이는 것이다.

만약 그렇게 됐다면 미국은 어떻게 되었을까? 남부는 총, 화약, 채권, 음식, 철도 장비를 얻을 수 있었을 것이며, 자신감과 사기가 올라갔을 것이다.

그리고 북부는 무엇을 얻었을까? 새로 나타난 막강한 적을 둘이나 얻게 되었을 것이다. 그랬다면 상황은 더더욱 악화되어 돌이킬 수 없는 지경이 되었을 것이다. 에이브러햄 링컨은 그 누구보다 이런 상황을 잘 알고 있었다. "우리는 최후의 카드를 가지고 있습니다. 우리는 이제 작전을 바꾸지 않으면 게임에서 지고 말 것입니다." 1862년에 링컨은 이렇게 선언했다.

영국의 입장에서 봤을 때, 미국의 모든 식민지는 이미 영국으로부터 분리되어 있었다. 이제 다시 남부의 식민지들이 차례로 북부의 식민지로부터 분리되었다. 그리고 북부는 그 식민지를 정복하고 다스리기 위해 싸우고 있었다. 테네시와 텍사스를 워싱턴에서 다스리든, 리치먼드에서 다스리든 영국 군주나 프랑스 왕자와 무슨 상관이 있겠는가? 아무 상관이 없었다. 그들로서는 아무 의미도 없고, 고귀한 명분도 없는 일이었다. "내 평생 일어난 전쟁 중에 이 전쟁보다 더 어리석어 보이는 전쟁도 없었다." 칼라일이 말했다.

링컨은 이 전쟁에 대한 유럽의 태도가 반드시 바뀔 거라고 생각했고, 어떻게 바뀌어야 하는지도 알고 있었다. 유럽의 많은 사람들이 《톰 아저씨의 오두막》을 읽고 눈물을 흘리며 노예제의 폐해와 부당함을 혐오했다. 그래서 링컨은 자신이 노예 해방령을 선포하면, 유럽인들이 이 전쟁을 다른 시각으로 보게될 것이라 생각했다. 유럽인들은 이 전쟁을 아무 의미 없이 연방을 유지하려고 싸우는 잔혹한 싸움으로 보는 대신 노예제 폐지를 위한 신성한 개혁 운동으로 볼 것이다. 그렇게 되면 유럽의 정부들은 감히 남부 연합을 인정할 수 없을 것이다. 인간을 노예로 영속시키기 위해 싸우는 사람들을 돕는다면 여론도 가만있지 않을 것이다.

결국 링컨은 1862년 7월에 노예 해방령을 선포하기로 결심했다. 하지만 매클렐런과 포프가 이끄는 군대가 그즈음에 치욕적으로 패배하고 말았다. 수어드는 때가 좋지 않으니 좀 더 기다렸다가 승리의 기운을 탔을 때 해방령을 선포하라고 말렸다.

사리에 맞는 조언이었기에 링컨은 때를 기다렸다. 그리고 두 달이 지나자 기다리던 승전보가 들려왔다. 그러자 링컨은 내각을 소집해 독립선언 이후 미국 역사상 가장 유명한 문서를 발표하기 위한 논의를 시작했다.

무척이나 중요하고 진지한 회의였다. 하지만 링컨이 진지하고 엄숙하게 행동했을까? 그러지 않았다. 링컨은 재미있는 이야기가 떠오를 때마다 다른 사람들과 함께 나누고 싶어 했다. 그는 아테머스 워드가 쓴 책을 들고서 잠자리에 들었다가, 그 책에 재미있는 이야기가 있으면 일어나서 잠옷 바람으로 백악관 복도를 지나 비서관 사무실에 있는 비서관들에게 그 내용을 읽어주곤 했다.

노예 해방령 선포를 논의하기 위한 국무회의가 열리기 전날에도 링컨은 워드의 최신작을 들고 있었다. 그중에 아주 우스운 내용이 있다고 생각한 링컨은 회의에 앞서 〈유티키에서의 고압적인 폭행〉이라는 제목의 글을 각료들에게 읽어주었다.

링컨은 이야기를 읽으며 실컷 웃고 나더니, 책을 옆으로 밀쳐놓고는 진지하게 논의를 시작했다.

"반군이 프레데릭에 있을 때, 저는 그들을 메릴랜드로 쫓아내자마자 노예 해방령을 선언하겠다고 결심했습니다. 아무에게도 말하지는 않았지만 나 자신 그리고 하나님께 약속했습니다. 이제 반군은 물러났고, 저는 그 약속을 실천하고자 합니다. 저는 오늘 제가 작성한 것을 들어보시라고 여러분을 소집했습니다. 제가 결심을 했기 때문에 이 주요 쟁점에 대해 여러분의 조언을 구할 생각은 없습니다. 이 내용은 말하고자 하는 저의 생각을 글로 옮긴 것입니다. 하지만 제가 사용한 표현 중에 사소한 문제가 있어서 수정하는 게 좋겠다는 의견이 있으면 기꺼이 받아들이겠습니다."

수어드는 표현의 일부를 조금 고칠 것을 제안했다. 그리고 몇 분 후, 또 다른 부분을 수정하자고 제안했다.

링컨은 왜 한꺼번에 제안하지 않았느냐고 물었다. 그러고는 노예 해방령에 대한 논의를 잠시 중단하고 어떤 이야기를 하나 들려주었다. 인디애나 주로 돌아가던 어느 일꾼이 자신을 고용한 농부에게 소 두 마리 가운데 한 마리가 죽었다고 전했다. 그 이야기를 하고 잠시 뜸을 들이던 그 일꾼은 이렇게 말했다. "같이 있던 나머지 한 마리도 죽었습니다."

"왜 두 마리 다 죽었다고 한꺼번에 얘기하지 않았나?" 농부가 물었다.

"한꺼번에 너무 많은 걸 말씀드려 당신을 아프게 해드리고 싶지 않았습니다."

링컨이 내각에 노예 해방령 선언서를 제출한 것은 1862년 9월이었지만, 효력은 1863년 1월 1일이 되어서야 발생했다. 12월에 국회가 열렸을 때 링컨은 국회에 지지를 호소했다. 그 과정에서 그가 지금까지 썼던 가장 훌륭한 문장 가운데 하나이자 자신도 모르게 나온 시적인 구절이 있었다.

연방에 대해 언급하면서 그는 이렇게 말했다.

"우리는 훌륭하게 지키든지 아니면 초라하게 잃고 말 것입니다. 지상 최후이자 최대의 희망을."

1863년 새해, 링컨은 백악관으로 몰려온 방문객들과 몇 시간 동안 악수했다. 그날 오후가 좀 지나고 나서야 그는 집무실로 들어가 잉크에 펜을 찍고 노예 해방령에 서명할 준비를 했다. 머뭇거리던 링컨이 수어드를 향해 말했다. "노예제가 잘못된 게 아니라면 이 세상에 잘못된 것은 하나도 없을 겁니다. 제 평생 이보다 더 옳은 일을 한 적은 없다고 저는 확신합니다. 그런데 오늘 아침 9시부터 방문객들을 맞이하며 악수를 나눴더니 지금 팔이 뻐근하고 저리네요. 앞으로 이 서명을 사람들이 자세히 보게 될 터인데, 만약 제 손이 떨렸다는 사실을 알게 되면 '대통령이 갈등을 했었군'이라고 말할지도 모르겠습니다."

그는 잠시 팔을 쉰 다음, 천천히 서명함으로써 350만 명의 노예들에게 자유를 주었다. 당시 이 선언서는 대중의 지지를 받지 못했다. 링컨의 가장 친한 친구이자 지지자였던 오빌 H. 브라우닝조차 이렇게 말했다. "이 선언서의 최고 효과는 남부를 화나게 하고 결속시키며, 북부의 우리들을 혼란에 빠뜨린 것이다."

군대에서는 폭동이 일어났다. 연방을 지키기 위해 입대했던 병사들은 흑인들을 해방시키고 그들을 동등하게 대우하기 위해서 싸우지는 않겠다고 선언했다. 많은 병사들이 탈영했고, 모든 지역에서 신병 지원자도 감소했다. 링컨을 지지하며 믿었던 보통 사람들도 그에게서 돌아섰다. 가을에 치러진 선거에서 링컨 측은 압도적으로 패배했고, 그의 고향인 일리노이 주까지 공화당을 지지하지 않았다.

선거에서 지고 나자 곧이어 패전 소식까지 들려왔다. 프레데릭스버그에서 번사이드가 리 장군을 무모하게 공격하다 1만 3000명의 병사를 잃었다. 어리석고 아무런 이득 없는 인명 희생이었다. 이런 식의 패배가 18개월이나 지속되었다. 비극이 멈추지 않을 것인가? 온 나라가 두려워했고 사람들은 절망했다. 대통령을 비난하는 소리가 이곳저곳에서 들려왔다. 그는 실패했다. 그의 장군들도 실패했다. 그리고 그의 정책들도 실패했다. 사람들은 더 이상 참지 않았다. 공화당 상원 의원들조차 반발했다. 그들은 링컨을 백악관에서 몰아내려 했으며, 그를 찾아가 정책의 수정과 내각의 총사퇴를 요구했다.

치욕적인 타격이었다. 링컨은 이때가 자신의 정치 인생 중에서 가장 고통스러웠다고 하면서 이렇게 말했다. "그들은 나를 쫓아내려 했는데, 나는 그들의 뜻대로 해주고 싶은 마음도 절반은 있었다."

호레이스 그릴리조차 자신이 1860년에 공화당원들에게 링컨을 대통령 후보로 지명하자고 선동했던 것을 후회했다. "그것은 내 인생의 가장 큰 실수였습니다." 그가 고백했다.

그릴리와 다른 여러 힘 있는 공화당원들은 링컨을 해임하고 부통령 햄린을 백악관에 앉힌 다음, 햄린에게 압력을 가해 로즈크랜스에게 모든 연방 부대의 지휘권을 주려는 계획을 세웠다. 링컨은 이렇게 탄식했다.

"우리는 지금 파멸 직전에 있습니다. 전능하신 하나님조차 우리에게 등을 돌리신 것 같습니다. 실낱같은 희망도 보이지 않습니다."

게티즈버그 전투에서의 승리와
링컨의 연설

    1863년 봄, 빛나는 승리를 계속 거두면서 의기양양해진 리 장군은 공세로 전환해 북부를 침공하기로 결심했다. 그는 다양한 공장이 밀집해 있는 펜실베이니아를 함락시켜 식량, 의약품, 그리고 누더기 차림을 한 자신의 병사들을 위해 새 옷가지를 확보하겠다는 계획을 세웠다. 그리고 가능하다면 워싱턴까지 손에 넣어 프랑스와 영국이 남부 연합을 인정하도록 할 생각이었다.

    대담하고 무모한 계획 아닌가! 그랬다. 하지만 리 장군은 남군 한 명이 북군 세 명은 쉽게 이길 수 있다고 장담했고, 또 그렇게 믿었다. 그래서 장교들이 병사들에게 펜실베이니아에 들어가면 쇠고기를 하루에 두 배 더 먹을 수 있다고 하자, 병사들은 단숨에 출격하자고 안달이 났다.

    리 장군은 리치먼드를 떠나기 전에 집으로부터 걱정스러운 소식을 듣는다. 심각한 일이 벌어졌던 것이다! 그의 딸 하나가 소설책을 읽는 데 푹 빠져 있었던 것이다. 이 위대한 장군은 괴로워하며 딸에게 편지를 보냈다. 여가 시간에는 플라톤, 호머, 플루타르크 같은 무해한 고전을 읽으라고 조언했다. 편지를 다 쓴 리 장군은 여느 때처럼《성경》을 읽고, 무릎을 꿇고 기도한 뒤 촛불을 끄고 잠자리에 들었다.

다음 날, 그는 7만 5000명의 대군을 이끌고 진군했다. 그의 굶주린 군대는 시골 주민들을 공포에 몰아넣으며 포토맥을 지나 돌진했다. 농부들은 말과 소를 몰고 허둥지둥 컴벌랜드 계곡을 빠져나와 도망쳤고, 흑인들은 다시 끌려가 노예가 될까 봐 두려움에 질려 달아났다.

남군의 포병이 해리스버그 앞에 공격을 퍼부을 때, 리 장군은 북군이 후방에서 남군의 통신선을 끊으려 하는 징후를 발견했다. 그러자 리 장군은 성난 소가 개를 쫓듯 주위를 빙빙 돌며 북군을 추적했다. 그러던 중 정말 우연히 그 소와 개(남군과 북군을 뜻함—옮긴이)는 펜실베이니아의 조용한 마을에서 맞닥뜨리게 되었다. 신학교가 있는 그 작은 마을은 게티스버그라 불리는 곳으로, 미국 역사상 가장 유명한 전투가 벌어지게 된다.

전투가 벌어지고 이틀 동안 북군에서는 2만 명이 전사했다. 셋째 날, 리 장군은 조지 피켓 장군이 이끄는 용맹무쌍한 부대로 북군을 완전히 물리칠 작전을 세웠다. 리 장군은 새로운 전술을 사용하고자 했다. 그때까지는 방벽을 높이 쌓고 싸우거나 숲에 숨어서 싸움을 벌였지만, 이번에는 탁 트인 장소에서 맹렬하게 공격하는 작전을 세운 것이다.

그런데 리 장군의 뛰어난 보좌관인 롱스트리트 장군이 이 작전에 제동을 걸었다.

"세상에! 보십시오, 장군님. 우리 진영에서 상대편 진영까지 가기에는 적의 포대도 있고, 가파른 언덕에다 적의 방책까지 있습니다. 또 우리는 보병으로 포병과 상대해야 합니다. 우리가 진격해야 할 지형을 보십시오. 1.6킬로미터 정도 펼쳐진 개활지여서 공격을 시작하면 고스란히 상대의 포격에 노출되는 지형입니다. 1만 5000명의 병사를 투입해서 상대 진지를 빼앗기는 어려울 것으로 보입니다."

하지만 리 장군은 뜻을 굽히지 않았다. "우리 군은 그 어느 때보다 훌륭하오." 그가 대답했다. "지휘만 잘하면 어디든 진격할 수 있고, 무엇이든 할 수 있소."

그렇게 리는 결심을 굳혔고, 자신의 군 경력 중 가장 커다란 유혈 참극을 빚는 오점을 내고 만다.

남군은 세미터리 리지에 이미 150여 문의 대포를 배치해놓고 있었다. 지금도 게티즈버그에 가보면, 당시에 일제 엄호사격을 퍼붓던 그 운명의 7월 오후의 모습이 그대로 남아 있다.

롱스트리트 장군은 게티즈버그 전투에서만큼은 리 장군보다 더 예리하게 상황을 판단하고 있었다. 그는 이 작전이 병사들을 처참한 죽음으로 몰고 갈 뿐 아무런 전과를 올릴 수 없을 것으로 판단, 고개를 떨어뜨린 채 울면서 공격 명령을 내리지 않았다. 그리하여 다른 장군이 리 장군을 위해 돌격 명령을 내려야 했다. 결국 조지 피켓 장군이 리 장군의 명령을 받들어, 남군을 이끌고 서구 역사상 가장 극적이고 처참한 전투를 하게 되었다.

기이하게도 그날 공격을 이끈 피켓 장군은 링컨의 오랜 친구였다. 사실 그를 웨스트포인트에 갈 수 있게 해준 것도 링컨이었다. 피켓은 외모가 멋진 사람이었다. 그는 긴 갈색 머리카락을 거의 어깨까지 치렁치렁 늘어뜨리고, 나폴레옹처럼 전쟁 중에도 뜨거운 연애편지를 거의 매일 썼다. 그날 오후, 그가 오른쪽 귀가 덮이도록 삐딱하게 모자를 쓰고 의기양양하게 앞으로 돌진하자 병사들은 환호하며 그의 뒤를 따랐다. 병사들은 대오를 맞춰 행진했고, 군기는 바람에 펄럭였으며, 병사들의 총검은 태양 빛을 받아 반짝였다. 용감하고 당당한 그들의 모습을 보자, 북군 진영 여기저기에서도 나지막이 감탄의 소리가 흘러나왔다.

피켓이 이끄는 부대는 과수원과 옥수수 밭을 거쳐 초원을 지나고 계곡을 건너며 거침없이 진격했다. 북군의 대포가 남군의 대열을 끊임없이 흩뜨려놓았지만, 병사들은 곧 자리를 다시 메우며 냉정함을 잃지 않고 누구도 저항할 수 없을 강인한 자세로 대열을 지켜나갔다.

그런데 갑자기 세미터리 리지 석벽 뒤에 숨어 있던 북군 보병들이 나타나 무방비 상태인 피켓의 병사들에게 일제히 사격을 하기 시작했다. 언덕은 온통 불길에 휩싸여 불타는 화산과도 같았고, 아수라장이 되었다. 단 몇 분 만에 한 명을 제외한 모든 지휘관들이 쓰러졌고, 5000명의 병사 가운데 4000명이 목숨을 잃었다.

켐퍼가 지휘한 곳에서 1000명이 쓰러지고,
가넷이 피 흘린 곳에서 1000명이 죽었네.
눈이 멀 것 같은 불길과 질식할 것만 같은 연기 속에서,
살아남은 병사들은 포병의 공격을 뚫고
아미스테드와 함께 전선을 건넜네.

최후의 돌격에서 부대를 이끈 아미스테드 장군은 앞장서 달려가서 석벽을 뛰어넘고 모자를 칼끝에 걸고는 부하들에게 이렇게 외쳤다.

"저들을 향해 총검을 휘둘러라, 제군들!"

병사들은 그렇게 했다. 석벽을 뛰어넘어 총검을 적에게 꽂고, 개머리판으로 적의 머리를 후려쳤다. 그리고 세미터리 리지에 남군의 깃발을 꽂았다.

하지만 그 깃발이 휘날린 것은 아주 잠시뿐이었다. 비록 짧은 순간이었지만, 그때는 남군의 절정이었다.

피켓이 훌륭하고 영웅적으로 돌격해 들어갔음에도 불구하고, 이는 종말의 전주곡에 불과했다. 리 장군은 도저히 북으로 진격할 수 없었고, 결국 패하게 되었다. 그도 이 사실을 알게 되었다. 남군의 운명은 정해졌다.

살아남은 피켓의 병사들이 피를 흘리며 북군을 피해 힘겹게 도망쳐오자, 리 장군은 그들을 위로하기 위해 홀로 말을 타고

나가 스스로를 장엄하게 질책하며 말했다.

"이 모든 것이 내 잘못이다. 이 전투에서 진 것은 바로 나다."

7월 4일 밤부터 리 장군은 후퇴하기 시작했다. 폭우가 내리고 있었기 때문에 그가 포토맥에 이르렀을 때는 강의 수위가 너무 높아서 건널 수가 없었다.

앞에는 건널 수 없는 강으로 막혀 있고, 뒤에는 기세등등한 북군이 바짝 추격해오고 있던 터라 리 장군은 오도 가도 할 수 없는 난처한 궁지에 몰렸다. 미드 장군에게는 절호의 기회였다. 링컨도 기뻐했다. 이제 남군의 측면과 뒤를 덮쳐 적군을 사로잡고 전쟁을 종결시킬 수 있게 된 것이다. 그랜트 장군이 그 자리에 있었다면 아마 그렇게 되었을 것이다.

하지만 허세나 부리고 지나치게 생각이 많은 미드 장군은 불도그처럼 돌진하는 그랜트 장군이 아니었다. 일주일 내내 링컨은 미드 장군에게 계속 적을 추격하라고 명령했다. 하지만 그는 지나치게 신중하고 소심했다. 그는 더 이상 싸움을 하려 들지 않았다. 계속 망설이며 온갖 핑계를 늘어놓는 전보만 보냈다. 노골적으로 명령을 거부하며 작전 회의만 계속하고 있었다. 그런 식으로 아무것도 하지 않고 있는 사이에 강물은 줄어들었고, 리 장군은 달아났다.

링컨은 격노했다.

"이게 뭐람? 도대체 이게 뭐냐고? 그들이 바로 우리의 손아귀 안에 있었는데, 손을 뻗기만 하면 잡을 수 있었는데, 내가 한 말이나 행동 어떤 것도 군대를 움직이게 할 수 없었다니. 그런 상황에서는 어떤 장군이라도 리의 부대를 무찌를 수 있었을 거야. 내가 그곳에 있었다면 내가 직접 그를 잡을 수 있었을 거라고."

몹시도 실망한 링컨은 자리에 앉아 미드 장군에게 편지를 썼다.

친애하는 미드 장군

장군은 리 장군과 그의 부대를 놓친 것이 얼마나 중대하고 큰 불행인지 제대로 모르고 있는 것 같소. 그는 궁지에 몰려 있었고, 그동안 승리한 기세를 몰아 조금만 더 밀어붙여 그를 잡았더라면 전쟁은 끝났을 것이오. 하지만 이제는 전쟁이 얼마나 더 계속될지 알 수 없게 되었소. 장군이 지난 월요일에 유리한 상황에서 리 장군을 잡을 수 있었음에도 공격하지 못했는데, 강의 남쪽으로 지금의 3분의 2도 안 되는 적은 병력만으로 어떻게 공격을 하겠소? 그런 기대는 말도 안 되고, 난 이제 장군이 어떤 성과를 낼지 기대하지도 않소. 그대는 황금 같은 기회를 날려버렸고, 나는 그 때문에 헤아릴 수 없이 괴롭소.

그 편지를 쓴 뒤 링컨은 넋 놓고 창밖을 내다보며 생각에 잠겼다. "그의 입장에서 생각해보자." 그는 스스로에게 이렇게 말했을 것이다. "만약 내가 그 자리에 있었더라면, 그래서 지난주 내내 미드가 봤던 것처럼 많은 피를 봤다면, 또 다치고 죽어가는 병사들의 절규와 비명 소리를 내 귀로 들었다면, 아마 나도 선뜻 공격 명령을 내리지 못했을지 몰라. 내가 미드처럼 소심한 성격이었다면 나도 리의 탈출을 막지 못했을지 몰라."

결국 미드는 편지를 보지 못했다. 링컨이 그 편지를 보내지 않았기 때문이다. 그 편지는 링컨이 죽은 뒤 서류함 속에서 발견되었다.

게티즈버그 전투는 7월 첫째 주 내내 계속되었다. 6000명이 죽고, 2만 7000명이 부상을 입었다. 교회, 학교, 헛간이 병원으로 바뀌었다. 고통의 신음 소리가 세상을 가득 채웠다. 많은 사람들이 계속 죽어갔고, 무더위로 인해 시체는 급속도로 부패했다. 시체들을 빨리 매장해야 했지만, 무덤을 팔 시간이 부족해서 시체들 위에 흙을 덮는 정도였다. 그런데 일주일 정도 폭우가 쏟아지자, 이곳저곳에서 시체들이 다시 모습을 드러냈다. 그래서 임시로 매장해두었던 북군 병사들의 시체를 모아 한곳에 다시 묻었다. 가을이 되자, 묘지위원회에서는 국립묘지 봉헌식을 위해 당시 가장 유명한 연설가인 에드워드 에버렛을 초청했다.

대통령, 내각 관료, 미드 장군, 상원 및 하원 의원, 각계의 유명 인사, 외교 단체 위원들에게 공식 초청장이 발송되었다. 하지만 참석한 사람은 매우 적었다. 많은 사람들이 초대장 받은 사실을 알리지 않았기 때문이다.

위원회는 대통령이 참석할 거라고는 전혀 생각하지 못했다. 사실 그들은 대통령에게 별도의 초대장을 쓰는 수고조차 하지 않았다. 그래서 링컨 역시 단순하게 인쇄된 종이를 받았을 뿐이었다. 위원회 측에서는 링컨의 비서들이 대통령에게 알리지도 않고 그 종이를 그냥 쓰레기통에 버릴 거라고 생각했다.

그래서 대통령이 참석하겠다는 말을 전해오자, 그들은 놀라고 당황했다. 그들은 어떻게 해야 할까? 그에게 연설을 부탁해야 할까? 대통령이 바쁜 사람이니 연설을 준비할 시간이 없을 것이라 말하는 사람도 있었고, 어떤 사람은 솔직하게 부탁하자고 했다. "저, 시간이 괜찮으시면 연설을 좀 부탁드려도 될까요?" 그들은 주저했다.

물론 대통령이 일리노이 주에서 연설하는 것은 가능한 일이다. 하지만 묘지 봉헌식에서 연설을 할까? 아니다. 그 둘은 성격이 다르다. 그건 링컨의 스타일이 아니었다. 하지만 어찌됐든 대통령이 오기로 했으니 그들도 무슨 조치를 취해야만 했다. 결국 그들은 에버렛의 연설이 끝난 후에 '적절한 말씀 몇 마디'만 해달라고 요청했다.

사실 초대장을 보내지 않은 것부터가 무례한 일이었다. 그런데도 대통령은 그들의 제안을 받아들였다. 왜일까? 거기에는 숨겨진 이야기가 있었다. 지난 가을에 링컨은 앤티텀 전투 현장을 방문했다. 그러던 중 어느 오후, 일리노이에서 온 오랜 친구 워드 라몬과 마차를 타고 이동하던 링컨은 자신이 '조금 슬픈 노래'라고 부르던 노래를 불러달라고 친구에게 부탁했다. 그 노래는 링컨이 좋아하던 곡이었다.

"링컨과 단둘이 있을 때 저는 이 노래를 불러주곤 했습니다. 일리노이에서 순회 재판을 같이 다닐 때는 자주 불렀고, 백악관에서도 가끔 불러주었죠." 라몬이 말했다. "귀에 익은 이 노래를 들려주면 대통령은 이따금 눈물을 훔치곤 했습니다." 그 노래는 다음과 같다.

톰, 나는 마을을 돌아다니다 나무 그늘에 앉았네.
학교 운동장에 있는 이곳은 너와 나의 안식처였지.
하지만 톰, 나를 반기거나 알아봐 주는 이 없었네.
20년 전쯤 우리와 풀밭에서 뛰어놀았던 사람들.

봄이 왔을 무렵, 내가 느릅나무 위에 너의 이름을 새겼지.
톰, 네 연인의 이름은 바로 그 아래에 있고, 너도 내 이름을 새겨주었지.
어떤 무정한 놈이 나무껍질을 벗겨버려서, 나무는 천천히 그러나 확실히 죽어갔다네.
20년 전쯤, 네가 새긴 이름의 그녀가 죽어갔듯이.

톰, 내 눈꺼풀은 오래전에 말라버렸지만, 내 눈에서 눈물이 흘렀다네.
그토록 사랑했던 그녀를 떠올렸다네, 오래전에 깨진 내 사랑을.
나는 오래전 묘지를 찾아가서, 꽃을 몇 송이 뿌렸다네.
20년 전쯤 우리가 사랑했던 사람들의 무덤 위에.

라몬이 이 노래를 부를 때, 링컨은 아마도 자신이 사랑했던 단 한 명의 여인, 앤 러틀리지를 떠올렸을 것이다. 그리고 일리노이 초원의 아무도 돌보지 않는 무덤에 누워 있는 그녀를 생각했을 것이다. 이런 가슴 아픈 추억이 떠올라 링컨의 눈에는 눈물이 솟아올랐다. 그래서 라몬은 링컨의 울적한 기분을 달래주기 위해 재미있는 흑인 노래를 불러주기도 했다.

앤티텀에서의 일은 이게 전부였다. 다른 누구에게 아무런 해도 끼치지 않는, 그저 애처로운 모습일 뿐이었다. 하지만 링컨의 정적들은 이를 왜곡해 거짓말을 늘어놓으며 국가적 불명예로 포장했다. 그들은 그 행동을 아주 난잡한 행위로 보이게 만들었다. 뉴욕의 〈월드〉는 거의 석 달 동안 매일같이 이를 추문으로 각색해서 계속 연재했다. 병사들이 전사자들을 매장하는 중대한 사명을 받은 전쟁터에서 링컨은 농담이나 지껄이고 우스운 노래나 불렀다고 비난했다.

하지만 사실은 달랐다. 링컨은 농담을 전혀 하지 않았고, 노래도 부르지 않았으며, 그 일이 벌어진 것은 전쟁터에서 수 킬로미터 떨어진 곳이었다. 전사자들도 이 일이 있기 전에 묻혔으며, 비는 그 후에 내렸다. 그런데도 링컨의 정적들은 이런 사실을 외면했다. 그들은 링컨이 타격을 받기만을 원했다. 신랄한 비난의 목소리가 온 나라에 가득했다.

링컨은 깊은 상처를 받았다. 그는 너무 괴로워서 그런 공격성 기사를 그냥 읽고 넘길 수 없었다. 하지만 일일이 대구해야 한다고도 생각하지 않았다. 그렇게 하면 오히려 그런 억측에 힘이 실리는 꼴이 되기 때문이다. 그래서 그는 조용히 인내하고 있었다. 그런데 게티즈버그 묘지 봉헌식 연설을 해달라는 요청이 오자, 이를 기꺼이 받아들였다. 그 연설을 통해 정적들의 비난을 잠재우고 명예롭게 죽어간 전사자들에 대한 경의를 표할 수 있는 좋은 기회였던 것이다.

초청장이 늦게 왔기 때문에 연설을 준비할 시간은 2주밖에 없었다. 그는 옷을 입거나, 면도를 하거나, 식사를 하거나, 스탠턴의 집무실과 백악관을 오가는 등 자투리 시간을 이용해 연설 내용을 생각했다. 또 육군 본부 사무실의 가죽 소파에서 잠시 쉬는 동안에도, 새로운 전보를 기다리는 동안에도 연설에 대해 골똘히 생각했다. 그는 연설문 초안을 하늘색의 커다란 종이에 적어 모자 속에 넣고 다녔다. 연설 전 일요일에 그는 이렇게 말했다. "이 연설문을 두세 번 거듭 수정했지만 완성하지 못했어. 만족스러울 때까지 한번 더 다듬어야겠어."

그는 봉헌식 전날 밤에 게티즈버그에 도착했다. 작은 마을은 사람들로 넘쳐났다. 1300명의 주민이 사는 마을에 3만 명 가까운 인파가 몰려들었다. 날씨는 쾌청했고, 구름 없는 밤하늘에 보름달이 높이 떠 있었다. 잠자리를 구한 사람은 극히 드물었고, 나머지 사람들은 날이 샐 때까지 마을 이곳저곳을 돌아다녔다. 인도는 순식간에 막혀버려 더 이상 지나다닐 수 없었다. 수백 명의 사람들이 팔짱을 끼고는 '존 브라운은 무덤에 누워 있다네'라는 노래를 부르며 먼지 이는 거리 한가운데를 행진했다.

링컨은 그날 저녁 내내 연설문을 다듬느라 정신이 없었다. 11시가 되자, 수어드 장관이 머물고 있던 옆 숙소로 가서 그에게 연설문을 읽어주고 비평을 부탁했다. 다음 날 아침 식사 후,

무덤으로 가는 행렬에 동참해야 할 시간을 알려주는 노크 소리가 날 때까지 그는 계속 원고를 다듬었다.

무덤으로 가는 행진이 시작되자, 그는 몸을 바로 세우고 앉았다. 하지만 말 위에 앉더니 다시 몸을 앞으로 굽혔다. 머리를 가슴에 묻고 긴 팔을 양옆으로 축 늘어뜨린 채 생각에 푹 빠져 있었다. 짧은 연설 내용을 계속 되새기며 내용을 다듬었다.

이날 행사의 연설자인 에드워드 에버렛은 게티즈버그에서 두 가지 실수를 했다. 둘 다 바람직하지 못하고 불쾌한 것이었다. 하나는 한 시간이나 늦게 왔다는 것이고, 다른 하나는 연설을 두 시간이 넘도록 했다는 것이다.

링컨은 에버렛의 연설을 경청했다. 에버렛의 연설이 거의 끝나고 자신의 차례가 오자, 링컨은 연설을 충분히 준비하지 못했다는 생각에 초조했다. 의자에서 몸을 비틀며 코트에서 원고를 꺼내고 구식 안경을 꼈다. 그러고는 재빨리 기억을 떠올렸다. 그는 앞으로 나아가 손에 원고를 쥐고 2분 동안 짧은 연설을 시작했다.

11월의 포근한 오후, 당시 청중들은 인간의 입에서 흘러나왔던 연설 가운데 가장 위대한 연설을 자신들이 듣고 있다는 걸 알았을까? 아니다. 대부분의 청중들은 그저 호기심만 있었을 뿐이다. 그들은 미합중국 대통령의 얼굴을 본 적도, 그의 목소리를 들은 적도 없었기 때문에 목을 길게 빼고 그를 쳐다보았다. 그들은 그토록 키가 큰 사람이 높고 가는 목소리를 가진 데다 남부 지방 억양으로 말하는 데 깜짝 놀랐다.

사람들은 그가 켄터키 출신이라는 것을 미처 생각하지 못했으며, 그가 자기 고향의 억양을 그대로 갖고 있다는 사실을 알지 못했다. 그런 와중에 그들은 링컨이 이제 연설 도입부를 마치고 본격적인 연설에 들어갈 거라고 생각했다. 그런데 그는 벌써 연설을 마치고 자리에 앉아버렸다.

이게 뭐람! 연설 내용을 잊어버렸나? 그게 말하려던 전부였단 말인가? 사람들은 너무 놀라고 실망해서 박수조차 보내지 않았다.

링컨은 봄이 오면 인디애나로 돌아가서 녹슨 쟁기로 땅을 일구고 싶어 했던 적이 많았다. 하지만 흙이 쟁기에 들러붙어 엉망진창이 되어 '잘 닦아지지 않는' 경우가 많았다. 이 말은 보통 사람들이 흔히 쓰는 표현이었다. 링컨은 어떤 일이 실패했음을 표현하고 싶을 때면, 옥수수 밭에서 썼던 그 표현을 자주 사용했다. 당시 연설을 끝마치고 났을 무렵에도 그는 절친한 친구 라몬에게 이렇게 말했다. "그 연설은 완전히 망했어. 잘 닦아지지 않았어. 사람들이 실망했어."

그의 말이 옳았다. 청중들은 물론 에드워드 에버렛, 수어드 장관을 비롯해 연단에 앉아 있던 사람들도 모두 실망했다. 그들은 모두 링컨이 실패했다고 여겨 안타까워했고, 그를 불쌍히 여겼다.

링컨은 너무나 괴로웠던 나머지 심한 두통을 느꼈다. 그리고 워싱턴으로 돌아올 때는 길에는 기차의 특별 객실에 누워 있다가 찬물에 머리를 담가야 할 지경이었다.

링컨은 게티즈버그에서 완전히 실패했다고 생각했다. 그리고 그 연설의 직접적인 효과 면에서는 분명 그러했다.

겸손한 성격의 링컨은 게티즈버그에서 한 자신의 연설은 세상 사람들의 주목을 받지도 못하고 오래도록 기억에 남지도 못하겠지만, 그곳에 잠든 용감한 병사들만큼은 절대 잊히지 않을 것이라고 여겼다. 그러나 그가 만약 다시 살아 돌아와 한때 '잘 닦이지 않는' 연설이라 생각했던 자신의 게티즈버그 연설을 많은 사람들이 기억하고 있다는 사실을 알면 얼마나 놀랄까! 그리고 많은 세월이 흘러 남북전쟁이 거의 잊힌 뒤에도 자신이 했던 10여 줄의 연설 문장이 문학적 영예를 누리며, 오랜 세월 동안 귀중한 보물로 여겨지고 있음을 알게 되면 얼마나 놀랄까!

링컨의 게티즈버그 연설은 단순한 연설 그 이상이었다. 그 연설은 고통을 통해 고양되고 성숙된 훌륭한 영혼에서 나온 고귀한 표현들이었다. 무의식의 깊숙한 곳에서 우러나온 산문시였고, 장엄한 아름다움 그 자체였으며, 서사시의 심오한 울림이었다.

지금으로부터 87년 전, 우리의 선조들은
자유 속에서 잉태되고
만인은 모두 평등하게 창조되었다는 명제에 봉헌된
새로운 나라를 이 땅에서 탄생시켰습니다.

우리는 지금 거대한 내전에 휩싸여 있고,

우리 선조들이 세운 나라가,

아니 그렇게 잉태되고 그렇게 봉헌된 나라가,

과연 이 지상에 오랫동안 존속할 수 있는지

그 가능성을 시험받고 있습니다.

오늘 우리가 모인 이 자리는

남군과 북군 사이에 큰 전투가 벌어졌던 곳입니다.

우리는 이 나라의 존속을 위해 목숨 바친 사람들에게

마지막 안식처가 될 수 있도록

그 전장의 일부를 헌납하고자 여기 왔습니다.

이는 너무도 마땅하고 적절한 조치입니다.

하지만 더 큰 의미에서,

이 땅을 봉헌하고 축성하며 신성하게 하는 자는 우리가 아닙니다.

여기 목숨 바쳐 싸웠던 그 용감한 사람들,

전사자 혹은 생존자들이,

이미 이곳을 성지로 만들었기 때문에

우리의 미약한 힘이 더 보태거나 뺄 것이 없습니다.

우리가 여기 모여 하는 말은

세계가 별로 주목하지도, 오래 기억하지도 않겠지만,

그 용감한 사람들이 여기서 했던 일이 무엇이었는지는

결코 잊지 않을 것입니다.

이곳에서 싸웠던 이들이 그토록 고결하게 진전시킨,

하지만 아직 못다 이룬 일을 완수하는 데 헌신해야 할 사람은 오히려 살아 있는 우리들입니다.

우리 앞에 남겨진 그 미완의 위대한 과업에 헌납되어야 할 것은
바로 우리들인 것입니다.

우리는 명예롭게 죽어간 그들로부터 더 큰 헌신의 힘을 얻어

그들이 마지막 신명을 다 바쳐 지키고자 했던 대의에

우리 자신을 봉헌하고,

그들의 죽음이 헛된 것이 아님을

이 자리에서 굳게 다짐하는 바입니다.

신의 가호 아래 이 나라는 새로운 자유의 탄생을 보게 될 것이며,

국민의, 국민에 의한, 국민을 위한 정부는

이 지상에서 결코 사라지지 않을 것입니다.

온 나라가 기다려왔던
위대한 지휘관, 그랜트

1861년에 전쟁이 시작될 무렵, 일리노이 주 걸리나에 있는 어느 피혁 가게에서 실의에 빠진 한 초라한 행색의 남자가 상자 위에 앉아서 사기 파이프로 담배를 피우고 있었다. 그는 회계 기록원이자 농부들로부터 돼지를 비롯한 동물 가죽을 사들이는 구매상이었다.

그 가게의 주인은 그의 두 동생들이었다. 사실 두 동생은 형을 자신의 가게에 고용할 생각이 없었다. 그런데도 그가 동생들 밑에서 일하게 된 데는 사연이 있었다. 그는 세인트루이스 거리를 돌아다녔지만 일자리를 구할 수 없었고, 결국 아내와 네 명의 아이들은 굶주림에 허덕였다. 절망한 그는 몇 달러를 빌려 켄터키에 있는 아버지에게 가서 도움을 청했다. 연로한 그의 아버지는 돈이 많았지만, 아들에게 돈을 조금도 주고 싶지 않았다. 대신 걸리나에 있는 다른 두 아들에게 편지를 보내 형에게 일자리를 주라고 했다. 그래서 집안일과 가족애를 중시하던 두 동생은 형을 고용한 것이다.

임금은 하루 2달러였는데, 그의 능력보다 후하게 쳐준 것이었다. 왜냐하면 그는 산토끼만큼이나 일하는 능력이 없었기 때문이었다. 그는 게을렀으며, 옥수수 위스키를 너무 좋아해서 늘 빚을 지고 있었다. 항상 친구들에게 돈을 빌렸기 때문에 친구들은 멀리서 그가 오는 것을 보면 피해 길을 돌아가곤 했다.

지금껏 그가 살아오면서 손댔던 일은 모두 실패와 좌절로 끝났다.

그때까지는 그랬다.

하지만 더 이상은 그렇지 않았다.

좋은 소식과 놀라운 행운이 그의 코앞에 와 있었다. 조금만 지나면 그는 혜성처럼 타오르며 유명해질 운명이었다.

당시만 해도 그는 고향에서 보잘것없는 사람이었지만, 3년 후 그는 세상에서 전례 없이 막강한 군대를 지휘하게 될 것이었다. 4년 후에는 리 장군을 이겨 전쟁을 끝내고, 역사의 한 페이지에 또렷이 이름을 새길 것이었다. 그리고 8년 뒤에는 백악관에 있게 될 것이었다.

걸리나 사람들이 마주치지 않으려고 피해 다녔던 바로 그가 전국을 돌며 승전 퍼레이드를 하게 될 것이었다. 전국의 유명 인사들로부터 온갖 명예, 훈장, 꽃다발을 받을 것이며, 만찬 뒤에는 그에 대한 온갖 찬사가 쏟아질 것이었다. 정말 놀라운 이야기다.

여기저기 모든 게 이상했다. 심지어 그의 어머니의 태도도 이상했다. 그에게 별 관심을 보이지 않은 것 같았다. 나중에 그가 대통령이 되었을 때도 찾아오지 않았고, 그가 태어났을 때는 이름조차 지어주려 하지 않았다. 친척들이 거의 제비뽑기 하듯 이름을 지어주었다. 그가 태어나고 6주가 지났을 때, 친척들은 종이 봉투를 찢어 작은 종이를 나눠 갖고는 각자 자기가 좋아하는 이름을 적어 모자 안에 넣고 섞은 뒤 하나를 뽑았다. 그의 할머니 심슨 여사는 호머 책을 읽다가 자신이 받은 종이에 '하이럼 율리시스(Hiram Ulysses)'라고 적었고, 우연히 그 종이가 뽑혀서 17년간 그는 고향에서 그 이름으로 불렸다.

그런데 그는 숫기가 없고 머리가 둔해서 마을 사람들은 그를 '쓸모없는' 그랜트라고 부르기도 했다. 웨스트포인트에서는 또 다시 다른 이름으로 불렸다. 그를 사관학교에 추천하는 서류를 써준 정치가는 그의 중간이름이 어머니의 처녀 시절 이름인 심슨일 거라고 추측해 그를 'U. S. 그랜트'라 적었다. 그 이야기를 알게 된 생도들은 웃으며 모자를 하늘로 던지며 "와, 이제 우리에게 샘 아저씨(Unlcle Sam)가 생겼다"라고 소리쳤다. 학교를 같이 다녔던 생도들은 그가 세상을 떠날 때까지 그를 샘 그랜트라고 불렀다.

하지만 그는 개의치 않았다. 그는 친구가 거의 없었고, 남들이 자신을 뭐라고 부르든, 자신이 남들에게 어떻게 보이든 상관하지 않았다. 옷의 단추를 잘 채우거나, 총을 깨끗이 손질하거나, 신발을 잘 닦지도 않았으며, 점호 때 자주 늦기도 했다. 나폴레옹과 프리드리히 대왕의 군사 행동 강령을 익히는 대신,

사관학교 시절 내내 《아이반호》나 《모히칸의 최후》 같은 소설을 읽는 데 열중했다. 정말 믿기 어려운 사실은 태어나서 한번도 그는 군사 전략에 관한 책을 읽은 적이 없다는 사실이다.

그가 전쟁에서 승리한 후 보스턴에 사는 사람들은 그에게 책을 선물하기 위해 기금을 모으면서, 그가 이미 어떤 책을 소장하고 있는지 조사하는 위원회를 만들었다. 그런데 위원들은 그랜트가 군과 관련된 책을 한 권도 갖고 있지 않다는 사실을 알고 놀랐다.

그는 사관학교나 군대나 그와 관련된 것은 모두 싫어했다. 그래서 세계적으로 유명해진 뒤 독일군 열병식에 참석했을 때, 비스마르크에게 이렇게 말했다.

"저는 군사와 관련된 것에는 정말 관심이 없습니다. 사실 저에게는 군인보다 농부가 맞습니다. 제가 두 번의 전쟁을 치르긴 했지만 군에 들어갈 때 후회하지 않은 적이 없었으며, 나올 때 기뻐하지 않은 적이 없었습니다."

그는 게으르고, 공부를 싫어했다고 고백했다. 사관학교를 졸업했음에도 'Knocked'란 단어의 첫 글자 K를 빼먹고 쓰고 'Safety'에서는 e를 빼고 쓸 정도로 철자도 엉터리였다. 그러면서도 수학 교수가 되고 싶어 했지만, 교수 자리를 구할 수는 없었다. 그래서 정규군으로 11년을 복무했다. 먹고살기 위해서는 무슨 일이든 해야 하는데, 군 생활이 생계를 해결할 수 있는 가장 쉬운 방법으로 보였던 것이다.

1853년, 그는 캘리포니아의 홈볼트 항구에 배치되었다. 인근 마을에는 라이언이라는 특이한 사람이 있었다. 그는 상점과 제재소를 갖고 있었는데, 주중에는 측량 일을 하고 주일에는 설교를 했다. 당시에는 위스키 값이 싸서 라이언 목사는 자기 가게 뒤편에 위스키 통을 놓고 뚜껑을 개봉해놓았다. 그리고 술통 위에 양철 컵을 매달아 두어 누구나 원할 때 위스키를 마음껏 마실 수 있게 했다. 그랜트는 그곳에 자주 들러 위스키를 마셨다. 외로웠던데다 자신이 싫어하는 군 생활을 잊고 싶어서였다. 결국 그는 걸핏하면 취해 있는 바람에 군대에서 쫓겨나고 말았다.

그는 수중에 1달러도 없었고, 일자리도 없었다. 그래서 미주리 주 동쪽 지역을 돌아다니며 장인이 소유하고 있는 32만 제곱미터의 농장에서 옥수수를 경작하고 돼지에게 먹이를 주며 4년을 보냈다. 겨울에는 장작을 만들어 세인트루이스까지 운반해 사람들에게 팔았다. 하지만 손이 느려서 해마다 더 많은 돈을 빌려야만 했다.

결국 농장 일을 그만두고, 세인트루이스로 가서 일자리를 찾았다. 그곳에서 부동산 매매 일을 해보았지만 실패했다. 그 뒤로는 무슨 일이든 구하려고 몇 주 동안이나 마을을 정처 없이 돌아다녔다. 결국 자포자기한 그는 식료품 값을 갚기 위해 아내가 소유하고 있던 흑인들까지 돈을 받고 다른 집에 빌려줘야 하는 처지가 되었다.

이 대목이 남북전쟁에 관한 놀라운 사실 중 하나다. 리 장군은 노예제도가 옳지 않다고 생각해 전쟁이 일어나기 오래전에 자기 소유의 흑인 노예들을 풀어주었다. 반면 그랜트의 아내는 자기 남편이 노예제를 없애기 위해 북군을 이끌고 있던 때도 노예들을 소유하고 있었다.

전쟁이 시작될 무렵, 그랜트는 걸리나 피혁 가게에서 일하는 게 너무 지겨워 다시 군으로 돌아가고 싶어 했다. 당시 군은 갓 들어온 수십만 명의 신병들을 훈련시켜야 하는 처지였기에 사관학교 졸업생이 다시 군에 들어가는 것은 어려운 일이 아니었다. 걸리나에서는 지원병을 모집했고, 그랜트는 그들을 훈련시키는 일을 맡았다. 그 마을에서 훈련에 대해 전반적으로 알고 있는 사람은 그랜트밖에 없었기 때문이다. 하지만 정작 그들이 총을 메고 꽃다발을 받으며 전쟁터로 향할 때, 그랜트는 길가에서 그들을 지켜보고 있어야만 했다. 지휘관으로는 다른 사람이 뽑혔기 때문이다.

그랜트는 육군 본부에 자신의 이력과 함께 자신을 연대장으로 임명해달라는 편지를 보냈다. 하지만 답장이 없었다. 그 편지는 그가 대통령이 되고 난 뒤에야 육군 본부에서 발견되었다.

마침내 그는 스프링필드에 있는 어느 부관 사무실에서 열다섯 살 소녀도 할 수 있는 사무 일을 얻게 되었다. 다리가 세 개뿐이어서 넘어지지 않도록 구석에 기대어둔 망가진 책상에 앉아서 하루 종일 모자를 쓴 채 줄담배를 피우며 명령서들을 쉴 새 없이 옮겨 적었다.

그때 전혀 예기치 않은 일이 벌어졌다. 그를 유명하게 만든 사건이었다. 일리노이 주의 21연대 지원병들이 무장 폭도로 변한 것이다. 그들은 명령을 무시하고, 중대장에게 욕설을 퍼부었다. 나이 든 연대장 구드를 막사에서 몰아내면서 다시 한번 눈에 띄면 껍질을 벗겨 사과나무에 못질하겠다고 엄포를 놓기도 했다.

예이츠 주지사는 걱정이 되었다. 그는 그랜트를 높이 평가하고 있지는 않았지만, 어쨌든 사관학교 졸업생이었으므로 그에게 기회를 주기로 했다. 1861년 햇살이 비추던 6월의 어느 날, 그랜트는 누구도 지휘하기 어려운 연대의 지휘권을 인계받기 위해 스프링필드의 넓게 펼쳐진 땅으로 걸어 들어갔다.

그가 갖고 있는 지휘봉과 허리춤에 묶여 있는 붉은 스카프가 그의 권위를 알려주는 유일한 표시였다. 그는 말도 없었고, 군복도 없었으며, 장만할 돈도 없었다. 땀으로 얼룩진 그의 모자에는 구멍이 나 있었고, 낡은 코트 팔꿈치는 툭 튀어나와 있었다.

부하들은 그를 보자마자 놀려대기 시작했다. 한 놈이 뒤에서 그를 툭툭 쳤고, 그놈 뒤에 있던 또 다른 놈은 갑자기 달려드는 시늉을 했다. 그랜트는 어깨를 부딪쳐 쓰러지기도 했다.

그랜트는 부하들의 말도 안 되는 행동을 즉각 저지했다. 명령을 따르지 않는 사람이 있으면 기둥에 매놓고 하루 종일 그대로 놔두었다. 욕을 하는 자는 입에 재갈을 물렸다. 가끔 그러했듯이 연대가 점호에 늦으면 24시간 동안 아무것도 먹지 못하게 했다. 걸리나에서 온 전직 동물 가죽 구매상이 골칫덩어리 병사들을 길들여 미주리의 전투에 참전하도록 이끌었던 것이다.

그리고 머지않아 또 다른 놀라운 행운이 그를 찾아왔다. 당시 육군 본부에는 수십 명의 여단장이 있었다. 그리고 일리노이 주 북서부 지방에서는 일라이휴 B. 워시번을 국회로 보냈다. 정치적 야망이 컸던 워시번은 고향 사람들로부터 자신이 열심히 일했다는 인정을 받고 싶었다. 그래서 자신의 지역구에서 여단장이 한 명 나오게 해달라고 육군 본부에 부탁했다. 그건 좋다. 하지만 그럴 만한 사람이 있던가? 답은 간단했다. 워시번의 고향에서 사관학교를 졸업한 사람은 단 한 명뿐이었다.

며칠 뒤 그랜트는 〈세인트루이스 신문〉을 한 부 샀다가 자신이 여단장이 되었다는 기사를 보게 되었다. 그는 일리노이 주 카이로에 있는 본부로 배속을 받은 뒤 곧장 임무에 착수했다. 그는 병사들을 배에 태우고 오하이오로 가서 켄터키의 전략적 요충지인 퍼두커를 점령한 뒤, 컴벌랜드 강이 내려다보이는 도넬슨 요새를 공격하러 테네시로 진격하자고 제안했다. 그러자 할렉 같은 군사 전문가들이 반대했다. "말도 안 됩니다! 바보 같은 소리 마시오, 그랜트. 그러면 안 됩니다. 자살이나 마찬가지요."

하지만 그랜트는 계획을 밀고 나갔다. 그는 반나절 만에 요새를 점령하고 1만 5000명을 포로로 잡았다. 그랜트가 공격하는 동안, 남부의 장군이 항복 조건을 정하기 위한 일시 휴전을 제안했지만 그랜트는 시큰둥하게 대꾸했다. "내 조건은 당신들의 무조건적이고 즉각적인 항복뿐이다. 나는 즉시 당신들의 보루를 접수할 것이다."

이 짧은 메시지를 받은 남부의 장군은 사이먼 버크너였다. 그는 웨스트포인트에 있을 때 이미 샘 그랜트와 알고 지내던 사이였고, 그가 군에서 해고되었을 때 하숙비 낼 돈을 꿔주기도 했다. 그 빚 때문에라도 버크너는 그랜트가 좀 더 호의적인 말투를 사용했어야 한다고 생각했다. 하지만 버크너는 그랜트를 용서하며 항복을 했고, 두 사람은 오후에 담배를 피우면서 옛날을 추억했다.

도넬슨 요새의 함락은 전쟁에 매우 큰 영향을 미쳤다. 북군은 켄터키를 지켰고, 적의 저항 없이 320킬로미터를 전진했으며, 테네시 주의 여러 지역에서 남군을 쫓아냈다. 또한 남군의 군수품 수송로를 차단시켜 내슈빌과 미시시피의 콜럼버스 요새를 함락시키자, 남부는 온통 깊은 절망에 빠지고 말았다. 한편 북부에서는 교회마다 종이 울리고, 메인 주에서부터 미시시피 주까지 환희의 불꽃이 타올랐다. 엄청난 승리였고, 이는 유럽에까지 깊은 인상을 남겼다.

이 전투는 남북전쟁의 전환점이 되었다.

그때부터 U. S. 그랜트는 '무조건 항복(Unconditional Surrender)'으로 불리게 되었으며, "나는 즉시 당신들의 보루를 접수할 것이다"는 북군의 전장 슬로건이 되었다.

드디어 온 나라가 기다리던 위대한 리더가 나타난 것이다. 의회는 그를 소장으로 진급시켰고, 그는 웨스턴 테네시 육군 본부 사령관으로 임명되었다. 그리고 전국의 우상으로 떠올랐다. 그가 전투 중에 담배 피우는 것을 좋아한다는 기사가 신문에 나가자, 담배 1만 상자가 쏟아져 들어오기도 했다.

하지만 3주도 채 되지 않아 시샘하는 상관의 부당한 조치로 인해 그랜트는 분노와 울분의 눈물을 삼켜야 했다.

그의 직속상관은 할렉이었는데, 그는 영락없는 바보였다. 해군 대장인 푸트는 할렉을 '얼간이 군인'이라 했고, 할렉을 잘 알고 있던 링컨의 해군 장관인 기드온 웰스는 그를 이렇게 묘사했다.

"할렉은 아무것도 시작하지 않고, 아무것도 기대하지 않고, 아무것도 제안하지 않고, 아무것도 계획하지 않으며, 아무것도 결정하지 않는다. 그는 아무 짝에도 쓸모가 없으며, 남에게 호통치고, 담배 피고, 팔꿈치를 긁적이는 것 외에는 하는 일이 아무것도 없다."

하지만 할렉은 자신을 대단한 사람으로 여겼다. 그는 웨스트포인트의 조교수였고, 군사 전략, 국제법, 광산에 관한 책을 집필했다. 은광과 철도 회사의 사장이자 성공한 변호사였으며, 프랑스어를 구사했고, 나폴레옹에 대한 방대한 책을 번역했다. 그는 자칭 유능한 학자 헨리 웨이저 할렉이었다.

반면 그랜트는 어떤 사람인가? 보잘것없는 술고래에다 육군의 불명예스러운 지휘관이었다. 그랜트가 도넬슨 요새를 공격하기에 앞서 할렉을 찾아갔을 때, 그는 그랜트를 무례하게 대했고 그의 제안에 흥분하면서 모욕을 주었다. 그런데 이제 그랜트는 위대한 승리를 하여 천하를 발아래 두고 있었던 반면, 자신은 여전히 세인트루이스에서 팔꿈치나 긁으면서 주목받지 못한 채 무시당하고 있었다. 때문에 할렉은 초조해졌다.

게다가 할렉은 이 전직 동물 가죽 구매상이 자신을 무시하고 있다고 생각했다. 자신이 그랜트에게 매일 전보를 보냈지만, 그랜트가 완강히 그의 명령을 따르지 않았기 때문이다. 적어도 할렉은 그렇게 생각했다. 하지만 그건 오해였다. 그랜트는 연락을 받으면 곧 보고를 했지만, 도넬슨 함락으로 통신이 끊겨 그 전보가 갈 수 없었다. 할렉은 이 사실을 모르고 분개했다. 승리와 대중의 찬사가 그랜트에게 쏟아지고 있지 않은가?

그런데도 할렉은 혜성처럼 떠오른 젊은이를 혼내주려 했다. 그래서 그는 매클렐런에게 계속 그를 비난하는 전보를 보냈다. 그랜트가 건방지고, 술을 많이 마시고, 게으르고, 명령을 어기고, 무능하다고 보고했다. 그러면서 "그의 태만과 무능력 때문에 저는 피곤하고 지쳐버렸습니다"라고 덧붙였다.

매클렐런 역시 그랜트의 인기를 시기했다. 그래서 할렉에게 다음과 같은 전보를 보냈다. 그 전보는 남북전쟁과 관련해 역사적으로 볼 때 가장 놀라운 전보였다. "충직한 군인이 필요하면 주저하지 말고 당장 그(그랜트)를 체포하시오. 그리고 그 자리에 C. F. 스미스를 임명하시오."

할렉은 즉시 그랜트를 물러나게 하고 사실상 그를 감금했다. 그러고는 의자에 기대어 앉아 잔인한 만족감을 느끼며 팔꿈치를 긁적거렸다.

이제 전쟁은 거의 1년이 다 되어갔다. 북군에 큰 승리를 안겨주었던 유일한 장군은 모든 권위를 박탈당한 채 공개적으로 망신을 당하는 처지가 되었다.

후에 그랜트는 지휘관으로 복귀했다. 그런데 샤일로 전투에서 비참하고 큰 실수를 했다. 만약 남부 장군 존스턴이 전투 중 피를 흘리며 죽지 않았다면, 그랜트의 군대는 전원 생포당했을지도 모른다. 샤일로에서는 전례 없이 큰 전투가 벌어졌고, 그랜트는 1만 3000명의 병사를 잃는 큰 손실을 입었다. 그는 어리석게 대처하다가 기습을 받았다. 비난받아 마땅한 실수였고, 그에게 항의가 빗발쳤다. 그가 샤일로 전투 당시 술에 취해 있었다는 것은 거짓말이었지만, 많은 사람들이 그렇게 믿었다. 국민들의 분노가 들끓었고, 사람들은 그의 해임을 요구했다. 하지만 링컨은 이렇게 말했다.

"난 이 사람을 써야 합니다. 그는 전장으로 갈 것이오."

사람들이 그랜트가 위스키를 너무 많이 마신다고 말하자, 링컨이 물었다.

"어떤 술이랍니까? 다른 장군들에게도 몇 박스 보내주고 싶네요."

1월이 되자 그랜트는 군대를 지휘해 빅스버그 원정길에 나섰다. 그곳은 미시시피 강 상류의 높이 60미터 절벽 위에 있는 천연 요새로서 함선에서 대포를 쏘아도 닿지 않았다. 그랜트는 어떻게 하면 적을 공격하기에 충분할 정도로 가까운 곳에 군을 배치할 수 있을지를 두고 고민했다.

그는 미시시피 강의 중심으로 간 다음 동쪽에서부터 진군하려 했지만 실패했다. 그다음에는 강둑을 무너뜨리고, 병사들을 보트에 태워 북쪽에서부터 늪지대를 지나가려 했으나 그 방법도 실패했다. 그다음에는 수로를 파서 미시시피 강의 방향을 바꾸어보려고도 했지만, 그 방법 역시 실패했다.

그때는 겨울이었다. 비가 계속 내려서 강물이 계곡 전체에 범람해 있었으므로, 그랜트의 병사들은 늪지대와 진흙 바닥, 습지대, 덤불 지역, 덩굴이 뒤엉킨 지역을 수 킬로미터나 헤치며 지나갔다. 진흙이 병사들의 허리까지 차올랐으며, 진흙 속에서 먹고, 잠을 자야 했다. 게다가 말라리아, 홍역, 천연두가 퍼지기 시작했다. 위생에 신경 쓸 수 없는 상황이라 사망자가 급속도로 늘어났다.

빅스버그 출정은 실패였다. 여기저기서 원망의 소리가 높아졌다. 어리석고 비극적인 실패이며, 병사들에 대한 죄악이라는 비난이 쇄도했다.

그랜트 휘하의 셔먼, 맥퍼슨, 로건, 윌슨 장군들은 그의 계획이 터무니없었다고 여겼으며, 참담한 실패로 돌아갈 것이라 생각했다. 온 언론이 신랄하게 비판하며 그의 해임을 요구했다.

"이제 그에게는 나 말고 친구가 남지 않은 모양이군." 링컨이 말했다. 많은 이들의 반대를 무릅쓰고 링컨은 그랜트를 유임시켰고, 그 믿음은 후에 큰 보상을 받았다. 7월 4일, 즉 예전에 게티즈버그에서 소심한 미드 장군이 리 장군을 놓쳤던 때와 같은 달, 같은 날짜에 그랜트는 제퍼슨 데이비스 농장에서 가져온 말을 타고 빅스버그로 돌진했고, 워싱턴 시대 이후로 미국의 그 어떤 장군도 이루지 못한 위대한 승리를 거두었다.

8개월간 비참한 패배만 거듭하던 그랜트 장군은 빅스버그에서 4만 명을 사로잡고, 미시시피 전 지역을 북군의 손아귀에 넣음으로써 남부 연합 지역을 둘로 갈라버렸다. 이 소식에 온 나라가 열광했다.

의회는 그랜트를 총사령관에 앉히는 특별 법령을 통과시켰다. 워싱턴이 세상을 떠난 뒤로 그 누구도 누리지 못한 영광이었다. 링컨은 그를 백악관으로 불러 북군의 총사령관으로 임명하는 연설을 했다.

수락 연설을 해야 된다는 걸 사전에 통보받은 그랜트는 작고 구겨진 종이에 쓴 원고를 주머니에서 꺼냈다. 그가 들고 있던 종이는 흔들렸고, 그의 얼굴은 빨갛게 달아올랐다. 무릎은 떨렸고, 목소리는 기어들어 가는 듯했다. 완전히 움츠러든 그는 흔들리는 종이를 양손으로 꽉 잡고, 자세를 고쳐 잡고, 숨을 몰아 쉰 다음 연설문을 처음부터 다시 읽기 시작했다. 예전에 걸리나에서 돼지 등의 짐승 가죽을 팔던 그는 11명뿐인 청중 앞에서 85개의 단어를 연설하는 것이 총알에 맞서는 것보다 더 어렵다는 사실을 깨달았다. 링컨 여사는 워싱턴에서 그랜트 장군이 참석하는 사교 행사를 열고 싶어서 장군을 축하하는 만찬과 파티를 준비해놓고 있었다. 하지만 그랜트는 서둘러 전선에 돌아가야 한다며 양해를 구했다.

"하지만 우리는 장군을 놔줄 수가 없소이다. 링컨 부인의 만찬에 장군이 참석하지 않으면 햄릿 없는 《햄릿》이나 마찬가지입니다." 링컨이 이렇게 말하며 만류하자, 그랜트가 대답했다.

"제게 해주시는 그 만찬 때문에 이 나라에 하루 100만 달러의 손실이 생깁니다. 게다가 저는 이미 충분한 대접을 받았습니다."

링컨은 이렇게 말하는 그가 좋았다. 요란한 음악과 불꽃놀이를 즐기는 대신, 자신처럼 자기 책임을 다하기 위해 행동하는 그가 마음에 들었다.

링컨에게 희망이 솟아올랐다. 그는 그랜트를 지휘관으로 두고 있으니 모든 일이 잘될 거라고 확신했다.

하지만 그의 생각은 빗나갔다. 4개월 만에 온 나라는 또다시 전례 없이 우울하고 깊은 절망에 빠져들었고, 링컨은 다시 한 번 절망에 빠져 초췌한 모습으로 밤새 거실을 거닐며 잠을 이루지 못했다.

대통령 재선에 성공한 링컨

　1864년 5월, 승리에 도취된 그랜트는 12만 2000명의 병력을 이끌고 라피단 강을 건너 진격했다. 그는 리 장군의 군대를 빨리 쳐부수어 전쟁을 단숨에 끝내려 했다.

　두 사람은 노스 버지니아의 '월더니스(wilderness, 황무지를 뜻함―옮긴이)'에서 마주했다. 그곳은 이름 그대로 황무지였다. 완만한 구릉과 질퍽한 습지대에 울창하게 자란 소나무와 오크나무가 뒤덮여 있었고, 바닥에는 덤불이 무성하게 엉켜 있어서 토끼 한 마리도 지나다니기 힘들 정도였다. 음침하게 수풀이 우거진 그곳에서 그랜트는 험하고 잔인한 전투를 치렀다. 소름 끼치는 살육전이었다. 울창한 밀림에 불이 붙는 바람에 수많은 부상병들이 화염에 타 죽기도 했다.

　이틀이 지나자, 냉혹한 그랜트도 두려움에 떨면서 막사로 물러나 눈물을 흘렸다.

　하지만 결과가 어떻든 매번 전투 때마다 그는 똑같은 명령을 내렸다. "전진하라! 전진하라!"

6일째 피비린내 나는 전투를 치르고 난 뒤, 그는 후에 유명해진 이런 전보를 보냈다. "여름 내내 전투가 이어진다고 해도 저는 이 전선에서 싸우겠습니다."

정말로 전투는 여름 내내 계속되었다. 가을이 오고 겨울이오고, 다시 이듬해 봄이 다 되어도 전쟁은 계속되었다. 그랜트는 이제 적보다 두 배나 많은 병력으로 대치하고 있었고, 그의 후방에 있는 북군에는 징집 가능한 막대한 인적 자원이 있었다. 하지만 남군에게는 병력과 물자 공급이 거의 바닥을 드러내고 있었다. 그랜트는 이렇게 말했다. "반란군은 이미 요람과 무덤까지도 다 징발해버린 상태다."

그랜트는 전쟁을 종결시키는 유일한 방법은 리 장군이 항복할 때까지 남군 병사들을 계속 죽이는 것이라고 생각했다. 남군 병사가 한 명 죽을 때마다 북군 두 명이 죽는다면 어떻게 될까? 그 정도의 손실을 그랜트 측에서는 감당할 수 있지만, 리 장군 측에서는 불가능할 것이다. 그래서 그랜트는 계속 포격을 하고, 총을 쏘고, 학살했다.

그랜트는 6주간 5만 4926명의 병력을 잃었는데, 이는 리 장군이 보유한 전체 병력 수에 육박했다. 그랜트 측에서는 콜드 하버에서만 한 시간에 7000명이 희생되었는데, 게티즈버그 전투에서 3일간 희생된 양측의 전사자보다 무려 1000명이나 많은 숫자였다.

이 어마어마한 손실로 어떤 이득을 얻었을까? 이 질문에 대해 그랜트 자신이 했던 답변을 살펴보기로 하자. "아무것도 없습니다." 이것이 그의 평이었다.

콜드 하버에서의 공격은 그랜트의 군 경력에서 가장 비극적인 실수였다.

그런 무자비한 살육은 인간의 정신과 신체로 견뎌낼 수 없는 것이었다. 그 살육은 군의 사기를 꺾어놓았다. 각 부대의 계급마다 항명에 직면했고, 장교들은 금방이라도 반란을 일으킬 태세였다. 그랜트 부대의 어느 장교는 "지난 36일 동안 장례 행렬이 내 앞으로 쉴 새 없이 지나갔다"라고 말했다.

링컨은 비탄에 잠겼지만 그렇게 할 수밖에 없다는 것을 깨달았다. 그는 그랜트에게 전보를 보냈다. "계속해서 불도그처럼 꽉 쥐고 물어뜯어서 숨통을 끊어버리시오." 그러고는 1년 내지 3년간 복무할 병력 50만 명 이상을 소집하라는 명령을 내렸다.

이 동원령은 전국을 뒤흔들었다. 국민들은 절망에 빠졌다. 링컨 내각의 어느 장관은 이렇게 기록했다. "이제는 모든 것이 어둠, 불신, 낙담뿐이다."

7월 2일, 의회는 《구약성경》에 나오는 어느 헤브라이의 선지자가 했던 애도의 말과 같은 결의안을 채택했다. 의회는 국민에게 이렇게 요청했다. "자신의 여러 죄를 고백하고 회개하며, 전지전능하신 하나님께 긍휼과 용서를 구하십시오. 그리고 세상의 최고 통치자이신 그분께 우리 국민을 멸하지 말아달라고 간청해주십시오."

당시 남군은 물론 대부분의 북군들도 링컨에게 저주를 퍼부었다. 강탈자, 매국노, 폭군, 악마, 괴물, 심지어는 '칼을 더 깊숙이 찌르라고 소리치고, 자신의 도살장을 위해 더 많은 희생자를 요구하는 잔혹한 도살자'라는 비난도 했다.

그의 지독한 적들은 그를 죽여야 한다고 선언하기도 했다. 그래서 어느 저녁, 그가 제대군인을 위한 보호 시설에 있는 하계 캠프로 말을 타고 가던 때를 노려 암살을 기도한 사람도 있었다. 다행히 총알은 그의 긴 실크 모자를 관통했을 뿐이었다.

몇 주 후, 펜실베이니아 주 미드빌에 있는 한 호텔 유리창에서 다음과 같은 글이 발견되었다. "에이브 링컨, 1864년 8월 13일에 독살되어 세상을 떠나다." 그 방은 그 전날 밤 유명 배우였던 존 윌크스 부스가 투숙한 곳이었다.

앞서 6월에 공화당원들은 링컨이 재선될 수 있도록 후보로 지명했다. 하지만 이제 그들은 자신들이 실수를, 그것도 비참한 실수를 했다고 생각했다. 일부 주요 당직자들은 링컨에게 사퇴를 촉구했다. 그 밖에 다른 이들도 링컨의 사퇴를 요구했다. 그들은 전당대회를 다시 개최해 링컨이 실패자임을 인정하길 원했으며, 그의 후보 지명을 철회하고 다른 후보를 내세우길 바랐다.

링컨의 가까운 친구 오빌 브라우닝조차도 1864년 7월 자신의 일기에 이렇게 기록했다. "국민의 가장 큰 요구는 공직의 대표 자리에 유능한 지도자를 임명하는 것이다."

당시에 링컨은 스스로도 자신의 처지가 절망적이라고 생각했다. 그는 재임에 대한 희망을 접었다. 그는 실패했다. 그와 그가 임명한 장군, 전쟁에 대한 정책도 모두 실패했다. 국민들은 그의 리더십에 대한 믿음을 잃어버렸고, 그는 북부 연방이 무너질까 두려워했다. 그는 "하늘도 캄캄한 어둠으로 덮여 있다"라고 탄식했다.

마침내 링컨에게 진저리가 난 급진적인 많은 당원들이 또 다른 전당대회를 열어 존 C. 프레몬트 장군을 자신들의 후보로 내세움으로써 공화당은 분열되었다.

상황은 심각했다. 만약 프레몬트가 끝까지 경쟁에서 물러나지 않았다면, 분명 민주당 후보인 매클렐런 장군이 분열된 공화당을 누르고 승리해 국가의 역사가 뒤바뀌었을 것이다. 후에 프레몬트가 경쟁에서 물러났음에도 링컨은 매클렐런에 비해 겨우 20만 표를 더 얻었을 뿐이었다.

자신에게 신랄한 비판과 저주가 쏟아져도 링컨은 침착하게 최선을 다하며 아무런 대응도 하지 않았다. "나는 대통령직을 계속 수행하길 열망합니다. 하지만 결국 내가 자리에서 물러나고 세상의 모든 친구들을 잃게 되더라도, 적어도 내겐 한 명의 친구는 남을 것이며, 그는 내 마음속 깊은 곳에 있을 것입니다. 꼭 승리하지는 못한다 하더라도, 나는 반드시 내 안에 있는 진리의 빛에 따라 살 것입니다." 링컨이 말했다.

지치고 낙담한 그는 종종 소파에 드러누워 위안을 얻기 위해 《성경》의 〈욥기〉 한 구절을 읽었다. "너는 대장부처럼 허리를 묶고 내가 네게 묻는 것에 답할지니라."

1864년 여름, 링컨은 다른 사람이 되어 있었다. 3년 전, 일리노이 주의 초원을 떠나던 당시의 건장했던 사내의 몸과 마음은 모두 변해 있었다. 해가 갈수록 그의 웃음은 줄어들었다. 얼굴의 주름은 더욱 깊게 패였고, 어깨는 더 굽었으며, 볼은 움푹 꺼졌다. 만성 소화불량을 겪었고, 손발은 늘 차가웠으며, 잠을 거의 이루지 못했으며, 늘 괴로워하는 표정이었다. "다시는 즐거워질 수 없을 듯하네." 그가 친구에게 말했다.

1865년 봄에 만들어진 링컨의 라이프 마스크(Life mask, 석고로 본떠서 만든 산 사람의 얼굴—옮긴이)를 본 유명한 조각가 아우구스투스 세인트는 그 마스크가 데스마스크(Death mask, 사람이 죽은 직후에 그 얼굴을 본떠서 만든 안면상—옮긴이)인 줄 알았다. 그는 링컨의 얼굴에 이미 죽음의 징후가 있었다고 말했다.

노예해방 선언 장면을 그리느라 몇 달 동안 백악관에서 살았던 예술가 카펜터는 이렇게 적었다.

"윌더니스 전투가 벌어지던 처음 몇 주간 대통령은 잠을 거의 자지 못했다. 그러던 어느 날, 대통령 관저의 중앙 복도를 지나가다가 대통령과 마주쳤다. 당시 그는 실내복 차림으로 뒷짐을 진 채 천천히 왔다 갔다 하고 있었는데, 눈 밑으로 검은 그늘이 길게 드리워져 있었고, 머리는 가슴까지 구부러져 있어서 슬픔, 걱정, 불안에 빠진 초상 그 자체였다. 그곳에 있던 내내 나는 그의 깊게 주름진 얼굴에 슬픔이 배어 있지 않은 모습을 본 적이 없었다."

방문객들이 찾아와도 링컨은 의자에 맥없이 주저앉아서 사람들이 인사말을 건네도 쳐다보거나 대꾸도 하지 않았다. 그는 이렇게 말하기도 했다. "나는 매일 찾아오는 많은 사람들이 모두 손가락을 세우고 내게 달려들어 나의 기력을 온통 빼앗아 가버리는 공상을 가끔 합니다."

그는 《톰 아저씨의 오두막》의 저자인 스토 부인에게 자신은 살아생전에 평화를 보지 못할 거라고 말했다. "이 전쟁이 저를 죽이고 있습니다." 그가 말했다.

그의 친구들은 변해버린 링컨의 모습을 보고 휴가를 떠나라고 강력히 권했다.

"2~3주 정도로는 좋아질 리가 없네. 이런저런 생각에서 벗어날 수가 없어. 이제는 어떻게 쉬어야 할지도 모르겠네. 넌더리나는 것들이 내 안에 박혀 있어서 떨쳐버릴 수가 없어." 링컨이 비서에게 말했다.

그의 비서는 이렇게 전했다. "과부와 고아들의 절규가 링컨의 귀에 늘 맴돌았다."

총살형을 선고받은 남자들의 어머니와 애인, 아내들이 매일 그에게 와서 살려달라고 눈물을 흘리며 애원했다. 아무리 지치고 피곤해도 링컨은 여자들이 우는 모습을 모른 체하기 어려웠다. 특히 아이를 안고 우는 여자의 모습을 보면 참을 수가 없어서 그들의 이야기를 다 듣고 대부분 그 요청을 들어주었다.

"나는 다음에 죽고 난 후에, 꽃이 필 수 있을 만한 곳이면 어디든지 엉겅퀴를 뽑고 꽃을 심었던 사람이라는 소리를 들었으면 좋겠소." 그가 중얼거렸다.

장군들은 그의 처사를 비난했고, 스탠턴은 격노했다. 링컨의 관용이 군대의 기강을 무너뜨리고 있으니 간섭하지 말라고 주장했다. 하지만 링컨은 장군들의 잔인한 방법과 군의 폭정을 싫어했다. 반면 전쟁에서 이기기 위해 의지할 수밖에 없는 지원 병들, 즉 자신처럼 삼림지대나 농장에서 와준 사람들을 무척 좋아했다.

그들 중 한 명이 비겁하다는 이유로 총살형에 처해진다면? 링컨은 용서하며 이렇게 말했을 것이다. "만약 제가 전쟁터에 있었더라면 저도 분명 총을 버리고 달아났을 겁니다."

지원병이 향수병에 걸려서 탈영했다면? 링컨은 용서하며 이렇게 말했을 것이다. "글쎄요, 그에게 총살은 좋을 것 같지 않습니다."

버몬트 농장 출신의 소년이 피곤하고 지쳐 보초를 서다 잠들었다는 이유로 사형에 처해진다면, 링컨은 용서하며 이렇게 말했을 것이다. "저도 그와 똑같았을 겁니다."

그의 사면 목록을 만들어보면 아마 많은 페이지에 가득 찰 것이다.

한번은 미드 장군에게 이런 전보를 보내기도 했다. "나는 열여덟 살 이하의 소년은 누구도 총살시키고 싶지 않습니다." 그런데 북군에는 그보다 나이 어린 소년들이 100만 명 넘게 있었다. 사실 열여섯 살 이하는 20만 명, 그중 열다섯 살 이하도 10만 명이나 있었다.

가족을 잃은 어머니들의 고통은 링컨의 가슴을 아프게 했다. 1864년 11월 21일, 그는 생애 가장 아름답고 유명한 편지를 썼다. 옥스퍼드 대학은 이 편지를 '지금까지 가장 순수하고 훌륭한 어법의 전형'이라 여겨 그 사본을 벽에 걸어놓았다. 이 편지는 산문으로 썼지만, 마음 깊은 곳에서 자연스레 흘러나온 감동적인 한 편의 시다.

1864년 11월 21일
워싱턴 대통령 관저에서
매사추세츠 주 보스턴의 빅스비 부인께

친애하는 부인
저는 육군 본부의 서류 가운데 매사추세츠 군무국장의 보고서를 읽다가
부인이 전쟁터에서 영광스럽게 전사한 다섯 아들을 둔
어머니라는 사실을 알게 되었습니다.
제 몇 마디 말로 부인이 아들을 잃은 엄청난 슬픔에서 벗어나기에는
너무나 부족하고 부질없다는 것을 잘 알고 있습니다.
하지만 저는 위로를 드리지 않을 수가 없습니다.
아드님들이 죽음으로 구해낸 공화국이
부인께 감사드리고 있다는 것을 아셨으면 합니다.
저는 하나님께서 가족을 잃은 부인의 비통함을 달래주시고,
잃어버린 가족들에 대한 소중한 기억만 남겨주시며,
그들이 자유의 제단에 값비싼 희생물로 바쳐졌다는
성스러운 자긍심을 부인에게 주시기를 기도합니다.

에이브러햄 링컨 드림

어느 날, 노아 브룩스(링컨이 신임했던 신문기자이자 링컨 자서전의 주요 작가—옮긴이)가 올리버 웬들 홈스의 시집을 링컨에게 선물했다. 링컨은 책을 펴고 '렉싱턴'이라는 제목의 시를 소리 내어 읽기 시작했다. 그런데 링컨이 다음과 같이 시작하는 절을 읽기 시작했을 때였다.

> 조국의 순교자들이 잠든 곳에 푸른 풀이 자라났다!
> 수의도 무덤도 없이 그들은 영면에 빠져 있다네.

그의 목소리가 떨리더니 이내 목이 메었다. 그는 책을 브룩스에게 넘겨주더니 작은 목소리로 이렇게 말했다. "당신이 읽어주시오. 나는 못 읽겠소."

몇 달 뒤, 그는 백악관에 모인 친구들에게 그 시를 한 단어도 빠뜨리지 않고 낭송해주었다.

1864년 4월 5일, 펜실베이니아 주 워싱턴 카운티에 사는 슬픔에 잠긴 한 여성이 링컨에게 편지를 보내왔다. 편지는 이렇게 시작되었다. "두렵고 불안한 마음에 많이 망설이다가 대통령께 제 고민을 알리기로 했습니다."

몇 년 전에 그녀와 결혼을 약속한 사내가 군에 입대하게 되었다. 그 사내는 잠시 군의 허락을 받고 투표를 하기 위해 고향에 돌아왔는데, 그 둘은 그녀가 편지에 표현한 대로 "매우 어리석게도 자연스럽게 육체관계를 맺고 말았다." 편지 내용은 이렇게 이어졌다.

"지금 대통령께서 저희에게 자비를 베풀어주시지 않거나, 과거의 관계를 승인하기 위해 그에게 휴가를 주지 않으시면 저희 둘은 방종한 육체관계로 생긴 사생아를 얻게 될 것입니다. (…) 부디 각하께서 경멸과 낙담의 구렁텅이에 빠져 있는 저를 버리지 말아주시기를 하나님께 기도합니다."

그 편지를 읽은 링컨은 깊은 감동을 받았다. 링컨은 초점 없는 눈으로 창밖을 한참 바라보았는데 아마도 눈물을 흘렸을 것이다. 링컨은 펜을 집어 들더니 그 여인의 편지 밑에 다음과 같이 써서 스탠턴 장관에게 보냈다.

"무슨 수를 써서라도 이 여인에게 그 병사를 보내주시오."

끔찍했던 1864년의 여름이 그토록 길게 이어지더니, 마침내 끝이 나며 가을에 희소식이 들려왔다. 셔먼 장군이 애틀랜타를 점령한 뒤 조지아 주를 통과해 진격 중이고, 패러거트 제독은 극적인 해상 전투를 통해 모빌 만을 점령한 뒤 멕시코 만을 철저히 봉쇄했으며, 셰리던 장군은 셰넌도어 계곡에서 눈부신 승리를 거두었다는 소식이었다.

리 장군은 개활지에서의 전투를 두려워해 움츠러들었으며, 그랜트 장군은 피츠버그와 리치먼드를 포위하고 있었다. 남부 연합은 거의 최후에 다다르고 있었다. 이제 링컨의 장군들은 연승을 거두고 있었고, 그의 정책은 지지를 받았으며, 북군의 사기는 날개 달린 듯 치솟았다. 그 덕분에 링컨은 11월 선거에서 재선에 성공했다. 하지만 링컨은 이 승리를 자신의 승리로 받아들이기보다는 위기의 순간에는 사람들이 지도자를 바꾸지 않는 것이 현명하다고 생각했기 때문이라고 여겼다.

4년간의 전쟁에도 불구하고 링컨은 남부 주민들을 미워하지 않았다. 그는 거듭 이렇게 말했다. "심판받지 않으려거든 남을 심판하지 말라. 그들은 단지 우리가 처했을 수도 있는 상황에 처했던 것뿐이다."

1865년 2월, 리 장군이 항복하기 두 달 전에 링컨은 북부 연방 정부가 노예 폐지에 대한 보상금으로 황폐화된 남부 주에 4억 달러를 주자는 제안을 내놓았다. 하지만 각료들이 그 의견을 탐탁지 않게 여기는 바람에 논의는 중단되었다.

그다음 달, 재선 취임 행사에서 링컨이 연설했다. 이 연설에 대해 옥스퍼드 대학 총장을 지낸 커전 백작은 이렇게 칭송했다. "인간의 연설 중에서 가장 신성한 황금과 같은, 아니 거의 신성의 경지에 이른 연설이었다."

링컨은 연단 앞으로 나아가 〈이사야〉 15장이 펼쳐져 있는 《성경》에 입을 맞춘 다음, 어느 희곡의 주요 등장인물이 말하는 대사와 같은 연설을 시작했다.

"신성한 시와도 같다. 세상 어떤 통치자도 국민에게 이런 연설을 한 적이 없었다. 그처럼 마음 깊은 곳에서 우러나오는 연설을 했던 대통령은 미국 역사상 없었다." 카를 슈로츠의 말이다. 그의 표현에 따르면, 이 연설의 맺음 부분은 인간의 입에서 나온 말 중에서 가장 훌륭하고 아름다운 말이었다. 그는 링컨의 연설을 읽을 때면 대성당에 차분한 불빛이 비추는 가운데 오르간이 연주되는 광경이 연상되곤 한다고 말했다.

"우리는 전쟁이라는 이 엄청난 재앙이 빨리 지나가기를 진심으로 소망하며 간곡히 기도합니다. 하지만 노예들이 250년 동안 아무런 보상도 없이 노역을 해서 쌓아올린 이 모든 부가 사라질 때까지, 그리고 3000년 전에 말씀하셨듯이 채찍질로 흘린 모든 핏방울이 칼로 흘린 다른 피를 전부 되갚을 때까지 전쟁이 지속되는 것이 하나님의 뜻이라고 해도, 그래도 여전히 '하나님의 심판은 진실하며 다 의로우니(시편 19편 9절)'라고 말해야만 합니다.

누구에게도 원한을 품지 말고, 누구에게나 관용을 베풀며, 하나님께서 우리에게 보여주신 정의와 마찬가지로, 그 정의에 대한 확신을 가지고 우리에게 주어진 일을 완수하기 위해 노력합시다. 국가의 상처를 치유하기 위해 전투를 치러야 했던 이들과 남겨진 아내들과 고아들을 보살피고, 우리들 사이, 그리고 모든 국가들 사이에 정의롭고 영구적인 평화를 이루고 소중히 지켜나가기 위해 매진합시다."

2개월 후 어느 날, 이 연설문은 스프링필드에서 치러진 링컨의 장례식에서 다시 낭독되었다.

남군의 항복으로 끝이 난 남북전쟁

1865년 3월 하순, 버지니아 주 리치먼드에서 의미심장한 일이 벌어지고 있었다. 남부 연합 대통령 제퍼슨 데이비스의 부인이 자신의 마차를 끄는 말을 처분하고, 개인 물건들을 상점에 내다 판 뒤 나머지 소지품을 챙겨서 남쪽으로 내려갔다. (…) 일이 심상치 않게 돌아가고 있었던 것이다.

당시 남부 연합의 수도는 그랜트 장군에 의해 9개월째 포위되어 있었다. 리 장군의 부대는 헐벗고 굶주렸다. 군인들은 급료도 제대로 받지 못했다. 설령 돈을 받았다고 하더라도 남부 연합의 신문 기사처럼 돈은 이제 거의 쓸모가 없었다. 커피 한 잔에 3달러, 장작 하나에 5달러, 밀가루 한 통에 1000달러나 했다.

연방을 탈퇴했던 것이 원인이었다. 노예제도도 마찬가지였다. 리 장군은 이를 알고 있었다. 그의 병사들도 알고 있었다. 탈영한 병사가 10만 명에 달했다. 모든 부대가 이제 짐을 꾸려

군을 떠나고 있었다. 남아 있는 병사들은 위안과 희망을 얻기 위해 종교에 의지했다. 거의 모든 막사마다 기도회가 열렸다. 병사들은 소리치고, 울고, 환영을 보았으며, 전투에 나가기 전에는 모두가 무릎을 꿇고 기도했다. 하지만 애절한 기도에도 불구하고 리치먼드는 서서히 함락되어가고 있었다.

4월 2일 일요일, 리 장군의 부대는 리치먼드에 있는 면화와 담배 창고에 불을 지르고, 병기고를 불태웠으며, 항구에서 건조 중이던 함선들을 파괴한 뒤 어둠 속에서 불꽃이 치솟던 밤에 그 도시를 탈출했다.

그들이 도망치자, 7만 2000명의 그랜트 병사들이 곧바로 추격해서 남부 연합군의 측면과 후미를 포격했고, 셰리던의 기병대는 그들을 앞질러 철로를 끊고 군수품 보급열차를 손에 넣었다.

셰리던이 본부에 전보를 쳤다. "이대로 밀어붙이면 리가 항복할 것 같습니다."

링컨이 답신을 보냈다. "계속 밀어붙이시오."

128킬로미터의 추격전 끝에 그랜트는 남군을 사방에서 포위했다. 남군은 덫에 걸렸고, 리 장군은 더 이상 피를 흘려봐야 무의미하다는 것을 깨달았다.

그사이 극심한 편두통 때문에 앞이 잘 안 보이던 그랜트 장군은 부대의 후미로 뒤처져서 토요일 저녁에 한 농가에 머물러 있었다. 그는 자서전에 이렇게 기록했다. "그날 밤새 뜨거운 겨자 물에 발을 담그고, 손목과 목 뒤에 겨자씨 연고를 바른 뒤 낫기를 기원했다."

다음 날 아침, 그는 씻은 듯이 나았다. 겨자씨 연고 때문이 아니라 항복하겠다는 리 장군의 편지를 기마병이 갖고 왔기 때문이었다. 그랜트는 이렇게 기록했다.

"그 전갈을 가져온 장교의 모습을 처음 봤을 때만 하더라도 나는 여전히 편두통에 시달리고 있었다. 하지만 그 편지를 열어 본 순간 두통이 깨끗이 나았다."

그날 오후, 두 장군은 어느 벽돌집의 텅 빈 거실에서 만났다. 그랜트는 평소처럼 단정하지 못한 차림이었다. 군화는 더러웠고, 칼을 차고 있지 않았으며, 자기 부대 사병들과 같은 제복을 입고 있었다. 어깨에 달린 세 개의 은색 별 계급장만이 그의 신분을 알려주고 있었다.

구슬로 장식된 긴 장갑을 끼고, 보석으로 장식한 칼을 찬 귀족풍의 리 장군과는 어찌나 대비되던지! 리 장군은 철제 판화에서 걸어 나온 듯한 정복자 같은 모습이었던 데 반해, 그랜트 장군은 돼지와 동물 가죽을 팔기 위해 읍내에 나온 미주리 농부처럼 보였다. 자신의 누추한 행색이 부끄러웠던 그랜트는 먼저 리 장군에게 자신이 좀 더 좋은 복장을 하고 나오지 않은 것을 사과했다.

20년 전, 미국과 멕시코가 전쟁할 당시에 두 사람은 모두 정규군에서 장교로 복무했다. 그래서 둘은 당시의 시절을 잠시 회고하면서 밤샘 포커를 했던 일, 그리고 그랜트가 아마추어지만 연극 〈오셀로〉에서 여성 역할인 데스데모나 연기를 했던 일에 관해 이야기했다.

"너무 즐겁게 대화를 나누는 바람에 우리가 만난 목적을 다 잊어버릴 정도였다"라고 그랜트는 기록했다.

마침내 리 장군이 항복협정에 관해 이야기를 꺼냈지만, 그랜트는 아주 간단히 대답했다. 그러고는 다시 20년 전으로 거슬러 올라가 성축일과 늑대들이 평원에서 울부짖고, 태양이 물결처럼 춤을 추며, 3달러면 야생마 한 필을 살 수 있었던 1845년 겨울에 대해 이야기했다. 리가 말을 가로막으며 항복협정 때문에 그곳에 왔다는 사실을 상기시켜주지 않았다면, 그랜트는 오후 내내 그런 이야기에 계속 몰두했을 것이다.

그랜트는 펜과 잉크를 달라고 한 뒤 문서를 빠르게 작성했다. 항복문서에는 1781년 워싱턴이 영국군에게 강요했던 굴욕적인 조건(요크타운에서 의기양양한 승리자들의 긴 열 사이로 무기를 빼앗긴 채 무력하게 열을 지어 행진하도록 하는 등)은 없었다. 보복도 없었다. 북부 연방의 급진적인 인사들은 4년간의 전쟁을 치르면서 반역자의 편에 선 리 장군과 그 밖의 웨스트포인트 출신 장교들을 반역죄로 처형해야 한다고 주장했지만, 그랜트가 작성한 문서에는 그런 조항이 없었다. 리의 장교들은 무기 소지가 그대로 허용되었고, 포로로 잡혔던 병사들은 석방되었다. 그래서 누구든 필요하면 노새나 말을 타고 자기 농장이나 목화밭으로 돌아가 다시 경작을 시작할 수 있었다.

왜 항복 조항이 그토록 관대하고 너그러웠을까? 에이브러햄 링컨이 그렇게 요구했기 때문이다. 결국 50만 명의 희생자를 낸 이 전쟁은 아포맷톡스 코트하우스라 불리는 버지니아 주의 작은 마을에서 끝났다. 항복은 라일락 향기가 온 마을에 가득한 어느 평화로운 봄날 오후에 이루어졌다. 마침 그날은 종려 주일(부활절 직전 일요일—옮긴이)이었다.

바로 그날 오후, 링컨은 '리버 퀸'이라는 멋진 배를 타고 워싱턴으로 돌아오고 있었다. 그는 셰익스피어의 작품을 친구들에게 읽어주고 있었다. 그러다 이윽고 《맥베스》의 다음 구절에 이르렀다.

던컨은 무덤 속에 있다네.
삶의 열병을 앓던 그는 편히 잠들어 있다네.
반역이 그를 거꾸러뜨렸지만, 칼도 독약도
내전도 외적의 침입도, 그 무엇도
이제는 그를 더 이상 건드릴 수 없네.

링컨은 이 구절에 깊은 인상을 받았다. 그는 다시 한 번 이 구절을 읽고 나서, 잠시 멈추더니 배 밖으로 멍하니 시선을 던졌다.

그러고는 다시 한 번 그 구절을 소리 내어 읽었다.

5일 후, 링컨 자신도 죽음을 맞았다.

23년 동안 링컨이 견딘 가정의 불행

이제 이야기를 다시 거슬러 올라가서 리치먼드 함락 직전에 있었던 놀라운 일에 관해 말하고자 한다. 링컨이 거의 23년 동안 묵묵히 견뎌온 가정의 불행을 생생히 보여주는 사건이 있었다.

그 사건은 그랜트의 지휘 본부 인근에서 일어났다. 그랜트는 전선 가까이에서 일주일간 자신과 함께 지내자며 링컨 부부를 초대했다. 링컨은 당시에 매우 지쳐 있었던지라 링컨 부부는 기꺼이 초대에 응했다. 링컨은 백악관에 들어간 후 휴가를 가본 적이 없었고, 두 번째 임기가 시작되면서 다시 찾아와 자리를 부탁하는 수많은 구직자들로부터 벗어나고 싶었다.

그래서 링컨 부부는 리버 퀸 호를 타고 포토맥 강을 따라 내려갔다. 체사피크 만과 이어지는 하류를 통과해 올드 포인트 컴포트를 지나, 제임스 강을 거슬러 시티 포인트까지 올라갔다. 강에서 60미터 높이의 절벽 위에는 걸리나 출신의 전직 동물 가죽 장사꾼이 초조한 마음으로 담배를 피우고 있었다.

며칠 후 대통령 일행은 프랑스 장관 제프루아 등 워싱턴에서 온 인사들과 함께하게 되었다. 그 방문객들은 19킬로미터 떨어져 있는 포토맥 전선을 보고 싶어 했다. 그래서 그다음 날 그들은 전선으로 시찰을 나섰다. 링컨 부인과 그랜트 부인은 반쯤 젖힌 마차를 타고 남편들의 행렬을 따라갔다.

그랜트의 부관이자 가장 친한 친구 중 한 명인 애덤 바두 장군이 그날 부인들의 호위를 맡았다. 그는 말을 등지고 부인들을 마주하며 마차의 앞좌석에 앉아 있었다. 그는 그날 일어났던 모든 일을 목격한 사람이다. 나는 그가 쓴 《평화의 그랜트》라는 책을 356쪽부터 362쪽까지 인용하고자 한다.

"대화를 나누던 중 나는 우연히 전방의 모든 장교 부인들이 후방으로 가도록 명령받았다는 이야기를 했다. 활발한 군사작전이 계획되고 있다는 정황을 분명히 드러냈던 것이다. 하지만 찰스 그리핀 장군의 부인만이 대통령의 특별 허가를 받아서 남아 있게 되었다는 이야기도 했다.

그러자 링컨 여사가 발끈하며 말했다. '무슨 말씀이세요? 그녀가 대통령을 독대했다는 말씀인가요? 제가 어떤 부인도 대통령이 혼자 만나서는 안 된다고 한 걸 모르시나요?'

그녀는 가엾고 못생긴 에어브러햄 링컨을 질투하고 있었다. 나는 링컨 여사를 진정시키려고 무척 애를 썼지만, 그녀는 크게 노여워했다. '모호한 미소를 짓고 계시는군요. 당장 이 마차에서 저를 내려주세요. 그녀를 혼자 만났는지 대통령에게 직접 물어봐야겠어요.'

훗날 에스터하지 백작 부인이 된 그리핀 부인은 워싱턴에서 가장 유명하고 우아한 여성 중 한 명이었다. 그리고 그랜트 부인과 개인적인 친분이 있는 사이였다. 그랜트 부인은 흥분한 링컨 여사를 달래보려 했지만 모두 허사였다. 링컨 부인은 다시 한 번 마차를 멈추라고 내게 명령했고, 내가 망설이며 명령을 따르지 않자 나를 팔로 밀쳐내고 마차 앞으로 가서 마부를 제지했다. 그러나 그랜트 부인이 그녀를 간신히 설득해서 다른 일행들이 모두 내릴 때까지 마차에서 기다리게 했다.

그날 밤 막사로 돌아온 뒤 그랜트 부인은 그 일에 대해 나에게 이야기하며, 모든 일이 유감스럽고 기분을 상하게 할 수 있으므로 우리 중 누구도 다시는 이 일을 언급하지 말자고 당부했다. 적어도 나는 누구에게도 말하지 말아야 할 입장이었지만, 그랜트 부인은 남편에게만은 그 사실을 털어놓았을 것이다. 그런데 다음 날 '더 나쁜 일이 일어났기 때문에' 나는 그 약속을 지킬 필요가 없어졌다.

아침에 일행은 오드 장군이 지휘하는 강 북부의 제임스 부대를 방문하러 갔다. 행렬은 전날과 거의 비슷했다. 증기선을 타고 올라가서 남자들은 다시 말을 타고 갔고, 영부인과 그랜트 부인은 앰뷸런스 마차를 타고 뒤를 따랐다. 나는 어제와 마찬가지로 호위를 맡았지만, 다른 동료에게 같이 가달라고 부탁했다. 어제의 경험으로 보건대, 마차에 장교 한 사람만 동행하는 건 좋지 않을 것 같았기 때문이다. 그래서 호레이스 포터 대령이 일행에 합류한다는 연락을 받았다. 방문하는 부대의 지휘관인 오드 장군의 부인도 중간에 남편 일행과 동행했다. 앰뷸런스 마차에 자리가 없어서 부인은 말을 타고 갔으며, 영부인을 앞질러서 한동안 대통령 옆에서 동행했다.

그렇게 달리는 것을 보자 링컨 여사는 분통을 터뜨리며 소리쳤다. '저 여자가 대통령과 나란히 달리는 것은 무슨 의미지? 그리고 나를 앞질러서? 대통령이 옆에 있어주기를 원한다고 생각하는 건가?'

그녀는 격분하여 말과 행동이 모두 험악해졌다. 그랜트 부인이 다시 그녀를 진정시키려고 애썼지만, 링컨 부인은 오히려 그랜트 부인에게도 화를 냈다. 마부와 내가 할 수 있는 일이라곤 말다툼보다 더한 일이 생기지 않기를 바라며 지켜보는 것뿐이었다. 우리는 링컨 여사가 마차에서 벌떡 일어나 기마행렬에게 소리를 지를까 봐 걱정했다.

한번은 링컨 여사가 그랜트 부인에게 이렇게 말했다. '부인께서는 자신이 백악관에 가게 될 거라고 생각하시죠, 그렇죠?' 그랜트 부인은 매우 조용하고 차분하게 그저 자신은 지금의 자리에 매우 만족하고 있다고만 대답했다. 그리고 지금의 위치는 자신이 기대했던 것보다 훨씬 더 훌륭하다고 말했다. 하지만 링컨 여사는 이렇게 소리쳤다. '오! 갈 수 있을 때 가는 게 좋아요. 백악관이 얼마나 근사한데요.' 그러고는 오드 부인을 겨냥해 말을 시작하자, 그랜트 부인은 화를 더 돋우게 되는 위험을 무릅쓰고 친구를 변호해주었다.

일행이 멈추었을 때, 국무 장관의 조카이자 오드 장군의 참

모인 수어드 소령이 말을 타고 와서 우스갯소리를 건넸다. '여사님, 대통령의 말이 바람기가 아주 많네요. 오드 부인 말 옆에서만 가려고 해요.'

이 말은 불에 기름을 붓는 격이었다.

'그게 무슨 말이죠?'

수어드 소령은 자신이 큰 실수를 저질렀음을 깨달았다. 하지만 다행히도 그의 말이 갑자기 뒤로 물러나는 재치를 발휘한 덕분에 위기를 모면할 수 있었다.

마침내 일행이 목적지에 도착했고, 오드 부인이 앰뷸런스 마차에 다가왔다. 그러자 링컨 여사가 그녀를 심하게 모욕했다. 장교들이 보고 있던 자리에서 그녀를 상스럽게 부르고, 대통령을 따라간 의도가 무어냐고 따져 물었다. 가엾은 오드 부인은 눈물을 쏟아내며 자신이 무엇을 잘못했느냐고 물었다. 하지만 링컨 여사는 화를 누그러뜨리지 않고 지칠 때까지 난리를 피웠다. 그랜트 부인은 자신의 친구를 보호하려 계속 노력했고, 사람들은 모두 놀라 겁에 질렸다. 모든 소동이 가라앉은 뒤, 우리는 다시 시티 포인트로 돌아갔다.

그날 밤, 링컨 부부는 그랜트 부부와 참모들을 증기선으로 저녁 식사에 초대했다. 우리 모두가 있는 앞에서 영부인은 오드 장군을 험담하며 그를 해임하라고 대통령을 닦달했다. 오드 장군이 그 직책에 걸맞지 않으며, 그의 아내는 더더욱 그러하다고 말했다. 그랜트 장군은 옆자리에 앉아 용감하게 자신의 부하를 옹호했다. 물론 오드 장군은 해임되지 않았다.

대통령 일행의 방문 기간 내내 비슷한 일들이 벌어졌다. 링컨 여사는 다른 장교들이 있는 곳에서 그리핀 부인과 오드 부인 건으로 남편을 계속 공격했다. 나는 대통령과는 어떤 개인적 친분도 없었지만, 미국의 수장이, 그것도 전쟁이란 비극적 상황에 처해 있는 나라의 온갖 일을 돌봐야 하는 분이 말로 다할 수 없는 공공연한 굴욕을 당하는 것을 목격했을 때, 그야말로 커다란 모욕감과 고통을 느꼈다. 대통령은 예수가 그랬던 것처럼 꾹 참았다. 가슴에 사무치는 고통과 슬픔이 드러나는데도 최대한 침착하고 위엄 있게 처신했다. 그는 부인을 예전처럼 '마더(Mother)'라고 불렀다. 링컨 여사가 암호랑이처럼 달려들면 눈짓과 어조로 간청했고, 다른 이들을 비난하면 자신이 나서서 대신 변명하며 화를 누그러뜨리려고 노력했다. 그러고는 우리가 그 비참한 표정을 알아차리지 못하도록 고상하면서도 우울한 얼굴을 감춘 채 자리를 떠났다.

셔먼 장군은 그런 사건들을 몇 가지 목격하고는 자신의 회고록에 그에 관해 기록했다.

해군의 반즈 대령도 목격자이자 피해자였다. 반즈는 오드 부인이 말을 타고 가는 바람에 수모를 당했을 때 함께 동행했는데, 훗날 잘못이 오드 부인에게 있다는 링컨 여사의 견해에 결코 동의하지 않았다. 링컨 여사는 절대 그를 가만두지 않았다. 며칠 뒤 그는 공무로 대통령을 찾아가 대화를 나누었는데, 그 자리에 영부인과 다른 사람 몇 명이 같이 있었다. 링컨 여사는 다른 사람들도 다 들을 수 있는 자리에서 그를 불쾌하게 공격했다. 하지만 링컨은 가만히 있었다. 잠시 후 링컨은 그 젊은 장교에게 다가가 지도와 서류를 보여주겠다며 팔로 끌어 다른 방으로 데려갔다. 반즈가 내게 말하기를, 링컨은 방금 전 일어났던 일에 대해서는 아무런 언급도 없었다고 한다. 하지만 링컨은 상상할 수 있는 가장 세련되고 예의 있는 태도로 반즈 대령에게 유감과 존경을 표했다.

이 일이 일어나기 바로 직전에 스탠턴 부인이 시티 포인트를 방문했을 무렵, 나는 우연히 그녀에게 링컨 여사에 관한 질문을 했다.

대답은 '나는 링컨 여사를 찾아가지 않습니다'였다. 하지만 나는 잘못 들었을 거라고 생각했다. 육군 장관의 부인이 영부인을 방문하지 않을 리 없기 때문이다. 그래서 다시 물어보았다.

'모르시겠어요? 저는 백악관에 가지 않습니다. 그러니 링컨 여사를 찾아뵙지도 않습니다.' 나는 스탠턴 부인과 전혀 친하지 않았기 때문에 이 말은 꽤 의외였고, 절대 잊을 수 없었다. 하지만 후에 나는 부인의 그 말뜻을 이해했다.

링컨 여사는 그랜트 부인에게 계속 안 좋게 말했는데, 그랜트 부인이 화를 달래려고 하면 링컨 여사는 더욱 난폭해졌다. 한번은 그랜트 부인이 자신이 같이 있는 자리에서 앉아 있다며 이렇게 질책했다. '어떻게 내가 권하기도 전에 감히 앉아 있을 수 있죠?'"

그랜트 장군의 본부로 가는 리버 퀸 선상에서 링컨 여사와 동행한 엘리자베스 케클리는 '여자 대통령'께서 마련한 만찬에 관해 이렇게 전하고 있다.

"초대된 손님 가운데는 군의관으로 파견된 장교가 있었다. 링컨 부인 옆에 있던 그는 분위기를 띄울 심산으로 이렇게 말했다. '리치먼드로 개선하던 날, 대통령의 모습을 영부인께서 보셨어야 했습니다. 모든 사람들이 대통령을 주목했지요. 숙녀 분들이 대통령께 키스를 날리고, 손수건을 흔들며 환영했습니다. 각하는 아름다운 젊은 여성들에 둘러싸인 진정한 영웅이셨습니다.'

그런데 그 젊은 장교는 갑자기 당황한 기색으로 말을 멈추었다. 링컨 여사가 번쩍이는 눈빛으로 그를 쏘아보며, 그의 스스럼없는 태도가 매우 무례하다고 말했기 때문이다. 곧이어 더욱 곤혹스러운 상황이 이어졌다. 링컨 부인의 비위를 거스른 그 장교는 그 인상적인 밤을 결코 잊지 못할 것이다."

"내 평생 그녀보다 더 괴팍한 성격을 가진 여자를 본 적이 없습니다. 세상을 다 뒤져봐도 그런 여자는 찾을 수 없을 거예요." 케클리 부인이 말했다.

오노레 윌지 모로는 자신의 책 《메리 토드 링컨》에서 이렇게 적고 있다. "아무 미국인이나 붙잡고 '링컨 부인은 어떤 여자였나요?'라고 물으면, 99퍼센트는 그녀가 성질이 나쁘고 남편에게 재앙이었으며, 천박한 멍청이자 미친 여자라고 말할 것입니다." 링컨의 가장 큰 비극은 암살을 당한 게 아니라 바로 결혼이었다.

부스의 총을 맞았을 때, 링컨은 자신을 강타한 게 무엇인지 몰랐다. 하지만 그는 23년간을 매일 헌돈의 묘사대로 '불행한 결혼의 쓰라린 결과'를 고스란히 받아들이며 살았다. 바도 장군은 이렇게 말했다. "당파적 증오와 반란의 소용돌이 속에서, 고통의 몸부림 속에서… 십자가의 고행처럼… 가정의 불행으로부터 우슬초가 링컨의 입을 내리누르자, 그도 '아버지, 저들을 사랑하여주옵소서. 저들은 자기가 하는 것을 알지 못합니다'라고 말했다."

링컨이 대통령으로 지내던 시절, 그의 친구 중 가장 마음씨 따뜻한 사람은 일리노이 주 상원 의원인 오빌 H. 브라우닝이었다. 두 사람은 25년간 친하게 지내던 사이였다. 브라우닝은 백악관의 저녁 만찬 손님으로 자주 초대되었고, 때로는 그곳에서 밤을 보내기도 했다. 그는 일기를 상세히 쓰는 사람이었지만, 링컨 부인에 관한 내용은 그저 추측만 할 수 있을 뿐이었다. 왜냐하면 링컨 여사에게 누가 되는 내용을 발설하지 않겠다고 맹세하지 않으면, 누구라도 그 원고를 읽을 수 없게 했기 때문이다. 그 원고는 링컨 부인에 대한 충격적인 내용을 인쇄 전에 모두 삭제하는 조건으로 최근 출판사에 팔렸다.

백악관 공식 연회에서는 대통령이 영부인 말고 다른 여인을 선택해 무도회장으로 인도하는 게 관례였다. 하지만 아무리 관례이건 전통이건 상관없이 링컨 여사는 이를 허용하지 않으려 했다. 뭐? 다른 여자가 나보다 먼저 간다고? 그것도 대통령과 팔짱을 끼고? 절대 안 돼!

그래서 링컨 여사는 자기 마음대로 했고, 워싱턴 사교계는 혀를 찼다. 링컨 여사는 대통령이 다른 여자와 같이 걸어가는 것을 용납하지 않았을 뿐 아니라, 대통령을 빈틈없이 감시해 다른 여인과 말이라도 나누면 심하게 그를 비난했다.

공식 연회에 가기 전에 링컨은 질투가 많은 아내에게 자신이 말을 나누어도 좋은 상대가 누구인지 물어보곤 했다. 그녀는 이런저런 여자들을 거론하며, 이 여자는 이래서 싫고 저 여자는 이래서 얄밉다는 식으로 얘기했다. 그러면 링컨은 이의를 제기했다.

"하지만 여보, 나는 누군가와 대화를 나누어야 하오. 바보처럼 서서 주변의 아무와도 얘기를 안 하고 있을 순 없소. 내가 대화를 나누어도 좋을 상대를 말해주지 않겠다면, 내가 대화를 나누지 말아야 할 상대를 말해보시오."

그녀는 어떤 수를 써서라도 자신이 하고 싶은 대로 하길 원했다. 한번은 어느 장교를 진급시켜주지 않으면 사람들이 보는 앞에서 진흙에 드러누워 버리겠다고 링컨에게 위협하기도 했다.

또 한번은 링컨이 중요한 대담을 하고 있을 때, 집무실로 달려 들어와 말을 퍼부어 대기도 했다. 링컨은 그녀의 말에 아무런 대답도 하지 않고 있다가 조용히 자리에서 일어나 그녀를 방 밖으로 데리고 나갔다. 그리고는 돌아와 문을 잠근 다음, 아무런 일도 없었다는 듯이 하던 일을 계속했다.

링컨 부인은 심령술사의 상담을 받았는데, 그 심령술사는 링컨의 각료들이 모두 그녀의 적이라는 이야기를 했다. 놀라운 이야기는 아니었다. 그녀는 각료들 누구도 좋아하지 않았다.

그녀는 수어드를 매우 싫어해서 그를 '위선자' '노예제 폐지 밀고자'라고 불렀고, 그를 믿을 수 없다며 링컨에게 그와 어떤 일도 같이 하지 말라고 당부했다. 케클리 부인은 "체이스에 대한 링컨 여사의 반감은 굉장했다"라고 했다. 체이스를 그토록 싫어했던 이유 중 하나는 그의 딸 케이트 때문이었다. 그녀는 부자와 결혼했고, 워싱턴 사교계에서 가장 예쁘고 매력적인 여성 중 하나였다. 케이트가 백악관에서 열린 연회에 참석하면, 링컨 여사의 커다란 반감을 불러일으킬 정도로 주변 남자들의 이목을 끌고 단연 돋보이는 존재였을 것이다.

"다른 사람의 인기를 질투한 링컨 여사는 체이스의 딸이 아버지의 정치적 입지를 이용해서 자신의 사회적 지위를 얻는 것을 원치 않았다." 케클리 부인이 말했다. 링컨 여사는 흥분해서 화를 내며 체이스를 내각에서 쫓아내라고 링컨을 닦달했다.

그녀는 스탠턴도 혐오했다. 스탠턴이 자신을 비난하자, 링컨 여사는 스탠턴을 화를 잘 내고 불쾌한 사람으로 묘사한 책과 신문 기사를 모아서 그에게 보내는 것으로 응수했다.

이처럼 부인이 각료들을 비난할 때마다 링컨은 이렇게 말했다. "여보, 당신이 잘못 알고 있는 것이오. 당신은 적개심이 너무 심해서 이것저것 계속 따지고 드는구려. 내가 당신 말대로 한다면, 내각에 남아 있는 사람이 한 명도 없을 거요."

링컨 부인은 앤드류 존슨도 싫어했고, 매클렐런도 미워했다. 그랜트를 혐오해서 그를 '고집 센 멍청이에 잔인한 도살자'라고 불렀으며, 자신이 그보다 군대를 더 잘 지휘할 거라고 큰소리쳤다. 만약 그랜트가 대통령이 된다면, 그가 재임하는 동안은 이 나라를 떠나서 절대 돌아오지 않을 거라며 입버릇처럼 말했다.

"여보, 우리가 당신에게 지휘권을 맡긴다면 당신은 이전의 어떤 장군보다도 분명 잘해낼 거요." 링컨은 이렇게 말해주곤 했다.

리 장군이 항복한 후 그랜트 부부가 워싱턴에 왔다. 도시는 불빛으로 환히 빛났고, 사람들은 밤새 불을 피우고, 즐겁게 노래를 부르고, 술을 마셨다. 링컨 부인은 대통령과 함께 마차를 타고 "거리의 불빛들을 구경하러 가자"라며 그랜트 장군을 초대했다. 그러면서도 그의 부인은 초대하지 않았다.

며칠 뒤에는 연극 관람 파티를 준비해서 그랜트 부부와 스탠턴 부부를 대통령 특별석으로 초대했다. 초대장을 받자마자 스탠턴 부인은 그랜트 부인에게 달려가서 파티에 갈 건지 물어보았다.

"부인께서 초대에 응하지 않으시면 저도 거절하겠어요. 부인께서 참석하지 않으시면 저도 링컨 여사와 나란히 앉지 않겠습니다." 스탠턴 부인이 말했다.

그랜트 부인은 초대에 응하는 게 두려웠다. 그녀는 장군이 특별석에 들어서면 분명 청중들이 박수갈채를 보내며 '아포맷톡스의 영웅'을 환영할 것임을 짐작했다.

그러면 링컨 부인이 또 무슨 짓을 할 것인가? 그녀가 또다시 수치스럽고 창피한 상황을 만들지 모를 일이었다. 결국 그랜트 부인은 초청을 거절했다. 그래서 스탠턴 부인도 거절했다. 그 덕분에 그들은 결국 남편들의 목숨을 구할 수 있었다. 부스가 대통령 특별석에 몰래 들어와 링컨을 저격한 그날, 만약 그들이 함께 있었다면 부스는 그들도 함께 죽이려 했을 것이기 때문이다.

부스의 링컨 저격

1863년 버지니아 주 노예상들은 에이브러햄 링컨을 암살하기 위한 비밀 조직을 결성해서 자금을 댔다. 그리고 1864년 12월에는 앨라배마 주 셀마에서 발행되는 한 신문에 링컨 암살을 위한 기금 조성에 국민들이 참여해달라고 호소하는 광고를 실었다. 그 밖에 다른 남부 신문들은 링컨 암살에 현상금을 걸었다.

하지만 결국 링컨을 암살한 사람은 애국심이 열렬하거나 물질적인 동기에 움직인 사람이 아니었다. 존 윌크스 부스는 단지 유명해지고 싶어 링컨을 저격했다.

부스는 어떤 사람이었을까? 그는 배우였으며, 타고난 매력을 가진 사람이었다. 링컨의 비서들은 그를 '라트모스 산의 엔디미온(그리스 신화에 나오는 미소년―옮긴이)처럼 잘생기고 주변 사람들에게 사랑받는 인물'이라고 묘사했다. 부스의 전기를 쓴 프랜시스 윌슨은 "그는 세상에서 가장 많은 사랑을 받았던 사람

가운데 한 명이었다. (…) 그가 지나가면 길을 가던 여자들이 멈춘 채 황홀하게 쳐다보곤 했다"라고 기록했다.

스물세 살이 되었을 때 부스는 미남 배우로서의 자리를 잡았다. 로미오의 배역은 당연히 그가 맡았다. 그가 출연하는 곳마다 아름다운 여성들이 달콤한 말을 늘어놓은 편지를 들고 그에게 몰려들었다. 보스턴 공연에서는 그가 지나갈 때 잠시라도 그를 보기 위해 수많은 여인들이 트레몬트 하우스 앞의 거리로 모여들기도 했다. 어느 날 밤에는 질투심 많은 여배우 헨리에타 어빙이 호텔 방에서 그를 칼로 찌르고 자살을 기도하기도 했다. 부스가 링컨을 저격하고 난 다음 날에는 부스의 또 다른 애인이자 워싱턴 고급 유곽에서 일하던 엘라 터너가 자신의 연인이 살인자가 되어 도시를 탈출했다는 사실을 알고는, 너무나 괴로웠던 나머지 그의 사진을 껴안고 클로로포름을 마시고 목숨을 끊기도 했다.

하지만 이렇게 넘쳐나는 여인들의 사랑을 받은 부스는 행복했을까? 그렇지 않았다. 그의 성공은 오로지 뛰어난 안목을 갖추지 못한 순박한 관객들 사이에 국한되어 있었고, 그는 대도시 중심가에서 박수갈채를 받고 싶은 욕망에 불타고 있었다.

뉴욕의 비평가들은 그를 좋아하지 않았으며, 필라델피아에서는 야유를 받으며 무대에서 쫓겨나기도 했다. 부스의 다른 가족들은 무대에서 널리 알려진 인물들이어서 부스는 더욱 속이 상했다. 그의 아버지 주니어스 브루투스 부스는 거의 30년 가까이 일류 연극배우로 활동했다. 그가 연출한 셰익스피어 연극은 전국적인 화젯거리였다. 미국 연극 역사상 그토록 인기를 누린 사람은 없었다. 그래서 부스의 아버지는 자신이 아끼는 아들 존 윌크스가 부스 가문의 위대한 인물이 되어야 한다고 교육시켰다.

하지만 존 윌크스 부스는 재능이 거의 없었고, 그나마 갖고 있는 하찮은 재능조차 제대로 활용하지 못하고 있었다. 그는 잘생겼지만, 버릇이 없고, 게을러서 공부를 열심히 하지 않았다. 대신 말을 타고 메릴랜드 농장의 숲 속을 달리면서 나무와 다람쥐에게 말을 걸고, 멕시코 전쟁에서 쓰던 녹슨 창을 허공에 찔러대기나 하며 젊은 시절을 허송했다.

아버지인 주니어스 브루투스 부스는 가족의 식탁에 고기가 올라오는 것을 절대 용납하지 않았으며, 자식들에게 살아 있는 것은 방울뱀이라도 죽여서는 안 된다고 가르쳤다. 하지만 존 윌크스 부스는 아무래도 아버지의 철학을 진지하게 받아들이지 않았던 것 같다. 그는 총으로 사냥하고 동물을 죽이는 것을 좋아했기 때문이다. 그는 총으로 노예들이 기르던 고양이나 사냥개를 심심풀이로 쏘았으며, 한번은 이웃의 돼지를 죽이기도 했다.

후에 그는 체사피그 만에서 굴 양식장을 터는 해적이 되었다가 배우의 길로 들어섰다. 스물여섯 살이 된 그는 감상적인 소녀들의 우상이 되었지만, 자신이 보기에는 실패자에 불과했다. 게다가 자신이 그토록 갈망했던 명성을 형 에드윈이 차지하는 모습을 보고는 큰 질투심에 사로잡혔다.

그는 오랫동안 고민하다가 하루아침에 영원히 유명해지는 길을 택한다. 그는 처음에 이런 계획을 생각했다. 어느 날 밤, 극장으로 가는 링컨을 쫓아간다. 그러고는 공모자가 가스등을 끄면 자신은 대통령 특별석으로 뛰어 들어가 그를 밧줄로 묶고 무대 뒤로 던진다. 그런 다음 뒤쪽 비상구로 그를 밀어넣고 마차에 실은 다음, 어둠 속을 미친 듯이 질주한다. 열심히 달리면 날이 밝기 전에 아직 잠들어 있는 토바코 항이란 옛 마을에 도착할 것이다. 포토맥 항구를 배로 건넌 후, 버지니아 주를 가로지르면서 달려 리치먼드에 있는 남부 연합 보병군 후방에 그를 넘겨준다.

그러고는?

음, 그다음에는 남군이 조건을 발표하며 곧 전쟁을 끝낼 수 있을 것이다.

그런데 이 대단한 업적의 명예는 누구에게 돌아가게 될까? 눈부신 천재인 존 윌크스 부스에게 돌아갈 것이다. 그는 지금보다 두 배, 아니 형 에드윈보다 100배는 더 유명해질 것이다. 그는 역사적으로 윌리엄 텔 같은 영예를 누릴 것이다. 이게 그의 꿈이었다.

당시 그는 극장에서 1년에 2만 달러를 벌고 있었지만, 그것조차 모두 포기했다. 그에게 돈은 별 의미가 없었다. 물질적인 것보다 훨씬 중요한 뭔가를 하고 있었기 때문이다. 그래서 저축해 두었던 돈을 남부 연합 단체에 기부하고, 북부 연방에 반대하며 볼티모어와 워싱턴 주변을 배회하는 남부의 공모자들을 물색했다. 부스는 공모자들에게 자신은 부유하고 유명해질 거라고 자신했다. 그런데 그들은 얼마나 다양한 군상이었던지! 그들 중 스팽글러는 술고래인 무대 담당자이자 꽃게잡이 배의 어부였고, 못 배운 건물 페인트공 아트제로트는 머리와 구레나룻을 기르는 거칠고 고약한 성격의 밀항자였다. 게으른 농장 노동자인 아놀드는 남군에서 탈영한 자였고, 마차 대여점에서 일하는 오로린에게서는 말 냄새와 위스키 냄새가 진동했다. 서랫은 거들먹거리며 걷는 멍청이 사무원이었으며, 거대한 몸집에 눈빛이 험악한 빈털터리인 파월은 침례교 전도사의 반쯤 미친 아들이었다. 어리석은데다 낄낄거리며 빈둥대는 게으름뱅이 헤럴드는 마구간 근처를 어슬렁거리며, 말과 여자에 대해 수다나 떨면서 과부 어머니와 일곱 누이들이 집어주는 푼돈으로 살아갔다.

부스는 이 수준 낮은 조연들과 함께 자기 인생의 가장 위대한 역을 맡을 준비를 하고 있었다. 그는 상세하게 계획을 짜는 데 시간과 돈을 아끼지 않았다. 수갑을 구입하고, 적절한 지점에서 바꿔 탈 빠른 말들을 준비했으며, 보트를 세 척 사서 토바코 항에 대기시켜두었고, 그들을 즉시 싣고 갈 수 있는 노와 뱃사공을 함께 준비해두었다.

드디어 1865년 1월, 그는 결정적인 순간이 왔다고 생각했다. 링컨이 1월 18일에 에드윈 포레스트가 공연하는 〈잭 케이드〉를 보러 포드 극장에 가기로 되어 있었다. 그 소문은 도시에 쫙 퍼졌고, 부스도 그 소식을 들었다. 그래서 그날 밤 밧줄을 챙겨 들고 기대에 부풀어 극장으로 갔다. 그렇다면 무슨 일이 벌어졌을까? 아무 일도 일어나지 않았다. 링컨이 나타나지 않았기 때문이다.

두 달 후, 링컨이 오후에 마차를 타고 병사들의 야영지에서 있을 연극 공연에 참석하기 위해 도시를 벗어날 것이라는 소문이

들려왔다. 그래서 부스와 그의 패거리들은 사냥칼과 총으로 무장을 하고 말을 탄 채 대통령이 지나가게 될 길 옆의 숲 속에 숨어 있었다. 하지만 그곳을 지나던 백악관 마차에는 대통령이 타고 있지 않았다.

또다시 실패하자, 부스는 화가 나서 욕을 하고 자신의 까만 콧수염을 잡아당기며 승마 채찍으로 자신의 부츠를 후려쳤다. 이제 헛수고는 충분했다. 더 이상 좌절하지 않겠다고 다짐했다. 만약 링컨을 납치하지 못한다면 그를 죽이고 말겠다고 결심했다.

몇 주 뒤, 리가 항복하면서 전쟁이 끝났다. 부스는 이제 링컨을 납치하는 건 더 이상 아무런 소용이 없다고 생각하고는 당장 암살하기로 했다. 부스는 오래 기다릴 필요가 없었다. 그 주 금요일에 머리를 손질하고 자신에게 온 편지를 찾기 위해 포드 극장에 갔다. 그런데 그곳에서 그날 밤 대통령을 위해 특등석이 예약되어 있음을 알게 되었다.

"뭐!" 부스가 소리쳤다. "그 늙은 악당이 오늘 밤 여기에 온다고?"

무대 담당자들은 왼쪽 좌석 공간에 레이스 장식을 밑에 깔고, 그 위에 깃발을 덮은 뒤 워싱턴 초상화로 장식했다. 그리고 칸막이를 치워 공간을 두 배로 넓힌 뒤, 진홍색 종이를 안에 붙이고 대통령이 긴 다리를 충분히 쉴 수 있도록 커다란 호두나무 흔들의자를 갖다 놓는 등 특별한 준비를 하고 있었다.

부스는 무대 담당자를 매수해서 자신이 원하는 위치에 그 흔들의자를 놓도록 했다. 그는 자신이 들어오는 것을 아무도 볼 수 없도록 관객석에서 가장 가까운 쪽 귀퉁이에 흔들의자를 놓아두게 했다. 또 흔들의자 바로 뒤에 있는 문에 특별석 내부를 들여다볼 수 있도록 작은 구멍을 뚫었다. 그러고 나서 대통령이 앉을 특등석에서 옆의 특별석으로 통하는 문 뒤의 회반죽에다 V자 표시를 해두었다. 나중에 그 문을 널빤지로 막을 계획이었다. 그러고는 자신의 호텔로 돌아가 〈내셔널 인텔리전서〉 편집장에게 긴 편지를 썼다. 그는 자신의 계획적인 암살을 애국심으로 정당화하고, 후세가 자신을 존경하게 될 것이라고 주장했다. 그는 편지에 서명을 한 뒤 어느 배우에게 전해주면서, 다음 날 그 편지가 발표될 수 있게 해달라고 부탁했다.

그러고는 말을 빌려주는 곳으로 가서 '고양이처럼' 달릴 수 있다고 자랑하는 작은 밤색 암말을 빌리고, 공모자들을 불러모아 그들도 말을 타고 준비하도록 했다. 아트제로트에게는 총을 주면서 부통령을 쏘라고 했고, 파월에게는 권총과 칼을 주면서 수어드를 살해하라고 지시했다.

그날은 성금요일(그리스도의 십자가 위에서의 죽음을 기념하는 날―옮긴이)이어서 극장으로서는 1년 중 가장 흥행이 안 되는 날이었지만, 도심은 군 최고사령관을 보려는 장교와 사병들로 가득했고, 종전을 축하하는 사람들의 기쁨과 환희로 넘쳐나고 있었다.

백악관으로 통하는 길에는 여전히 개선문이 놓여 있었고, 거리는 춤추는 횃불의 행진이 이어졌다. 그날 밤, 극장 앞에 대통령이 마차를 타고 도착하자 사람들은 환호성을 질렀다. 극장은 이미 좌석이 다 차서 수백 명이 안으로 들어가지도 못하고 그냥 발걸음을 돌려야 했다.

대통령 일행은 1막의 중간쯤 입장했다. 정확히 9시 20분이었다. 배우들은 연극을 잠시 멈추고 인사했다. 잘 차려입은 관객들이 큰 소리로 환영했다. 오케스트라는 〈대통령 찬가〉를 웅장하게 연주했다. 링컨은 답례를 한 뒤, 외투 자락을 뒤로 젖히고 붉은 천을 씌운 호두나무 흔들의자에 앉았다.

링컨 여사의 오른쪽으로는 그녀의 손님들이 앉았다. 헌병 사령관실의 래스본 소령과 그의 약혼녀이자 뉴욕 주 상원 의원인 아이라 해리스의 딸 클라라 H. 해리스 양이었다. 워싱턴 사교계에서도 유명한 명문가 인물인 그들은 켄터키 출신의 백악관 안주인의 기준에 부합하는 인물들이었다.

로라 킨의 마지막 작품인 유명한 희극 〈우리 미국인 사촌〉이 공연되고 있었다. 흥겹고 즐거운 무대였다. 활기 넘치는 웃음이 객석의 앞뒤로 파도처럼 일렁였다.

링컨은 그날 오후 아내와 오랫동안 드라이브를 했다. 후에 그녀는 오랜 세월 그날만큼 링컨이 행복해 보인 적이 없었다고 말했다. 왜 그는 행복했을까? 평화, 승리, 연방, 자유를 얻었기 때문이었을까? 그날 오후, 링컨은 자신의 두 번째 임기가 끝나서 백악관을 떠나게 되면 어떤 일을 하고 싶은지 아내에게 말해주었다. 우선 유럽이나 캘리포니아에서 한참 휴식을 취하고 돌아와 시카고에 법률사무소를 내거나, 스프링필드로 돌아가 자신이 가장 좋아하는 일인 말을 타고 순회 재판을 따라다니며 여생을 보내고 싶다고 했다. 그리고 같은 날 오후, 일리노이에서 알고 지냈던 오랜 친구들이 백악관에 찾아와 농담을 나누며 즐겁게 시간을 보냈다. 어찌나 즐거웠던지 링컨 여사가 그를 저녁 식탁으로 데려가기 어려울 정도였다.

전날 밤, 링컨은 이상한 꿈을 꾸었다. 그는 아침에 각료들에게 그 꿈에 대해 이야기했다. "특이해서 말로 표현하기 어려운 어떤 배에 제가 타고 있었던 것 같습니다. 그 배는 어둡고, 뭐라 표현할 수 없는 해안을 향해 아주 빠르게 나아가고 있었습니다. 예전에도 저는 좋은 일이 있거나 승리를 거두는 날이면 이런 이상한 꿈을 꾸곤 했지요. 앤티텀 전투, 스톤 강 전투, 게티즈버그 전투, 빅스버그 전투를 앞두고 이런 꿈을 꾸었습니다."

그는 이 꿈이 좋은 징조여서 곧 좋은 일이 생길 거라고 믿었다.

10시 10분, 위스키를 마셔서 얼굴이 불그스레해진 부스가 검은 승마용 바지를 입고 박차가 달린 부츠를 신고 자신의 생애 마지막으로 극장에 들어섰다. 그리고 대통령의 위치를 살폈다. 그는 검은색 챙이 늘어진 소프트 모자를 손에 쥐고 특등석으로 연결된 계단을 올라갔다. 그리고 의자가 가득 놓여 있는 통로를 서서히 내려가 특등석으로 연결된 복도에 다다랐다.

대통령 경호원 한 명이 그를 정지시켰지만, 부스는 자신감 넘치는 태도로 자신의 명함을 건네며 대통령께서 자신을 보고 싶어 한다고 대담하게 말했다. 그러고는 허락이 떨어지기도 전에 안으로 밀고 들어가서는, 문을 닫고 악보대로 쓰는 나무 막대를 받쳐 문을 막았다.

그는 대통령 뒤에 있는 문에 이르자, 앞서 송곳으로 뚫어놓았던 구멍을 통해 안을 들여다보고 거리를 가늠한 뒤 조용히 문을 열었다. 그리고 희생자의 머리 가까이에 자신의 대구경 데린저 권총을 대고 방아쇠를 당겼다. 그러고는 곧바로 아래쪽 무대로 뛰어내렸다.

링컨이 머리를 앞으로 떨어뜨러더니 의자와 함께 옆으로 쓰러졌다.

그는 아무런 소리도 내지 않았다.

잠시 동안 관객들은 그 총성과 무대로의 뜀박질이 연극의 일부라 생각했고, 어느 누구도, 심지어 배우들조차도 대통령이 피격당했으리란 생각을 하지 못했다.

이윽고 어느 부인의 날카로운 비명 소리가 극장 안에 퍼졌고, 모든 시선이 휘장이 드리워진 특등석으로 쏠렸다. 한쪽 팔에서 피를 흘리며 래스본 소령이 외쳤다. "저놈 잡아라! 저놈 잡아라! 저놈이 대통령을 죽였다!"

순간 사방이 쥐 죽은 듯이 조용해졌다. 대통령이 있던 특등석에서는 한 줄기 연기가 피어오르는 모습이 보였다. 이내 적막이 깨졌다. 관객들이 공포와 흥분에 휩싸였다. 사람들은 자리를 박차고 일어나 의자를 비틀어 바닥에서 떼어내려 했고, 난간을 부쉈으며, 무대에 기어오르려 했고, 서로 붙잡고 넘어졌다. 노약자들은 짓밟혔고, 서로 밀리면서 뼈가 부러졌다. 여자들은 비명을 지르며 기절했고, 고통에 찬 비명 속에 격렬한 외침이 뒤섞였다. "저놈을 목매달아라! (…) 저놈을 쏴라! (…) 극장을 불태워라!"

어떤 사람은 극장 자체를 폭파해버려야 한다고 소리쳤다. 공포에 짓눌려 분노가 두 배, 세 배로 커졌다. 흥분한 군인들이 극장으로 달려 들어와 관객들에게 장전된 총을 겨누고 총검을 휘두르며 외쳤다. "여기서 나가! 젠장, 나가라고!"

관객 중 의사들이 와서 대통령의 총상을 살펴보았다. 그들은 부상이 치명적인 것을 보고는, 죽어가는 사람을 자갈길에서 덜컹거리며 백악관으로 보내서는 안 된다고 했다. 그래서 네 명의 군인이 나서서, 둘은 어깨를 잡고 다른 두 사람은 다리를 든채 길게 축 늘어진 대통령을 극장 밖으로 옮겼는데, 그의 몸에서 흘러나온 피가 길을 흥건하게 적셨다. 병사들이 무릎을 꿇고 손수건으로 상처를 눌렀다. 그들은 평생 그 손수건을 소중히 여기다가 자식에게 귀중한 유산으로 남겨주었을 것이다.

말들이 흥분해 뒷발로 서는 가운데 기병대가 번쩍이는 칼로 길을 터주었다. 충성스런 손길들이 총에 맞은 대통령을 건너편 재봉사 소유의 싸구려 하숙집으로 옮겼다. 링컨의 키에 비해 침대가 너무 작았던지라 그의 축 늘어진 몸을 사선으로 눕힌 뒤, 희미하게 깜빡이는 노란 가스등 아래쪽으로 침대를 옮겼다.

그 방은 가로세로가 각각 3미터와 5미터가량 되는 곳으로, 침대 위에는 로사 보뇌르의 그림 〈마시장〉의 싸구려 복제품이 걸려 있었다.

이 비극적인 소식은 태풍처럼 워싱턴을 휩쓸었고, 태풍이 지나간 자리에 또 다른 충격이 밀려왔다. 링컨이 공격받은 거의 같은 시간에 수어드 장관이 침상에서 칼에 찔려 살아날 가능성이 거의 없는 상태가 되었다. 이처럼 침울한 소식이 연이어 이어지면서 흉흉한 소문이 꼬리에 꼬리를 물며 급속도로 확산되었다. 존슨 부통령이 살해되었고, 스탠턴은 암살당했으며, 그랜트는 총에 맞았다는 터무니없는 소문이 급속도로 퍼졌다.

사람들은 이제 리 장군의 항복이 계략이었다고 확신했다. 남부 연합 지지자들이 반역을 일으켜 워싱턴에 몰래 잠입해 정부를 무너뜨리고 있으며, 남부의 군인들이 재무장을 하고 전보다 더 잔인한 전쟁을 다시 일으킬 것이라는 소문이 돌았다.

비밀스런 전령들이 포장도로를 두 번 짧게 두드리는 신호를 세 차례씩 반복하며 주거지역을 재빨리 돌아다녔는데, 이는 북부 연맹 비밀 결사대의 비상소집 신호였다. 호출 명령을 받은 결사대원들은 각자 총을 들고 미친 듯이 거리로 달려 나왔다. 도시 전체에 횃불과 밧줄을 든 군중들의 함성이 가득했다.

"극장을 불 질러버려라!" "배신자를 목매달아라!" "반역자를 죽여라!"

그날 밤은 미국 역사상 가장 심한 광란의 밤 가운데 하나였다!

비극적인 소식은 전보를 타고 순식간에 퍼졌고, 온 국민은 몹시 흥분했다. 남부 연합에 동조하거나 지지하는 북부 사람들을 끌고 나와 온몸에 타르 칠을 하고 깃털을 붙이는 린치를 가했다. 돌에 맞아 두개골이 부서지는 사람도 있었다. 볼티모어에 있는 사진관들은 부스의 사진을 갖고 있었다는 이유로 습격을 당해 파괴되기도 했다. 메릴랜드의 어느 편집인은 링컨을 조금 상스럽게 묘사하는 글을 게재했다가 저격당했다.

대통령은 죽어가고 있었고, 부통령 존슨은 만취한 채 침대에 곯아떨어져 있었다. 그의 머리는 진흙 범벅으로 헝클어져 있었다. 수어드 국무 장관은 칼에 찔려서 사경을 헤매고 있었기에, 퉁명스럽고 변덕스러우며 사나운 육군 장관인 에드워드 스탠턴이 즉시 권력을 통제했다.

스탠턴은 정부의 고위 관리들이 모두 살육의 표적이 되었다고 생각해 매우 흥분했다. 그는 죽어가는 대통령 곁에 앉아서 자신의 실크 모자 위에 급히 여러 가지 명령문을 휘갈겨 써 내려갔다. 그는 자신과 동료들의 집에 경호원을 급파했다. 포드 극장을 몰수하고, 그곳과 관계있는 사람들을 모조리 체포했다. 워싱턴에 계엄을 선포하고, 컬럼비아 특별구의 모든 군대 및 경찰력을 동원했으며, 주변 야영지와 막사와 요새에 있는 사병들, 비밀 정보부 요원들, 군사 재판국 소속 정보원들을 소집했다. 도시 전체에는 15미터마다 경계병을 배치했고, 모든 나루터에 보초를 세웠으며, 예인선과 증기선, 전함들을 동원해 포토맥 강을 순찰하게 했다.

스탠턴은 뉴욕 경찰서장에게 전보를 쳐서 최고의 형사들을 즉시 보내라고 했고, 캐나다 국경을 잘 감시하라고 명령했다. 볼티모어와 오하이오 철도국장에게는 필라델피아에 있는 그랜트 장군을 찾아내어 특별 기관차를 붙인 기차에 태워 즉시 워싱턴으로 돌려보내라고 지시했다.

그는 메릴랜드 남부에 보병 여단을 급파하고, 1000명의 기병대를 보내 암살자를 쫓도록 했다. 그는 이런 말을 반복했다.

"그놈은 남쪽으로 갈 것이다. 도시 아래쪽에서부터 포토맥까지 잘 지켜라."

부스가 쏜 총알은 링컨의 왼쪽 귀 밑으로 뚫고 들어가서 뇌를 비스듬히 파고들어 오른쪽 눈에서 1.2센티미터가량 안쪽에 박혔다. 몸이 약한 사람이라면 그 자리에서 숨졌겠지만, 링컨은 큰 고통 속에서 아홉 시간을 더 살아 있었다.

링컨 여사는 옆방에 있었다. 그녀는 계속 남편 곁으로 보내달라고 울부짖었다. "오, 하나님, 제가 남편을 죽게 한 건가요?"

한번은 그녀가 링컨의 얼굴을 쓰다듬으며 자신의 눈물 젖은 볼을 갖다 대자, 그가 갑자기 신음 소리를 내며 전보다 더 크게 숨을 내쉬었다. 이에 놀란 링컨 부인이 커다란 비명을 지르며 뒤로 자빠져 정신을 잃었다. 그녀가 소란 피우는 소리를 들은 스탠턴은 급히 방으로 들어와 소리쳤다. "부인을 모시고 나가도록. 다시는 이곳에 모셔오지 말게."

오전 7시가 지나자, 링컨의 신음이 멈추고 숨소리도 사라졌다. 그 자리에 있던 비서 중 한 명은 이렇게 적었다. "말로는 형용할 수 없는 평화로움이 그의 지친 얼굴에 깃들었다."

때로 사람이 죽기 직전에는 예전에 미처 인식하지 못했던 것들이 의식 깊은 곳에서부터 섬광이 번쩍이듯 떠오르곤 한다. 평화로운 마지막 순간에, 링컨의 마음 깊숙한 곳에 숨어 있던 지난날의 행복했던 기억의 파편들이 어두운 동굴을 지나 밝게 떠올랐을 것이다. 아주 오래전에 사라져버린 모습들 말이다. 밤에 인디애나 버크혼 계곡의 빈 오두막 앞에서 타오르던 장작불, 뉴세일럼의 물레방아용 둑을 넘어 포효하는 생거먼 강의 모습, 물레에서 노래하는 앤 러틀리지, 옥수수를 달라고 울어대던 올드 벅, 말더듬이 판사 이야기를 하던 올랜도 켈로그, 벽에는 잉크 얼룩이 묻어 있고 책장 위에는 씨앗이 싹을 틔우고 있던 스프링필드의 변호사 사무실 등등….

그가 죽음과 싸우는 긴 시간 동안 군의관 릴 박사가 그의 손을 잡고 침대 곁에 앉아 있었다. 7시 22분, 의사는 맥박이 없는 링컨의 팔을 접어 포갰고, 그의 눈을 감긴 다음 그 위에 50센트 은화를 올려놓았으며, 손수건으로 그의 턱을 묶어주었다. 목사가 와서 기도를 했다. 차가운 비가 후드득 지붕 위로 떨어졌다. 반즈 장군이 죽은 대통령의 얼굴에 천을 덮었다. 스탠턴은 새벽녘 빛을 가리기 위해 블라인드를 쳤다. 그리고 그날 밤 유일하게 기억에 남는 말을 남겼다. "이제 그는 역사가 되었다."

다음 날, 어린 아들 테드가 백악관에 찾아온 손님에게 아빠가 천국에 계시냐고 물었다.

"아무렴. 그렇고말고." 방문객이 대답했다.

"그렇다면 아빠가 돌아가셔서 기뻐요." 테드가 말했다. "아빠는 이곳에 온 후 행복하지 않았거든요. 아빠에게는 이곳이 좋은 곳이 아니었어요."

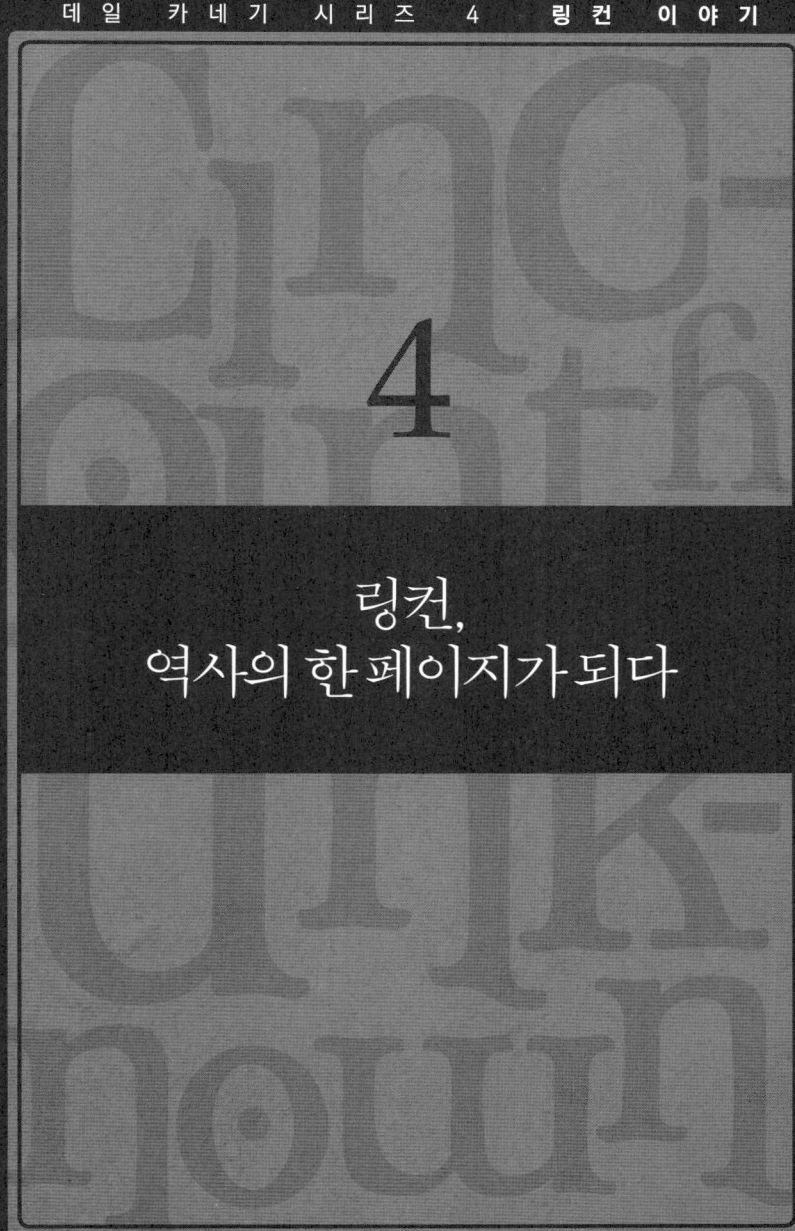

4

링컨,
역사의 한 페이지가 되다

Lincoln

The unknown

링컨의 죽음을 애도하는
국민들의 물결

링컨의 시신을 싣고 일리노이 주로 돌아가는 장의 열차가 수많은 인파 사이를 천천히 지나갔다. 열차에는 검은 크레이프 상장(喪章)이 덮여 있었는데, 엔진에는 마치 장의용 마차의 말처럼 은빛 별로 수놓은 커다란 검정 덮개가 덮여 있었다.

열차가 증기를 뿜어내며 북쪽으로 향하자 사람들이 선로 옆으로 늘어서기 시작했는데, 인파가 늘어날수록 슬픔도 더 커져 갔다.

열차가 필라델피아 역에 도착하기 몇 킬로미터 전부터 선로 주변에는 인간 장벽이 죽 늘어섰다. 기차가 그들 사이로 천천히 들어오자, 수많은 사람들이 서로 밀치며 거리를 가득 메웠다. 애도 인파가 독립기념관에서부터 5킬로미터 넘게 늘어서 있었다. 사람들은 링컨의 얼굴을 마지막으로 단 1초라도 보려고 10시간씩이나 기다리며 조금씩 앞으로 나아갔다. 토요일 자정이 되어 각 가정의 문은 닫혔지만, 애도 인파는 돌아가지 않고 그날 밤새 자리를 지켰다. 일요일 새벽 3시가 되자, 인파는 오히려 더 늘어나서 자기 자리를 10달러에 파는 아이들도 있을 정도였다.

군인과 기마경찰들이 사람들 사이로 길을 만들려 애를 썼고, 수백 명의 여성들은 졸도했다. 게티즈버그에 참전했던 퇴역군인들이 질서를 유지하기 위해 노력했지만 역부족이었다. 장례식이 거행될 예정인 뉴욕에는 식이 진행되기 24시간 전부터 기차들이 밤낮으로 엄청난 군중을 실어 날라 인파가 엄청났다. 호텔은 초만원이었고, 민가에도 사람들이 넘쳐났으며, 공원이나 증기선 부두에도 사람들로 가득했다.

다음 날, 흑인들이 16필의 백마가 끄는 영구 마차를 몰고 브로드웨이로 향했다. 여자들은 매우 슬퍼하며 영구 마차가 가는 길에 꽃을 뿌렸다. 영구 마차를 따르는 행렬은 계속 이어졌다. 16만 명에 달하는 애도 인파들은 다음과 같은 인용 문구가 적힌 깃발을 들고 있었다. "아! 안됐구나. 이아고여, 참으로 안됐도다."(셰익스피어의 작품인 《오델로》에 나오는 대사―옮긴이) (…) "너희는 가만히 있어 내가 하나님 됨을 알지어다."(시편 46편 10절)

50만 명의 사람들이 서로 다투고 밀치면서 그 긴 행렬을 구경했다. 브로드웨이로 난 2층 창문 하나를 40달러에 빌려주는가 하면, 더 많은 사람들이 고개를 내밀고 볼 수 있도록 창유리를 떼어내기도 했다. 하얀 예복을 입은 성가대가 길모퉁이에서 찬송가를 불렀고, 악단은 만가를 연주하며 행진했다. 60초 간격으로 100발의 대포가 도시에 울려 퍼졌다.

군중은 뉴욕 시청에 안치된 관 옆에서 흐느껴 울었다. 많은 사람이 고인에게 말을 걸었고, 얼굴을 만지려 하기도 했으며, 어떤 여인은 경비원의 눈을 피해 몸을 숙여 시신에 입을 맞추기도 했다.

화요일 정오, 뉴욕에서 관이 닫히자 유해를 미처 보지 못한 수많은 사람들은 급히 열차에 올라타 장의 열차의 다음 행선지를 향해 서쪽으로 가야 했다. 그때부터 스프링필드에 도착할 때까지 장의 열차는 종소리나 대포 소리를 울리지 않았다. 낮에는 상록수와 꽃으로 장식된 아치 밑을 통과했고, 아이들이 온통 몰려나와 깃발을 흔들어대는 산허리를 지났으며, 밤에는 수많은 횃불과 모닥불이 대륙 절반에 이르는 거리를 환하게 밝혀주는 길을 지났다.

온 나라가 흥분에 싸여 있었다. 역사상 이토록 많은 사람들이 지켜본 장례는 없었다. 심약한 사람들은 정신적 압박감을 견디지 못했다. 뉴욕의 어떤 젊은이는 면도날로 자신의 목을 그으며 "나도 에이브러햄 링컨을 따라가겠다"라고 소리쳤다.

암살 후 48시간이 지났을 무렵, 스프링필드의 한 의원이 워싱턴에 있는 링컨 여사를 급히 찾아가 그를 고향에 묻게 해달라고 간청했다. 처음에 그녀는 완강하게 거절했다. 스프링필드에는 그녀의 친구가 거의 남아 있지 않다는 사실을 잘 알고 있었다. 사실 그곳에는 그녀의 세 자매가 살고 있었지만, 그녀는 자매 중 둘은 몹시 싫어했고 다른 한 사람은 경멸했다. 또한 소문이나 퍼뜨리는 마을 사람들도 아주 싫어했다.

"오, 하나님! 엘리자베스." 그녀가 흑인 양재사에게 말했다. "나는 절대 스프링필드에 돌아가지 않을 거야."

그래서 그녀는 링컨을 시카고에 매장하거나 원래 조지 워싱턴을 위해 만들어진 무덤이 있는 국회의사당의 돔 아래에 안치하려 했다. 하지만 그 의원이 일주일간 계속 간청하자, 그녀는 시신을 스프링필드로 보내는 데 동의했다. 스프링필드에서는 모금 운동을 벌였고, 지금은 주 의사당이 있는 네 개 구역에 걸친 아름다운 택지를 구입한 뒤 인부를 동원해 밤낮으로 땅을 팠다.

마침내 5월 4일 아침, 장의 열차가 마을로 들어왔다. 묘지는 준비가 되었고, 수많은 링컨의 옛 친구가 장례식을 위해 모였다. 그때 갑자기 링컨 부인이 변덕을 부리며 화를 버럭 내더니, 모든 계획을 취소하고 무덤이 준비된 곳에서 약 3킬로미터 떨어진 숲 속의 오크리지 묘지에 매장하라고 명령했다.

사람들은 그녀의 주장에 따르지 않을 수 없었다. 그녀의 고집대로 따르지 않으면, 그녀는 '폭력적인' 수단을 이용해 유해를 워싱턴으로 다시 옮기겠다고 위협할 게 분명했다. 도대체 그녀는 왜 그랬을까? 다소 불쾌한 이유 때문이었다. 스프링필드 한가운데 마련된 그 묘지 자리는 '마서 블록'으로 알려진 곳에 있었는데, 링컨 여사는 마서 집안을 경멸하고 있었다. 수년 전 마서 집안의 한 사람이 그녀를 매우 화나게 만든 적이 있었는데, 자중하며 장례를 치러야 하는 그 순간에도 그녀는 지난날의 분노를 참지 못했던 것이다. 마서 가문에 의해 더렵혀진 땅에 링컨의 시신을 단 하루도 놓지 못하겠다고 반대한 것이다.

이 여인은 23년의 세월을 '누구도 미워하지 않고 만인을 사랑했던' 남편과 한 지붕 아래 살아왔다. 하지만 그녀는 프랑스의 부르봉 왕조의 왕들처럼 아무것도 배우지 않았고, 어떤 것도 잊지 않았던 것이다.

스프링필드는 이 미망인의 명령에 따라야만 했다. 그래서 링컨의 유해는 11시에 오크리지 묘지에 있는 공립 지하 묘소로 옮겨졌다. 늠름한 조 후커가 옆에서 영구 마차를 이끌었다. 그 뒤로는 '에이브의 오랜 말'이라는 글귀가 새겨진 빨강, 하양, 검정 담요들로 덮인 올드 벅이 따라갔다.

올드 벅이 마구간으로 돌아갈 무렵에는 그 담요들이 하나도 남아 있지 않았다. 기념될 물건을 노린 이들이 전부 벗겨갔기 때문이다. 그들은 군인들이 총검을 들고 저지할 때까지 대머리 독수리들처럼 빈 영구 마차로 달려들어 서로 다투며 휘장을 떼어가려 했다.

링컨이 암살되고 난 뒤 5주 동안, 링컨 여사는 백악관에 누워 하루 종일 흐느끼며 밖으로 나오려 하지 않았다. 줄곧 그녀 곁에 있었던 엘리자베스 케클리는 이렇게 기록했다.

"나는 그 광경을 결코 잊지 못할 것이다. 비탄에 빠진 통곡 소리, 소름 끼치는 비명, 끔찍한 경련, 영혼에서부터 터져나오는 슬픔의 사납고 거친 폭발. 나는 링컨 여사의 머리를 찬물로 씻겨주며 최선을 다해서 그 무서운 폭풍을 진정시켜보려고 애썼다. 아버지의 죽음을 맞이한 테드의 슬픔도 어머니의 슬픔만 큰 컸다. 하지만 어머니가 무시무시하게 슬픔을 폭발시키는 광경에 아이는 두려워하며 조용히 있었다.

밤에 테드는 엄마의 흐느끼는 소리를 듣고 일어나서 잠옷 차림으로 엄마의 방에 가서 말하곤 했다. '엄마, 울지 마세요. 엄마가 울면 제가 잘 수가 없어요! 아빠는 좋은 분이셨으니까 천국으로 가셨어요. 아빠는 그곳에서 행복하실 거예요. 아빠는 하나님이랑 형 윌리와 함께 있을 거예요. 울지 마세요. 엄마가 울면 저도 울 거예요.'"

저격범 부스의 최후

부스가 링컨을 저격한 순간, 대통령 옆자리에 앉아 있던 래스본 소령이 자리를 박차고 일어나 그 암살자를 움켜잡았다. 하지만 소령은 그를 붙잡아 둘 수 없었다. 부스가 필사적으로 칼을 휘둘러 소령의 팔에 깊은 상처를 냈기 때문이다. 부스는 래스본 소령을 뿌리치고 특등석의 난간을 넘어 약 3.6미터 아래의 무대 바닥으로 뛰어내렸다. 하지만 뛰어내리면서 특등석에 여러 겹으로 드리워져 있던 깃발에 그의 박차가 걸리는 바람에 왼쪽 다리의 작은 뼈가 부러지고 말았다.

온몸에 통증이 가득했지만, 그는 주춤거리거나 주저하지 않았다. 이제 자신은 생애에서 가장 훌륭한 배역을 맡아 하고 있다고 생각했다. 자신의 이름을 영원히 기억하게 만들 수 있는 순간이었다.

재빨리 몸을 추스른 그는 단검을 휘두르며 버지니아 주의 모토인 "폭군의 말로는 이런 것이다(Sie semper tyrannis, 브루투스가 카이사르를 암살하고 외쳤던 말—옮긴이)"라고 외쳤다. 그러고는 무대를 가로질러 달리다가 우연히 그를 막아선 음악가를 칼로 찔렀다. 그리고 한 여배우를 바닥에 쓰러뜨리더니 뒷문으로 나가 기다리던 말에 뛰어올랐다. 그는 자신의 리볼버 개머리판으로 말을 지키고 있던 '땅콩 존'이라는 소년을 때려눕히고 도로로 나왔다. 그가 탄 작은 말의 강철 편자가 도로의 자갈에 부딪히며 불꽃이 일 정도로 미친 듯이 질주했다.

그는 도시를 약 3킬로미터 질주한 끝에 국회의사당 구역을 벗어났다. 달이 나무 위로 떠올랐을 무렵, 애너코스티아 다리 위에 도착했다. 그곳의 북군 초병이었던 코브 하사가 소총과 총검을 들고 뛰어와서 이렇게 물었다. "누구요? 왜 이렇게 늦은 시간에 돌아다니는 겁니까? 9시 이후에 다니면 법에 어긋난다는 거 모릅니까?"

기이하게도 부스는 자신의 진짜 이름을 밝혔고, 자신이 찰스 카운티에 살고 있는데 일 때문에 늦어지는 바람에 아예 달이 뜨기를 기다린 뒤 달빛을 받으며 집으로 가고 있다고 둘러댔다. 그럴듯한 말이었던데다가 어쨌든 전쟁이 끝났기 때문에 굳이 깐깐하게 굴 필요가 없을 것 같았다. 코브 하사는 소총을 내려놓고 말 탄 사내를 통과시켜주었다.

몇 분 뒤, 같은 패거리인 데이비드 헤럴드가 비슷한 이유를 대며 애너코스티아 다리를 건너 집결 예정지에서 부스와 만났다. 두 사람은 동남부의 여러 주에서 열렬한 환송을 받으리라 상상하며 어두워진 메릴랜드 남부 지역을 질주했다.

자정 무렵, 그들은 서래트빌의 잘 알고 있는 선술집 앞에서 멈췄다. 헐떡이는 말에게 물을 먹인 후 서래트 부인에게 지난 오후에 맡겨두었던 쌍안경, 총, 탄약을 받았다. 그리고 1달러어치 위스키를 마시며 링컨을 쏘았다고 자랑을 하고 나서 어둠 속으로 달려갔다.

원래 그들은 선술집에서부터 포토맥 강까지 곧장 갈 생각이었다. 다음 날 아침 일찍 강에 도착해서 바로 배를 타고 버지니아 주로 건너갈 계획이었다. 이는 특별히 어렵지 않은 계획이라고 생각했다. 실제로 단 한 가지 변수만 없었다면, 그들은 잡히지 않고 강을 건넜을 수도 있었을 것이다. 부스는 자신의 다리가 부러질 거라고는 전혀 예상치 못했다.

다리 통증에도 불구하고 부스는 그날 밤 스파르타의 전사인 양 꿋꿋하게 말을 타고 달렸다. 그가 쓴 일기에 보면, 부러져 들쑥날쑥한 뼈가 그의 표현대로 "말이 뛸 때마다 살을 찢고 나왔다." 결국 더 이상의 통증을 견딜 수 없게 되자, 부스와 헤럴드는 말의 방향을 왼쪽으로 돌렸다. 그리고 토요일 날이 밝기 직전에 워싱턴 남동쪽으로 32킬로미터 떨어진 곳에 사는 사무엘 A. 머드라는 시골 의사의 집 앞에 말을 세웠다.

부스는 지치고 통증이 심해 혼자서는 말에서 내리지도 못할 지경이었다. 그는 안장에 들린 채 내려졌고, 신음 소리를 내며 2층 침실로 옮겨졌다. 당시 그곳은 외딴 지역이어서 전선이나 철도가 없었다. 그래서 그때까지 그곳 주민들은 대통령 암살 소식을 전혀 모르고 있었다. 의사는 아무것도 의심하지 않았다.

의사는 다리가 부러진 경위를 물었고, 부스는 그저 말에 깔려 다쳤다고 둘러댔다. 머드 박사는 다른 환자들에게 하듯이 부스를 처치했다. 왼쪽 부츠를 잘라내고 골절된 뼈를 맞추고는 모자 상자로 만든 두꺼운 판지 부목을 대고 동여맸다. 그리고 환자를 위한 허름한 목발을 만들어주고, 이동할 때 신을 신발도 한 짝 주었다.

부스는 머드 박사의 집에서 한나절 동안 잠을 잔 다음, 해질 무렵 힘겹게 침대에서 일어나 천천히 걸었다. 음식은 아무것도 먹지 않은 채 콧수염을 멋지게 손질하고는, 자신의 오른손에 새긴 이름의 이니셜을 감추려고 양 어깨에 긴 회색 숄을 걸쳐 손까지 늘어뜨렸다. 턱에는 가짜 수염을 붙여 변장하고, 의사에게는 25달러를 지폐로 지불했다. 부스와 헤럴드는 다시 말에 올라타 자신들이 가려던 강으로 향했다.

하지만 강으로 곧장 가로지르려고 선택한 길에는 광활한 제키아 습지가 펼쳐져 있었다. 그 습지는 관목과 층층나무들이 엉켜 있었고, 진흙이 질퍽거리는 물웅덩이 천지로 도마뱀과 뱀들의 서식처였다. 어둠 속에서 말을 타고 가던 두 사람은 방향을 잃고 네 시간을 헤매다가 길을 잃고 말았다.

늦은 밤에 그들은 오스왈드 스왐이라는 흑인에게 구조되었다. 부스는 통증이 심해 더 이상 말에 앉아 있을 수가 없었다. 그는 스왐에게 7달러를 주면서 남은 밤 동안 자신을 짐마차에 태워달라고 부탁했다. 부활절 아침의 동이 트기 시작할 무렵, 흰 노새가 끄는 그 흑인의 짐마차는 '리치 힐' 앞에 멈춰 섰다.

리치 힐은 부유하고 유명한 남부 연합 콕스 선장의 집이었다.

그렇게 해서 살아남기 위한 부스의 부질없는 첫 번째 여정은 끝이 났다. 부스는 자신이 누구이며, 무슨 일을 했는지 콕스 선장에게 말했다. 그리고 자신의 신분을 증명해 보이려고 자기 손에 문신으로 새긴 이니셜을 보여주었다. 그는 자기 어머니의 이름을 걸고 결코 배신하지 않겠노라고 콕스 선장에게 애원했다. 몸이 성치 않아 고통스러운 상태라고 호소하며, 자신은 남부를 위해 최선을 다했다고 자부했다.

부스는 이제 더 이상 말이나 마차를 타고 여행할 수 없는 상태였다. 그래서 콕스 선장은 두 도망자를 집 근처에 있는 소나무 덤불에 숨겨주었다. 그 덤불은 단순한 덤불숲이 아니었다. 덜 자란 월계수와 호랑가시나무가 빽빽하게 숲을 이루고 있어 정글 같은 곳이었다. 그곳에서 도망자들은 부스의 다친 다리가 나아서 다시 도망칠 수 있을 때까지 5박 6일 동안 머물렀다.

콕스 선장에게는 토머스 A. 존스라는 수양 형제가 있었다. 노예 소유주였던 존스는 도망자와 밀수품을 포토맥 강 건너로 실어 보내며 수년간 남부 연합 정부의 첩자 노릇을 하고 있었다. 콕스 선장은 존스더러 두 도망자를 돌보게 했다. 그래서 존스는 매일 아침마다 음식을 바구니에 담아 그들에게 갖다 주었다. 모든 숲길에 수색작업이 벌어지고 있었고, 곳곳에 첩자가 있었기 때문에 그는 바구니를 가져다줄 때 돼지들을 불러 가축들에게 먹이를 주는 것처럼 가장했다.

부스는 음식에 굶주려 있었지만, 사실 정보에 더 굶주려 있었다. 그는 새로운 소식을 알려달라고 하면서, 아울러 자신의 행동에 대해 국민들이 성원하고 있는지 알려달라고 계속 졸라댔다.

존스가 신문을 가져다주자, 그는 자신에 대한 열렬한 갈채를 갈망하며 신문을 뒤져보았다. 하지만 신문을 보고는 환상이 깨졌고, 크게 상심했다.

지금껏 그는 30시간이 넘도록 육체적 고통을 무릅쓰고 버지니아를 향해 달려왔다. 하지만 육체적 고통이 아무리 극심하다 하더라고 그때부터의 정신적 고통에 비하면 아무것도 아니었다. 북부가 분노로 들끓는 건 아무렇지도 않았다. 이미 예상했던 것이었다. 하지만 남부가, 자신이 믿고 있던 남부조차 자신을 비난하고, 암살과 남부와의 연관성을 부인하며 자신에 대한 공격에 동조하는 것을 보고 크게 실망하고 분노했다. 자신이 제2의 브루투스와 같은 명예를 얻고 현대판 '윌리엄 텔'로 미화되리라고 꿈꿨는데, 이제는 겁쟁이, 바보, 돈벌레, 살인자로 지칭되고 있었다. 이런 비난은 독사에게 물린 듯이 그를 아프게 했다. 죽음보다 더한 괴로움이었다.

그렇다면 부스가 자신을 책망했을까? 아니었다. 전혀 그렇지 않았다. 그는 자신과 하나님을 제외한 모든 사람들을 싸잡아 비난했다. 그는 자신이 전지전능한 하나님의 두 손에 들린 도구일 뿐이라고 생각했다. 그런 생각이야말로 스스로를 보호하기 위한 유일한 길이었다. 자신은 에이브러햄 링컨을 저격하라는 임무를 부여받았으며, 자신의 유일한 실수는 자신의 진가를 알아보기에는 너무 타락한 국민을 섬겼다는 것뿐이었다. '너무 타락한'이란 표현은 그가 일기에 쓴 표현이었다. 그는 이렇게 기록했다.

"세상이 내 마음을 알고 있다면, 내가 위대해지기를 바라지 않더라도 그 일격은 나를 위대하게 만들었을 것이다. (…) 범죄자로 죽기에 내 영혼은 너무 위대하다."

제키아 습지 주변의 축축한 땅에서 말 덮개를 덮고 부들부들 떨며 누워서, 그는 비장하고 겉만 번지르르한 말들로 자신의 아픈 속마음을 쏟아냈다.

"몸은 젖고, 춥고, 굶주린데다 모든 사람들이 나를 공격하고 있는 와중에 나는 절망에 빠져 이곳에 있다. 왜 그럴까? 브루투스는 어떻게 명예를 얻었고, 윌리엄 텔은 어떻게 영웅이 되었을까? 나는 전에 없던 지독한 폭군을 쓰러뜨렸는데도 평범한 살인자 취급을 받고 있다. 나의 행동은 그들의 행동보다 더 순수했다. (…) 나는 아무런 이득도 원치 않았다. (…) 나는 내 행동을 잘한 것이라 생각하며 저격을 후회하지 않는다."

부스가 그곳에 누워 일기를 쓰고 있을 때, 형사 3000명과 기병대 1만 명이 메릴랜드 남부를 샅샅이 뒤지고 있었다. 그들은 집집마다 찾아가고, 동굴과 각종 건물들을 수색했다. 심지어 끈적끈적한 제키아 습지까지도 철저히 살펴보기 시작했다. 그리고 부스를 데려오면, 그가 살아 있든 죽었든 상관없이 다양한 보상을 해준다고도 했다. 그를 생포한 사람에게는 약 10만 달러의 현상금이 내걸렸다. 부스는 이따금 200미터도 떨어지지 않은 곳에서 자신을 쫓는 기병대가 도로를 내달리는 소리를 듣기도 했다. 때로는 추격대의 말들이 울고 흐느끼며 서로를 부르는 소리도 들렸다. 만약 부스와 헤럴드가 타고 왔던 말이 그 소리에 답할 경우 체포될 수도 있었다. 그래서 헤럴드는 그날 밤에 말들을 제키아 습지로 끌고 가서 사살해버렸다.

그런데 이틀이 지나자 대머리 독수리가 하늘에 나타났다! 처음에는 창공에 작은 점처럼 높이 떠 있던 독수리들이 점점 더 가까이 다가오더니, 죽은 동물들 바로 위에서 선회하기 시작했다. 부스는 두려웠다. 대머리 독수리들이 추격자들의 관심을 끌어서 추격대가 자신의 밤색 암말 시체를 발견할 게 분명했다. 게다가 그는 어떻게든 다른 의사를 찾아가야겠다고 결심했다.

그래서 다음 날인 4월 21일 금요일 저녁, 암살이 있은 후 일주일 뒤 그는 부축을 받으며 토머스 존스의 말에 올라타고는 헤럴드와 함께 다시 포토맥으로 출발했다. 그날 밤은 도망치기에 안성맞춤이었다. 안개가 짙게 끼고, 그야말로 잉크를 뿌려 놓은 듯이 아주 어두워서 그들은 서로를 더듬으며 찾아야 할 정도였다.

존스는 충실한 개가 되어 그들을 강으로 인도했다. 탁 트인 들판을 몰래 지나, 도로를 건너고 농장을 가로지르며 안내했다. 병사들과 비밀요원들이 사방에 득실거리는 것을 눈치챈 존스는 자신이 먼저 40여 미터를 간 후에 낮은 휘파람을 불어 두 사람이 뒤따라오도록 했다.

그렇게 천천히, 작은 소리에도 예민하게 몸을 움츠리며 그들은 수 시간을 이동해 마침내 절벽을 따라 강이 가파르게 구부러진 곳에 도착했다. 그날은 바람이 세차게 불고 있었고, 어둠 속에서 물결이 모래 바닥을 두드리는 음울한 소리가 들려왔다.

북군은 거의 일주일 동안 포토맥 강을 따라 말을 타고 오르내리며 메릴랜드 연안의 모든 배를 부숴버렸다. 하지만 존스는 그들보다 한발 앞서 있었다. 존스는 매일 배를 타고 청어를 잡는 헨리 롤런드라는 흑인을 알고 있었는데, 그는 매일 밤 덴트의 목초지에 배를 숨겨놓고 있었다.

그래서 도망자들이 물가에 도착했을 때는 모든 게 준비되어 있었다. 부스는 낮은 목소리로 존스에게 고마움을 전하고, 보트와 위스키 한 병 값으로 17달러를 지불했다. 그러고는 보트에 올라 8킬로미터가량 떨어진 버지니아의 한 지점으로 향했다.

안개가 자욱이 긴 칠흑같이 어두운 밤을 뚫고 헤럴드가 노를 저었고, 부스는 선미에 앉아 나침반과 양초로 방향을 잡으려고 애썼다. 하지만 얼마 가지 않아, 강폭이 좁아지면서 밀물이 거세게 밀려왔다. 밀물 때문에 강 상류로 수 킬로미터나 휩쓸려버린 그들은 안개 속에서 방향을 잃어버리고 말았다. 포토맥을 순찰하던 북부 연방의 함선을 살짝 피해간 후, 그들은 동이 틀 무렵 자신들이 강의 상류 16킬로미터 지점에 있다는 것을 알게 되었다. 전날 밤에 비하면 버지니아까지 한 발짝도 되지 않는 곳이었다.

그래서 두 사람은 난제모이 만의 습지에 하루 종일 숨어 있다가 다음 날 밤에 물에 젖고 굶주린 몸을 이끌고 강을 건넜다. 그리고 부스는 이렇게 소리쳤다. "이제야 살았군. 하나님, 감사합니다. 영광스런 버지니아여."

부스는 자신이 남부의 구세주로 환영받을 거라고 생각하며 리처드 스튜어드 박사의 집으로 급히 찾아갔다. 그는 버지니아 주의 킹 조지 카운티에서 가장 부자이자 남부 연합 정부의 첩자로 활동한 바 있었다. 하지만 박사는 남부 연방을 도왔다는 이유로 몇 차례 체포된 적이 있었던 터라, 전쟁이 끝난 그때는 링컨의 암살자들을 돕는 데 목숨을 걸려고 하지 않았다. 그는 상황 판단이 빨랐던 인물이다. 스튜어드 박사는 부스가 자기 집 안에 들어오는 것을 허락하지 않았고, 마지못해 주었던 음식도 외양간에서 먹게 했으며, 밤에는 흑인 가족에게 보내 그들과 함께 자게 했다.

그런데 그 흑인들조차 부스를 달가워하지 않았기 때문에 부스는 흑인 가족들을 협박해서 겨우 같이 지낼 수 있었다. 그곳이 다름 아닌 버지니아였다!

자신이 가서 이름만 대면 열렬히 환영하며 온 땅이 떠나갈 듯 갈채를 보낼 것으로 예상했던 그 버지니아였다. 이제 끝이 다가오고 있었다. 3일 후 모든 것이 끝났다. 부스는 그곳에서 멀리 가지 못했다.

부스는 전쟁에서 돌아오던 세 명의 남부 연맹 기병들과 동행해서 로열 항에서 배를 타고 래퍼핸녹 강을 건넜다. 그러고는 그들 중 한 명의 말을 얻어 타고 남쪽으로 약 5킬로미터를 더

내려갔다. 그들의 도움으로 그는 '보이드'라는 이름으로 바꾸고, 리치먼드 근처의 리 장군 부대에서 부상을 입은 것처럼 위장했다. 부스는 이틀간 가레트 농가에 머무르며, 풀밭에서 일광욕을 하고, 부상의 통증 속에서도 낡은 지도를 살펴보며 리오그란데로 가는 길을 연구하고, 멕시코로 가는 길을 기록해두었다.

농가에서 머물던 첫째 날 저녁, 그는 농부네 집 식탁에 앉게 되었다. 그런데 그 집의 어린 딸이 대통령 암살 소식을 이웃에게서 듣고 돌아와 재잘거렸다. 누가 암살을 했는지, 그가 암살로 돈을 얼마나 받았는지 궁금하다고 계속 재잘거렸다. 이에 부스는 불쑥 이렇게 얘기했다. "내 생각에 그는 돈을 한 푼도 받지 않았어. 다만 유명해지고 싶었던 거지."

다음 날인 4월 25일 오후, 부스와 헤럴드가 농부의 집 앞마당에 있는 나무 아래에서 쉬고 있는데, 래퍼핸녹 강을 건널 때 도움을 주었던 남부 기병대의 러글스 소령이 달려와서 소리쳤다. "북군이 강을 건너고 있으니 조심하시오."

그들은 허둥지둥 숲으로 도망갔다가 어둠이 내려앉자 다시 몰래 집으로 돌아왔다. 농부 가레트는 이들의 행동이 수상쩍었다. 그는 이 수상한 손님들이 바로 떠났으면 했다. 링컨의 저격범들이라고 의심해서였을까? 아니다. 그렇게까지는 생각하지 못했다. 그저 말 도둑쯤으로 생각했다. 저녁 식사를 하며 그들이 말 두 마리를 사고 싶다고 얘기하자 의심은 더욱 커졌고, 2층을 거절하고 현관문이나 헛간에서 자겠다고 우기는 것을 보고는 더욱 확신하게 되었다. 그래서 가레트는 건초 더미와 가구를 쌓아두던 낡은 담배 창고에 그들을 재우고는 밖에서 자물쇠를 채워 가둬버렸다. 그러고도 안심이 되지 않던 늙은 농부는 자신의 두 아들 윌리엄과 헨리를 시켜 근처 옥수수 창고 안에서 밤을 지내며 밤사이에 말이 도둑맞지는 않는지 감시하라고 시켰다.

가레트 가족은 잊지 못할 그날 밤에 약간의 흥분 상태에서 잠자리에 들었다. 그런데 아침이 되기도 전에 일이 벌어졌다.

단서를 발견하고 이틀 밤낮으로 부스와 헤럴드를 바짝 추격하던 북부 연방 군인들은 포토맥 강을 건너던 도망자들을 목격한 늙은 흑인의 말을 들었다. 그리고 그들을 평저선에 태우고 래퍼핸녹 강을 건넌 흑인 뱃사공 롤런드를 찾아냈다. 이 뱃사공은 그들이 강을 건너자, 부스를 말에 태웠던 남군이 윌리 제트 대위라고 알려주었다. 그리고 대위에게는 볼링그린에 살고 있는 애인이 있는데, 아마 대위는 그곳으로 갔을 거라고 말해주었다.

충분한 정보라고 판단한 병사들은 재빨리 말을 타고 달빛을 받으며 볼링그린을 향해 내달렸다. 그들은 자정 무렵 볼링그린에 도착한 뒤, 집 안으로 뛰어들어 제트 대위를 찾아냈다. 그를 침대에서 끌어내 갈비뼈 사이에 권총을 찔러 넣으며 물었다. "부스는 어디 있어? 이 나쁜 놈아, 그를 어디에 숨겼어? 말하지 않으면 가슴에 구멍을 내버릴 테다."

제트는 자신의 조랑말을 타고서 북군 병사들을 가레트 농장으로 안내했다.

그날 밤은 달도 지고 별도 없어 어두웠다. 14킬로미터에 달하는 그 길은 질주하는 말발굽 아래로 일어난 먼지구름으로 자욱했다. 군인들은 제트의 말고삐를 움켜쥐고 그의 양옆으로 나란히 달리면서 그가 어둠 속으로 도망치지 못하게 했다.

3시 30분경, 기병들은 백색 페인트가 벗겨진 낡은 가레트 농장에 도착했다. 그들은 조용하고 민첩하게 집을 에워싼 후 그 집의 모든 문과 창에 총을 겨누었다. 지휘관은 총 개머리판으로 현관문을 두들기며 들어가겠다고 소리쳤다. 잠시 후 손에 초를 든 리처드 가레트가 문빗장을 벗기며 나타났다. 개들이 사납게 짖었고, 떨고 있는 그의 다리 사이로 바람이 잠옷자락을 흔들며 지나갔다.

베이커 중위가 재빨리 그의 목을 움켜잡고 그의 머리에 권총을 들이대며, 부스를 내놓으라고 소리쳤다. 두려워서 말도 제대로 못 하던 그 노인은 집에는 수상한 사람들이 없으며, 숲으로 도망쳤다고 대답했다.

물론 거짓말이었고, 거짓말처럼 들리기도 했다. 그래서 기병들은 노인을 현관 밖으로 끌어낸 뒤 얼굴에 로프를 들이대면서 마당의 나무에 매달아 버리겠다고 위협했다. 그때 옥수수 창고에서 잠자던 가레트의 아들이 달려와서 사실을 털어놓았다. 단숨에 기병들이 담배 창고를 에워쌌다.

총격전이 시작되기 전에 많은 이야기가 오고갔다. 15분 내지 20분간 부스와 설전을 벌이던 북군의 장교들이 부스에게 항복을 권유했다. 부스는 자신이 불구의 몸이라고 이야기하면서

"절름발이에게 기회를 달라"라고 요구했다. 만약 그들이 100미터 뒤로 물러선다면 밖으로 나와서 그들 모두와 일대일로 대결해보겠다고 제안했다.

헤럴드는 용기를 잃고 항복하길 원했다. 부스는 이를 역겨워하며 소리쳤다. "겁쟁이 녀석, 당장 꺼져버려. 네놈하고 같이 있고 싶지 않아."

헤럴드는 팔을 앞으로 내밀며 밖으로 나와 수갑을 차겠다는 의사를 비쳤다. 그는 링컨의 농담을 좋아했으며, 자신은 맹세코 암살에 가담하지 않았다고 주장하며 자비를 구했다. 칸저 대령이 그를 나무에 묶고서는 바보처럼 우는 소리를 계속하면 자갈을 물려버리겠다고 윽박질렀다.

하지만 부스는 항복하려 들지 않았다. 그는 자신의 행동이 후세를 위한 것이라고 생각했다. 그는 추적자들에게 자신의 사전에는 '항복'이라는 단어가 없다면서 자신을 위해 들것을 준비하라고 외쳤다. 그리고 그들이 영예로운 옛 깃발에 오점을 남기고 있다고 경고했다.

칸저 대령은 연기를 피워 그를 나오게 하기로 결정하고, 가레트의 아들에게 헛간 가까이에 마른 덤불을 쌓으라고 명령했다. 부스는 가레트의 아들이 덤불 쌓는 것을 보고는 욕을 퍼부으며 멈추지 않으면 총으로 쏘겠다고 위협했다. 가레트의 아들은 하던 일을 멈추었지만, 칸저 대령은 몰래 헛간 뒤쪽으로 가서 갈라진 벽체의 틈 사이로 건초 한 묶음을 밀어 넣고는 성냥을 그었다.

그 헛간은 애초에 담배를 저장하기 위해 만들어진 곳이어서 공기가 통하도록 10센티미터가량의 틈이 있었다. 그 틈을 통해 기병들은 부스가 탁자를 들고 피어오르는 불길과 싸우는 모습을 지켜보았다. 마지막 순간에 스포트라이트를 받는 배우, 고별 공연의 마지막 장을 연기하는 비극 배우의 모습이었다.

부스를 반드시 생포해오라는 엄중한 명령이 있었다. 정부에서는 그가 사살되길 원치 않았다. 중대한 재판을 연 다음, 그를 교수형에 처할 계획이었다.

실제로 반쯤 미친 종교 광신자인 하사관 '보스턴' 코베트가 없었다면 그는 생포되었을 것이다. 모든 병사들은 명령 없이 절대 쏘지 말라는 주의를 계속 받았다. 하지만 코베트는 전지전능하신 하나님으로부터 자신이 직접 명령을 받았다고 훗날 주장했다.

'보스턴'은 불타는 헛간의 넓은 틈새로 부스가 자신의 목발을 집어던지더니, 자신의 기병총을 떨어뜨리고 리볼버 권총을 집어 들며 문 쪽으로 내달리는 모습을 보았다. '보스턴'은 그가 총을 쏘며 뛰쳐나와 자유를 향해 최후의 필사적인 질주를 할 것이라고 확신했다. 그래서 불필요한 유혈 사태를 막겠다는 생각에 자신의 권총을 들고 앞으로 나가 틈새를 통해 조준을 했다. 그러고는 부스의 영혼을 위해 기도하며 방아쇠를 당겼다.

권총을 맞아 치명상을 입은 부스는 비명을 지르며 공중으로 30센티미터가량 튀어 오르더니 건초 더미로 고꾸라졌다.

화염이 높게 치솟더니 이제는 마른 건초 더미로 빠르게 옮겨

붙고 있었다. 베이커 중위는 비참하게 죽어가는 부스가 불에 타버리기 전에 밖으로 끌어내리려고 불타는 헛간 속으로 뛰어들어 가 그를 덮쳤다. 중위는 부스의 움켜쥔 주먹을 비틀어 권총을 떼어내고는 혹시 그가 죽은 체하고 있을지 몰라 그의 손을 옆으로 묶었다.

부스는 재빨리 농가 현관으로 옮겨졌다. 한 병사가 말을 타고 5킬로미터가량 떨어진 로열 항에 사는 의사를 데리러 먼지를 일으키며 달려갔다.

가레트 부인에게는 그곳에서 하숙을 하며 학교에서 아이들을 가르치던 핼로웨이라는 여동생이 있었다. 핼로웨이는 현관의 덩굴 줄기 밑에서 죽어가는 사람이 잘생긴 배우이자 위대한 연인 존 윌크스 부스라는 것을 알아보고는 그를 좀 더 친절하게 대해야 한다고 말했다. 그녀는 매트리스를 갖고 와서 그를 눕혔으며, 자기 베개를 가져와서 그의 머리 밑에 넣어주었다. 그러고는 그의 머리를 자기 무릎 위로 올려놓고 포도주를 입에 넣어주었다. 하지만 목이 마비되었는지 그가 삼키지 못하자, 손수건에 물을 적셔서 그의 입술과 혀를 계속 적셔주고 관자놀이와 이마를 문질러주었다.

죽어가는 그 남자는 2시간 30분 동안 극심한 고통 속에 몸부림쳤다. 그는 얼굴, 옆구리, 등을 돌려달라고 애원했다. 기침을 하며 칸저 대령에게 손으로 자신의 목을 세게 눌러달라고 재촉하며 괴로움에 이렇게 울부짖었다. "죽여줘! 죽여달라고!"

마지막으로 어머니에게 전해달라고 부탁하며 나지막한 소

리로 이렇게 더듬거렸다.

"어머니에게 전해줘. …나는 내 생각에… 최선의 일을… 했다고… 그리고 나는… 조국을 위해… 죽었다고…."

최후의 순간이 다가오자, 그는 사람들을 볼 수 있게 팔을 들어 올려달라고 부탁했다. 하지만 팔은 이미 완전히 마비되어 있었다.

"헛되구나! 헛되구나!"

그의 마지막 말이었다.

가레트의 마당에 있는 오래된 회화나무 위로 태양이 떠오르는 순간에 그는 숨을 거두었다. 그의 턱은 경련을 일으키다 밑으로 떨어졌고, 눈알은 발끝 쪽으로 돌아가더니 부풀어 오르기 시작했으며… 꼬르륵하는 소리가 나다가 갑자기 멈추더니, 발이 쭉 펴지면서 고개가 뒤로 젖혀졌다. 그게 끝이었다.

그때가 아침 7시경이었다. 그가 죽은 시각은 링컨보다 22분 빨랐다. 그리고 부스의 뒤통수에 박혀 있던 '보스턴' 코베트의 총알은 링컨의 머리에 박혀 있던 총알보다 불과 2.5센티미터 밑에 박혀 있었다.

의사가 부스의 엉클어진 머리카락을 잘라 핼로웨이 양에게 주었다. 그녀는 그 머리카락과 그의 머리를 눕혔던 피 묻은 베개를 간직했다. 그녀는 이 유품들을 계속 간직했지만, 결국 세월이 흐른 뒤 갑자기 가난이 닥친 바람에 얼룩진 베갯잇 절반을 밀가루 한 통과 바꿔야 했다.

저격범 부스를 둘러싼 의혹

　부스가 숨을 거두자 형사들이 무릎을 꿇고 그를 수색했다. 담뱃대, 칼집 달린 사냥칼, 리볼버 권총 두 자루, 일기장, 촛농이 떨어진 기름투성이 나침반, 캐나다 은행에서 발행한 약 300달러짜리 수표, 다이아몬드 핀, 손톱 줄, 그를 흠모했던 다섯 명의 아름다운 여성들 사진이 발견되었다. 그중 네 명은 배우였는데, 에피 거몬, 앨리스 그레이, 헬렌 웨스턴, 그리고 '예쁜 요정 브라운'이었다. 다른 한 명의 여인은 워싱턴 사교계의 부인이었는데, 후손들을 위해 그 이름은 밝혀지지 않았다.

　그 뒤 도허티 대령은 안장깔개를 벗겨내고 시체를 천으로 싸맨 뒤, 가레트 부인으로부터 바늘을 빌려 봉합했다. 그러고는 네드 프리먼이라는 흑인 노인에게 2달러를 주며 시신을 배가 대기하고 있는 포토맥 강으로 운반해달라고 했다. 그렇게 강으로 가는 과정에 관해서 라파예트 C. 베이커 중위가 쓴 《미국 비밀 검찰국의 역사》라는 책 505쪽에는 이렇게 기록되어 있다.

"짐마차가 출발하자, 거의 응고되었던 부스의 상처에서 다시 피가 흐르기 시작했다. 피가 짐마차의 틈 사이로 떨어져서 차축을 따라 흘렀으며, 길에 끔찍한 핏자국이 만들어졌다. 널빤지가 피로 얼룩졌으며, 덮개에 스며들었다. 가는 내내 시체에서 붉은 피가 천천히, 그리고 끊임없이 떨어졌다."

그런데 그 와중에 예기치 못한 일이 벌어졌다. 네드 프리먼의 짐마차는 너무 낡았던 나머지 베이커의 말에 따르면, 그야말로 '금방 부서질 것처럼 덜거덕거리는 위태로운 장치'였다고 한다. 이 짐마차는 견디기 힘든 하중과 빠른 이동 속도로 인해 금방이라도 부서질 것처럼 덜거덕거리더니 정말로 길 위에서 분해되기 시작했다. 중심 핀이 툭 부러지더니 마차가 분리되어 앞바퀴가 떨어져나가는 바람에 마부석의 앞쪽 끝이 쿵 소리를 내며 바닥으로 떨어졌다. 그 바람에 부스의 시신은 '마치 최후의 탈출을 시도하는 듯' 갑자기 앞으로 기울어졌다.

베이커 중위는 그 부서질 듯한 마차를 포기하고, 근처에 사는 농부로부터 다른 짐마차를 징발해 그 안에 부스의 시신을 던져 넣고 급히 강으로 달렸다. 그리고 정부의 예인선 존 S. 아이드 호에 옮겨 싣고 워싱턴을 향해 나아갔다.

다음 날 아침 해가 뜰 무렵 부스가 사살되었으며, 그의 시신이 포토맥 강에 정박 중인 몬탁 호에 실려 있다는 소식이 도시에 퍼졌다.

수도의 시민들은 전율했다. 수많은 사람들이 허겁지겁 강으로 달려가서 오싹한 기분을 느끼며 그 배를 넋 놓고 바라보았다.

그날 오후에는 비밀 검찰국의 책임자인 베이커 대령이 스탠턴에게 가서 보고했다. 명령을 어기고 몬탁 호에 승선한 민간인들을 체포했는데, 그들 중 어떤 여성은 부스의 머리털을 갖고 있었다는 내용이었다.

스탠턴은 놀라서 말했다. "부스의 머리카락 한 올까지도 반역자의 유품으로 소중히 여겨질 것이오." 스탠턴은 머리카락 한 올까지도 단순한 유품 이상이 될까 봐 두려웠다. 스탠턴은 링컨의 암살이 제퍼슨 데이비스와 남부 지도자들의 계획 아래 진행된 음모의 결과라고 확신했다. 그리고 그들이 부스의 시신을 손에 넣은 뒤 다시 한 번 총을 들고 일어나 전쟁을 시작할까 봐 두려웠다. 남부의 노예주들이 성전을 벌이는 기회로 삼을까 걱정했다.

그는 최대한 신속하게 부스를 비밀리에 매장해야 한다고 엄중하게 지시했다. 그가 사용했던 자질구레한 장신구나 의복 조각, 머리카락 한 올까지 남군이 성전에 이용할 그 무엇도 남기지 말고 부스의 존재를 없애버리라는 것이었다.

스탠턴이 명령을 발동했다. 곧이어 그날 저녁, 태양이 타는 듯한 구름층 뒤로 저물자, 베이커 대령과 그의 사촌 베이커 중위 두 사람은 소형 보트를 타고 몬탁 호로 향해 갔다. 그리고 그 배에 올라타서는 강변에서 입을 벌리고 바라보던 군중들이 잘 볼 수 있도록 세 가지 일을 했다. 우선 소나무 총포 상자에 넣은 부스의 시신을 몬탁 호의 측면으로 해서 작은 보트에 옮겨 실은 다음, 큰 공과 무거운 쇠사슬도 내려 실었다. 그다음에는 자신들도 기어 내려가서 보트를 떠밀고 강 하류로 이동하기 시작했다.

강변에서 신기하게 지켜보던 군중들은 자신들이 하고 싶었던 일을 그 두 사람이 하는 광경을 지켜보았다. 군중들은 서로 밀치고 텀벙거리며 강변을 따라 함께 나아갔다. 흥분해서 떠들던 사람들은 시신이 어디로 가라앉는지 보려고 시체가 담긴 보트를 주시했다. 사람들은 무려 3킬로미터의 거리를 따라갔다. 그런데 어둠이 서서히 내려앉고 구름이 달과 별을 가리자, 제아무리 좋은 시력을 가진 사람이라도 더 이상 강 한가운데에 떠가는 작은 보트를 알아볼 수 없었다.

보트가 포토맥 강에서 가장 인적 드문 장소 중 하나인 기스보로 곶에 도착하자, 베이커 대령은 사람들의 시야에서 완전히 벗어났다고 확신했다. 그래서 고약한 냄새가 진동하고 물풀과 잡초들이 우거진 커다란 습지대로 보트를 몰고 갔다. 그 습지대는 더 이상 쓰지 않는 말과 죽은 노새를 버리는 매장지로 활용되는 곳이었다.

그 기분 나쁜 습지에서 두 사람은 혹시나 자신들을 뒤따라온 사람은 없는지 두 시간을 기다리며 살펴보았다. 하지만 황소개구리의 울음소리와 물풀 사이로 흐르는 잔물결 소리 외에는 아무 소리도 들리지 않았다.

한밤중이 되었다. 숨소리조차 내지 않은 채 극도로 주의를 기울이며 두 사람은 아무도 모르게 상류 쪽으로 다시 배를 저어갔다. 두 사람은 최대한 나지막하게 얘기했고, 심지어는 흐르는 물이 노에 닿아 살랑거리는 소리나 뱃전에 물결이 일렁이는 소리까지 주의를 기울였다.

드디어 오래된 교도소 담장에 다다르자, 그들은 안으로 들어갈 수 있도록 견고한 돌담에 난 구멍이 있는 쪽으로 배를 저어갔다. 마중 나온 장교와 암호를 주고받은 뒤 뚜껑에 '존 월크스 부스'라고 써 있는 소나무 관을 넘겨주었다. 그리고 약 30분 뒤, 그 관은 탄약이 보관되어 있는 무기고의 큰 방 남서쪽 모퉁이에 있는 얕은 구멍 속에 매장되었다. 무덤의 윗부분은 다른 흙바닥과 똑같아 보이게 하기 위해 잘 위장되었다.

날이 밝자 흥분한 사람들이 쇠갈고리를 들고 포토맥 강을 훑고 다녔으며, 기스보로 곶 뒤의 습지대에 있는 죽은 노새 시체 사이를 갈퀴질하며 쿡쿡 쑤셔댔다.

전국의 수백만 사람들이 부스의 시체가 어떻게 됐느냐고 물었다. 그 답을 알고 있는 단 8명은 절대 비밀을 발설하지 않기로 맹세했다.

이처럼 모든 것이 비밀스러운 가운데 온갖 소문이 생겨났고, 신문들은 그 소문을 전국으로 실어 날랐다. 〈보스턴 애드버타이저〉는 부스의 머리와 심장이 워싱턴 군 의학 박물관에 보관되어 있다고 보도했다. 또 다른 신문은 시신이 화장되었다고 보도했고, 어떤 주간지에서는 자정에 포토맥 강으로 시체가 빠지는 그림을 싣기도 했다.

앞뒤가 맞지 않는 온갖 추측들이 제기되는 가운데 또 다른 소문도 퍼졌다. 군인들이 쏜 것은 다른 사람이며, 부스는 탈출했다는 루머였다.

아마도 이 소문은 죽은 부스의 모습이 생전의 부스와 많이 달라 보였기 때문에 생겨난 것 같다. 1865년 4월 27일, 스탠턴의 명령을 받고 몬탁 호에 승선해서 시체의 신원을 확인한 사람 중에는 워싱턴의 저명한 의사 존 프레드릭 메이 박사가 있었다. 메이 박사는 시신을 덮고 있던 타르 칠한 방수포를 걷어냈을 때를 이렇게 증언했다.

"정말 놀랍게도 그곳에 있던 시체의 얼굴이 전에 알고 있었던 그 사람과 전혀 닮지 않았습니다. 놀란 나는 곧 반즈 장군에게 말했습니다. '저 시체는 부스와 닮지 않아서 저는 그 사람 시체라고 믿을 수가 없습니다.' (…) 그 뒤 내 요청에 따라 그 시체를 앉은 자세로 놓고 내려다보았더니, 부스의 얼굴 생김새가 불완전하게나마 드러났습니다. 하지만 지금까지 나는 활기차고 건강하던 인간이 당시 내 앞에 있던 말라비틀어진 시체로, 그렇게 심하게 변한 모습을 한 번도 본 적이 없습니다. 피부는 노랗게 변해버렸고, 머리카락은 마구 헝클어져 있었으며, 그동안 겪었던 위험과 굶주림으로 인해 얼굴이 전체적으로 움푹 패고 뾰족하게 바뀌어 있었습니다."

그 시체를 본 다른 사람들은 그가 부스라는 것을 '불완전하게라도' 알아보지 못해 의구심을 드러냈고, 그 소문은 빠르게 퍼져나갔다. 정부가 재빨리 시체를 숨겨 비밀리에 매장하고, 스탠턴이 아무런 정보도 제공하지 않는데다 나쁜 소문을 적극적으로 부인하지 않는 까닭에 이런 의구심은 해소되지 않았다.

수도에서 발행되는 〈입헌 연방〉은 이 모든 것이 날조라고 주장했다. 다른 신문들도 이런 억측에 동조했다. 〈리치먼드 검사관〉은 "우리는 부스가 도망친 걸 알고 있다"라는 보도를 되풀이했다. 〈루이스빌 저널〉은 "이 모든 쇼에는 부패가 도사리고 있으며, 베이커와 그의 동료들이 연방 재무부의 자금을 사취하기 위해 꾸민 음모다"라고 노골적으로 주장했다.

싸움은 점점 치열해졌다. 늘 그렇듯이 수백 명의 목격자들이 온갖 내용을 증언했다. 누구는 부스를 만났다고 했으며, 누구는 가레트 헛간에서의 총격전 이후 그와 오랫동안 이야기를 나눴다고 주장했다. 여기저기 사방에서 부스를 목격했다는 사람들이 나타났다. 캐나다로 도주했고, 멕시코로 달아났으며, 남미행 배를 타고 여행 중이고, 유럽으로 도망갔고, 버지니아에서는 설교를 하고 있으며, 동양의 어느 섬에 숨어 있다는 등의 온갖 소문이 무성했다.

그래서 미국 역사 이래 가장 대중적이고 영속적인 신화가 계속 탄생했다. 그 신화는 70여 년간 계속 이어졌다. 그래서 오늘날에도 그 신화를 믿는 사람들이 많은데, 그들 중 상당수는 상대적으로 학식이 있는 사람들이다. 심지어는 대학의 학자들 가운데도 이 신화를 믿는다고 공언하는 사람들이 있다. 미국의 아주 유명한 어느 성직자는 전국을 누비며 수백 명의 청중을 상대로 하는 강연에서 부스가 도주했다고 주장하고 있다. 이 책을 쓰고 있는 동안에도 과학적인 교육을 받은 한 사람이 나에게 부스가 자유롭게 떠났다고 진지하게 알려주기도 했다.

물론 부스는 살해당했다. 의심의 여지가 없는 사실이다. 가레트의 담배 창고에서 총을 맞은 부스는 자신의 목숨을 구하려고 모든 논리를 들이댔다. 그리고 그는 대단한 상상력을 가지고 있었다. 하지만 가장 절망적인 순간에 그는 자신이 존 윌크스 부스임을 부정하지는 않았다. 아무리 죽음에 직면해 있다 해도 자신을 부정하는 것은 너무나 어리석고 터무니없는 짓이었다.

　그리고 살해된 자가 부스라는 사실을 더욱 확실시하기 위해서 시체가 워싱턴에 도착한 뒤 10명이 파견되었다. 앞서 기록한 대로 그중 한 명이 메이 박사였다. 그는 부스의 목에서 '큰 섬유종양'을 잘라낸 적이 있는데, 그 때문에 부스에게는 '크고 흉한' 흉터가 남아 있었다. 메이 박사는 그 흉터로 부스의 신원을 확인하며 이렇게 말했다.

　"체포자들이 제시한 시체에는 살아 있는 사람과 유사한 흔적들이 거의 사라진 상태였습니다. 하지만 살아 있을 때 외과용 메스에 의해 생긴 상처 자국은 죽어서도 없어지지 않고 남아 있었고, 대통령을 암살한 남성의 신원을 둘러싼 당시의 모든 의혹과 미래에 있을 모든 억지를 해결해주었습니다."

　치과 의사 메릴 박사는 얼마 전에 부스의 치아 중 하나에 넣어준 치과 충전재를 통해 시체의 신원을 확인해주었다.

　부스가 투숙했던 내셔널 호텔의 직원인 찰스 도슨은 부스의 오른손에 새겨진 'J. W. B.'라는 이니셜 문신으로 시체의 신원을 확인해주었다.

　워싱턴의 유명한 사진사인 가드너도 신원을 확인해주었고,

부스의 가장 친한 친구 중 한 명인 헨리 클레이 포드도 신원을 확인해주었다.

1869년 2월 15일, 앤드류 존슨 대통령의 명령으로 부스의 시체를 다시 꺼내 보았을 때도 부스의 가까운 친구들이 또다시 신원을 확인했다.

그 뒤에 시신은 그린마운트 묘지에 있는 부스 가족의 땅에 다시 묻히기 위해 볼티모어로 옮겨졌다. 그리하여 시신이 다시 묻히기 직전 부스의 형, 어머니, 평생 그를 알고 지내던 친구들에 의해 신원이 재차 확인되었다.

아마도 부스처럼 죽어서 이렇게 철저하게 신원 확인을 받은 사람도 없을 것이다. 그런데 아직도 거짓 전설이 살아 있다. 80년 가까이 많은 사람들은 버지니아 주 리치먼드의 J. G. 암스트롱 목사가 신분을 위장한 부스라고 생각했다. 암스트롱이 새까만 눈에 다리를 절었고, 행동이 특이한데다 목 뒤의 흉터를 감추기 위해 머리를 길렀기 때문이었다. 그 밖에도 20명이 넘는 또 다른 부스가 출현했다.

1872년 그 많은 '존 윌크스 부스' 가운데 한 명은 테네시 주립대학 학생들 앞에서 연극 대본을 낭송하고 능숙한 손재주를 이용한 공연을 했다. 그는 어느 미망인과 결혼했는데, 그녀에게 싫증이 나자 자신이 진짜 암살자라 고백하고, 자신을 기다리고 있는 부를 얻기 위해 뉴올리언스로 가겠다고 말한 뒤 사라졌다. 이후 소위 '부스 부인'은 그의 소식을 다시는 듣지 못했다.

1870년대 말, 텍사스 그랜베리에서 천식을 앓고 있던 어느 만취한 술집 주인은 베이츠라는 이름의 젊은 변호사에게 자신이 부스라고 고백하고는 자기 목 뒤에 있는 흉터를 보여주었다. 그러고는 존슨 부통령이 자신에게 링컨을 살해하라고 지시했으며, 잡힐 경우 사면해주겠다는 약속을 했다고 이야기했다.

　그로부터 약 25년이 지난 1903년 1월 13일, 술고래 페인트 인부이자 마약 중독자인 데이비드 E. 조지는 오클라호마의 에니드에 있는 그랜드 애비뉴 호텔에서 스트리크닌(중추신경계에 특이하게 작용해 강한 경련을 일으키는 신경 흥분제―옮긴이)을 복용하고 자살했다. 그런데 그는 자살 직전에 자신이 존 윌크스 부스라고 고백했다. 링컨을 암살한 직후 친구들이 자신을 트렁크에 넣어 유럽으로 가는 선박에 실어주었고, 그 덕분에 유럽에서 10년 동안 살았다고 주장했다.

　베이츠 변호사는 신문에서 이 소식을 접한 뒤 오클라호마로 달려가서 그 시체를 보더니, 그가 바로 텍사스 그랜베리에서 천식을 앓던 술집 주인이며 25년 전 자신에게 부스라고 고백했던 인물이라고 말했다.

　베이츠는 장의사를 시켜 그 시체의 머리카락을 부스가 길렀던 모양으로 빗겼다. 그는 유해에 눈물을 떨어뜨리며 시신을 미라로 만들어서 테네시 주의 멤피스에 있는 자신의 집으로 가져갔다. 그는 20년 동안 자신의 마구간에 시신을 보관하면서 정부를 속여 미라를 팔려고 했다. 그는 정부가 부스에게 내걸었던 현상금에 해당하는 거액을 요구했다.

1908년에 베이츠는 《존 윌크스 부스의 탈출과 자살, 혹은 링컨 암살에 대한 최초의 진짜 이야기: 오랜 시간 후에 부스가 털어놓은 완벽한 고백》이라는 터무니없는 제목의 책을 썼다.

그는 물의를 일으킨 이 책을 7만 권가량 팔아서 커다란 혼란을 초래했고, 자기가 미라로 만들어 보관하고 있던 '부스'를 1000달러에 헨리 포드에게 제공했다. 그리하여 그 미라는 한 번 보는 데 10센트씩 받는 서커스를 통해 남부 전역을 돌며 전시되기 시작했다. 현재는 다섯 개의 다른 두개골이 서커스에서 부스의 두개골로 전시되고 있다.

링컨 사후의 링컨 부인

  백악관을 떠난 뒤 링컨 여사는 심각할 정도로 곤궁해졌을 뿐 아니라, 전국의 험담 대상이자 웃음거리가 되고 말았다.

  가계 살림살이에서 그녀는 지나치게 인색했다. 오래된 관례상 대통령은 계절마다 많은 사람에게 만찬을 제공해야 했다. 하지만 링컨 여사는 그 전통을 그만두라고 남편을 설득했다. 그런 만찬은 '비용이 아주 많이 들 뿐 아니라' 전쟁 중이므로 공식적인 리셉션을 줄여야 한다고 말했다.

  언젠가 링컨은 그녀에게 "우리는 절약 이외의 것도 고려해야 하오"라고 일깨워 주어야 했다. 하지만 그녀는 허영심을 자극하는 드레스나 보석과 같은 물건들에 관해서는 검소함을 잊을 뿐 아니라 이성을 완전히 잃은 사람처럼 행동하곤 했다.

  1861년 그녀는 '영부인'으로서 워싱턴 사교계의 빛나는 신사 숙녀들의 중심에 서게 될 거라고 기대하며 초원을 떠나왔다. 하지만 놀랍고 수치스럽게도 그녀는 남부 도시의 거만한 귀족들에게 자신이 냉대받고 무시당한다는 사실을 알게 되었다. 그들의 눈에 켄터키 출신의 그녀는 남부에 충실하지 않고, 그들과 전쟁을 하는 미숙하고 꼴사나운 '흑인 동정자'와 결혼한 여자일 뿐이었다.

게다가 그녀는 호감이 가는 개인적인 품성도 거의 갖추고 있지 않았다. 그녀는 분명 상스럽고, 품위가 없으며, 시기심 많고, 젠체하고, 예의 없이 잔소리나 하는 여자였다.

사교계에서 인기를 얻지 못한 그녀는 인기를 누리는 사람들을 지나치게 질투했다. 당시 워싱턴 사교계에서 여왕처럼 인기를 누리던 여성은 유명한 미인인 아델 커츠 더글러스였는데, 그녀는 링컨 여사의 옛 애인인 스테판 A. 더글러스의 아내였다. 더글러스 부인과 더불어 셔먼 체이스의 매력적인 딸의 인기가 높자, 링컨 여사는 질투로 불타올랐다. 그래서 돈으로 사교계에서 승리하겠다고 작정하며 옷과 보석들을 사들였다. 그녀는 엘리자베스 케클리에게 이렇게 말했다. "체면을 유지하려면 남편이 내게 주는 돈보다 더 많은 돈이 필요해. 그런데 그이는 너무 정직해서 월급 이외에는 한 푼도 벌지 못해. 그러니 난 계속 빚을 질 수밖에 없다고."

결국 그녀는 7만 달러나 빚지게 되었다! 당시 대통령 연봉이 고작 2만 5000달러였다는 것을 고려하면, 너무나 큰 금액이었다. 결국 링컨이 2년 9개월 동안 버는 돈을 한 푼도 쓰지 않고 모아야 할 만큼 많은 금액이 그녀의 화려한 치장을 위해 사용되었다는 의미다.

엘리자베스 케클리는 앞에서 몇 차례 언급했던 여성이다. 그녀는 돈을 치르고 자유를 얻은 다음, 워싱턴으로 와서 양장점을 차린 매우 총명한 흑인 여자였다. 그녀는 워싱턴 사교계의 몇몇 주요 인사들을 재빨리 단골로 만들었다.

1861년부터 1865년까지 그녀는 링컨 여사와 거의 매일 백악관에서 함께 지내며, 그녀의 옷을 만들고, 그녀의 개인 비서로 시중을 들었다. 결국 그녀의 절친한 친구이자 조언자였다. 링컨이 죽어가던 날 밤에 링컨 여사가 계속 찾았던 유일한 사람이 바로 엘리자베스 케클리였다.

케클리 부인은 자신의 경험을 책으로 썼는데, 이는 역사적인 면에서는 다행스러운 일이다. 그 책이 절판된 지는 50년이 되었지만, 때로 희귀본 판매상을 통해 낡아빠진 책이 10달러나 20달러에 나오기도 한다. 다소 긴 그 책의 제목은《노예 출신의 양재사로 에이브러햄 링컨 여사의 친구가 된 엘리자베스 케클리가 쓴 사건의 뒷이야기: 혹은 노예로 보낸 30년, 백악관에서의 4년》이었다.

엘리자베스 케클리는 링컨이 재선에 출마했던 1864년 여름 당시에 대해 이렇게 기록하고 있다. "링컨 여사는 두려움과 불안으로 거의 미쳐 있었다."

왜 그랬을까? 뉴욕의 채권자 중 한 명이 그녀를 고소하겠다고 위협했기 때문이다. 링컨의 정적들이 그녀가 큰 빚을 지고 있다는 소문을 듣기라도 하면, 이를 정치적인 공격 수단으로 사용할 수도 있기 때문에 그녀는 전전긍긍했던 것이다.

"만약 남편이 재선되면, 아무것도 모르게 할 수 있을 거야. 하지만 재선에 실패한다면, 남편에게 청구서가 날아들어서 전부 다 알게 되겠지." 그녀는 병적으로 흥분하며 흐느꼈다.

그래서 그녀는 링컨에게 이렇게 말했다. "난 무릎을 꿇을 수도 있어요. 사람들이 당신에게 표를 주기만 한다면."

그러자 링컨이 이렇게 말했다. "메리, 나는 당신이 감당할 수 없는 걱정에 무너질까 두렵구려. 재선에 성공한다면 괜찮겠지만, 만약 떨어진다면 당신은 큰 실망감을 견뎌내야 할 거요."

케클리 부인은 링컨 부인에게 이렇게 질문한 적이 있었다. "각하께서는 부인의 빚을 얼마 정도라고 알고 계시나요?"

《사건의 뒷이야기》150쪽에 보면 링컨 부인의 대답은 이러했다. "무슨 소리! 난 그이가 모르도록 했어. 만약 자기 부인이 지금 이 지경에 이른 걸 알게 되면, 그는 그 사실만으로도 미쳐버릴 거야."

케클리 부인은 이렇게 쓰고 있다. "링컨이 암살을 당해 다행인 점 딱 하나는, 그가 이 빚들을 모르고 숨을 거두었다는 사실이다."

남편이 무덤에 묻힌 지 일주일도 채 되지 않았을 무렵, 링컨 부인은 링컨의 이니셜이 새겨진 그의 셔츠들을 펜실베이니아 대로에 있는 가게에다 내다 팔았다. 그 소식을 들은 수어드는 무거운 마음으로 직접 그곳을 찾아가 셔츠들을 몽땅 구입했다.

링컨 부인이 백악관을 떠날 때 그녀의 짐은 트렁크 20개와 포장박스 50개에 달했다. 이 때문에 좋지 않은 소문들이 나돌았다.

그녀의 적들은 그녀가 나폴레옹 왕자에 대한 접대비를 부풀려서 국고를 빼돌렸다고 공개적으로 비난하는가 하면, 그녀가 몇 개의 트렁크만 달랑 들고 대통령 관저로 들어왔다가 나갈 때는 짐이 화물차 한 대 분량에 달한다고 수군거렸다. 어떻게 그럴 수 있었을까? 그녀가 정말 물건들을 약탈해간 것일까? 눈에 보이는 대로 물건들을 다 쓸어가기라도 한 걸까?

심지어 그녀가 워싱턴을 떠난 지 거의 2년 6개월이나 지난 1867년 10월 6일에도 〈클리블랜드 헤럴드〉에는 이런 기사가 실렸다.

"백악관에서 일어난 약탈을 보전하기 위해서는 10만 달러가 필요했다는 것을 알아야 한다. 그러한 약탈로 누가 이득을 취했는지 밝혀내야 한다."

실제로 '장미 황후'의 통치 기간 중에 백악관에서는 많은 물건들이 도난당했지만, 대부분 그녀의 잘못이 아니었다. 물론 그녀가 저지른 실수는 있다. 그중 하나는 그녀가 백악관을 관리하며 경제적 기반을 다지겠다고 집사를 비롯해 많은 피고용인을 해고했다는 사실이다. 해고된 사람들은 떠나면서 문고리와 주방 스토브만 빼놓고 이것저것 모조리 훔쳐갔다. 1861년 3월 9일자 〈워싱턴 스타〉 기사를 보면, 백악관에서 열렸던 첫 번째 리셉션에 참석했던 손님들 가운데 상당수가 외투와 목도리를 잃어버렸다고 한다. 그리고 얼마 후에는 백악관에 있던 가구마저도 짐마차에 실려 사라지고 없었다.

그렇다면 50개의 포장 박스와 20개의 트렁크에는 무엇이 들어 있었을까? 대부분 잡동사니였다. 쓸모없는 선물들, 조각상, 시시한 그림과 책, 밀랍으로 만든 화환, 사슴 머리, 그리고 오래전 스프링필드에서 입었던 안쓰러울 정도로 유행에 뒤떨어진 낡은 옷과 모자들이었다.

케클리 부인은 이렇게 말했다. "그녀는 오래된 물건을 좀처럼 버리지 않고 있었다."

그녀가 짐을 싸는 동안, 당시 하버드대를 막 졸업한 아들 로버트가 오래된 하찮은 물건들은 버리라고 말했다. 그녀가 아들의 조언을 무시하자, 로버트는 이렇게 말했다고 한다. "이 짐들을 싣고 시카고로 가는 길에 마차에 불이 나서 이 잡동사니 낡은 물건들이 전부 타버렸으면 좋겠네요."

링컨 부인이 백악관을 떠나던 날 아침 분위기에 대해 케클리 부인은 이렇게 적고 있다. "그녀에게 잘 가라고 말하는 친구가 한 사람도 없었다. 너무나 조용해서 가슴이 아플 지경이었다."

심지어 새 대통령 앤드류 존슨조차 작별 인사를 하지 않았다. 사실 그는 링컨이 암살되고 난 뒤에 그녀에게 조의문 한 줄도 보내지 않았다. 그녀가 자신을 경멸하고 있다는 사실을 알고 그녀에게 앙갚음했던 것이다.

역사적 사실에 비추어볼 때 지금은 터무니없다고 생각되지만, 당시 링컨 부인은 앤드류 존슨이 링컨 암살 음모의 배후였다고 확신하고 있었다.

두 아들 테드, 로버트와 함께 링컨의 미망인은 시카고로 가서 트레몬트 하우스에서 머물렀다. 하지만 숙박료가 너무 비싸다고 생각되어 일주일 뒤 하이드 파크라는 피서지에 있는 '작고 소박한 가구가 놓인' 방으로 옮겨갔다.

링컨 부인은 보잘것없는 곳에서 살게 된 현실에 슬퍼하며, 예전 친구들이나 친척들을 만나거나 심지어 연락을 취하려 하지도 않았다. 오직 테드에게 철자법을 가르치는 데만 몰두했다.

테드는 아버지가 가장 아끼는 아들이었다. 실제 이름은 토마스였지만 링컨은 그를 '테드' 혹은 '올챙이'라고 불렀다. 아이로서는 보기 드물게 머리가 컸기 때문이다.

평소에 테드는 아버지와 같이 잤다. 테드가 집무실 주변에 어슬렁거리다가 잠들면, 대통령은 그를 안아서 침대에 데려다 놓곤 했다. 테드는 말하는 데 장애가 있었지만, 링컨은 그가 말할 때마다 맞장구를 쳐주었다. 테드는 부모가 자신을 가르치려고 할 때마다 자신의 장애를 활용해 용케 빠져나가곤 했다. 그래서 열두 살이 되도록 글을 읽을 줄도, 쓸 줄도 몰랐다.

케클리 부인의 기록에 따르면, 테드는 첫 번째 철자 수업 때 'a, p, e'가 'monkey(원숭이)' 철자라고 10분 동안 우겼다고 한다. 자신이 원숭이 그림이라고 생각하는 목판화에 그렇게 쓰여 있었기 때문이다. 틀렸다는 것을 납득시키기 위해 세 사람이나 나서야 했다.

링컨 부인은 할 수 있는 모든 수단을 동원해, 링컨이 살아서 두 번째 임기를 채웠을 경우 받았을 10만 달러를 자신에게 지불해달라고 의회를 설득했다. 의회가 이를 거절하자, 그녀는

'파렴치하고 비열한 거짓말로 자신의 계획을 방해한 마귀들'을 신랄하게 비난했다. 그녀는 이렇게 말했다. "이 백발의 죄인들이 죽으면 사악함과 거짓말의 우두머리가 데려갈 것이다."

결국 의회는 링컨이 그해의 나머지 기간을 일했을 경우 받게 될 보수에 해당하는 2만 2000달러를 그녀에게 지급했다. 그 돈으로 그녀는 시카고에서 정면이 대리석으로 된 집을 사고, 가구를 들여놓았다.

하지만 2년이 넘도록 링컨이 남긴 유산은 처분되지 않았는데도 그녀가 돈을 너무 많이 쓰자 채권자들은 화가 났다. 결국 그녀는 방을 세놓아야 했고, 나중엔 하숙을 치다가 그 이후엔 집을 포기하고 자신이 하숙을 하는 신세가 되었다.

경제 사정이 점점 더 악화되자, 1867년 가을 무렵에는 그녀 자신의 표현대로 "아주 끔찍한 생계의 압박을 받았다." 그래서 옛날에 입던 옷가지, 레이스, 보석들을 싸들고 주름 비단으로 얼굴을 가린 채 뉴욕으로 향했다. 뉴욕으로 가는 동안에는 '클라크 부인'이라는 가명을 썼다. 뉴욕에 도착해 케클리 부인을 만나서는 닳아빠진 옷들을 한 아름 마차에 싣고 7번가에 있는 중고 옷장수들에게 팔러 갔다. 하지만 상인들이 부르는 가격은 실망스럽게도 무척 낮았다.

다음에 그녀는 브로드웨이 609번지에 있는 다이아몬드 중개상 브래디 앤드 키스 상점에 찾아갔다. 그녀를 알아보고 사정을 들은 주인은 놀라서 이렇게 말했다. "우리한테 모든 일을 맡겨주시면 몇 주 내로 10만 달러를 마련해드리겠습니다."

그의 말에 마음이 움직인 그녀는 그의 조언대로 자신이 비참하게 가난한 상황에 처해 있음을 알리는 편지를 두세 통 작성해 건네주었다. 보석 중개상은 이 편지를 들고 공화당 지도자들을 찾아가서 돈을 내놓지 않으면 이 편지를 공개하겠다고 협박했다. 하지만 그들로부터 돌아온 것은 링컨 부인에 대한 평판뿐이었다.

그러자 그녀는 기꺼이 도움을 줄 만한 각지의 사람들에게 호소하는 편지를 15만 장 보내달라고 보석상에게 요청했다. 하지만 그 편지에 서명을 해줄 유명 인사를 구하기란 거의 불가능했다.

공화당 인사들에게 화가 난 링컨 부인은 링컨의 적들 편에 서기로 했다. 뉴욕의 〈월드〉는 한때 정부의 명령으로 정간된 적이 있고, 편집인이 링컨을 심하게 공격하다가 체포된 적 있는 민주당 신문이었다. 링컨 부인은 이 민주당 신문의 칼럼을 통해서 자신의 가난한 처지를 호소했다. 그녀는 자신의 오래된 옷가지뿐만 아니라 '파라솔 덮개'나 '드레스 옷감' 같은 사소한 물건들도 신문을 통해 판매할 수 있게 되었다.

당시는 주 선거 직전이었다. 민주당의 〈월드〉는 그녀의 편지를 실으며 설로 위드, 윌리엄 H. 수어드 같은 공화당원들과 〈뉴욕타임스〉의 헨리 J. 레이먼드를 거세게 비난했다.

조롱하려는 의도로 〈월드〉는 버림받고 고통받는 공화당의 첫 번째 대통령 미망인에게 도움을 주자며 민주당 독자들에게 진지한 태도로 요청했다. 하지만 기부금은 거의 들어오지 않았다.

그 뒤에 그녀는 흑인들로부터 자신을 위한 기금을 거두어보라고 케클리 부인을 재촉했다. 그녀가 노력해서 흑인들로부터 2만 5000달러를 모금한다면 자신이 생전에 수수료로 매년 300달러씩 주고, 만약 자신이 죽을 경우에는 2만 5000달러를 모두 주겠노라고 약속했다.

한편 브래디 앤드 키스 상점은 그녀의 옷과 보석을 판매한다는 광고를 냈다. 많은 사람들이 가게로 왔지만 옷들을 보더니 불평을 늘어놓았다. 유행이 지났다거나, 터무니없이 비싸다거나, 낡았다거나, 소매와 치마 밑단이 고르지 않다거나, 안감에 얼룩이 있다고 비난했다.

브래디 앤드 키스 상점에서는 가게 한편에 예약자 명부를 펼쳐놓고는 구경꾼들이 비록 물건은 사지 않더라도 링컨 부인을 위해 돈을 기부해주리라 기대했다.

하지만 결국 실망하고 만 그 상인들은 그녀의 옷과 보석을 로드아일랜드 주의 프로비던스로 가져갔다. 그곳에서 전시를 해서 입장료로 25센트씩 받아보려 했다. 하지만 그곳 관계자들은 그들의 계획에 대해 들어보려 하지도 않았다.

결국 브래디 앤드 키스에서 그녀의 물품을 팔아 모은 돈은 고작 824달러였고, 그중에서 820달러를 자신들의 일당과 지출경비로 떼어갔다. 링컨 여사를 위한 모금 활동은 실패했을 뿐만 아니라 국민들로부터 거센 비난만 받고 말았다. 모금 운동 내내 그녀는 자신의 수치스러운 모습을 드러냈기 때문이다.

〈알바니 저널〉은 이렇게 비난했다. "그녀는 자신과 조국, 그리고 고인이 된 남편의 명예와 소중한 추억을 훼손시켰다." 그녀에 대해 반감을 가지고 있던 설로 위드가 〈커머셜 애드버타이저〉에 보낸 편지에서 그녀는 이제 거짓말쟁이에다 도둑이란 오명까지 썼다.

수년간 일리노이로 돌아가 지냈던 그녀는 "스프링필드에서 공포의 대상이었고, 그녀의 기행은 마을에서 일상의 화제였으며, 참고 살았던 링컨은 그 마을에서 제2의 소크라테스로 여겨졌다"라고 〈하트퍼드 이브닝 프레스〉는 공격했다. 하지만 스프링필드의 〈저널〉은 그녀가 정상적인 정신 상태가 아닌 게 분명하므로, 그녀의 기이한 행동을 동정해야 한다고 사설에서 평했다.

매사추세츠 주 스프링필드의 〈리퍼블리컨〉은 "끔찍한 여자인 링컨 부인의 고약한 성격은 이 나라의 수치임을 널리 알려야 한다"라고 주장했다. 이런 비난에 크게 마음이 상한 링컨 부인은 케클리 부인에게 보낸 편지에서 자신의 아픈 마음을 이렇게 고백했다.

"어제자 〈월드〉에 실린 글을 보고 지난밤에 로버트가 미치광이 같고 거의 자살할 사람처럼 하고 왔어. (…) 이 편지를 쓰면서도 나는 울고 있어. (…) 오늘 아침에는 죽게 해달라고 기도했어. 사랑스런 아들 테드만 없었다면 나는 벌써 죽었을 거야."

이미 자매와 친척들과 사이가 틀어져 있던 그녀는 결국 자식인 로버트와의 관계도 어긋나고 말았다. 그녀가 아들에게 쓴 편지 중 일부는 너무 과격했던 나머지 나중에 발행될 때는 삭제해야만 할 정도였다. 마흔아홉 살이 되었을 때, 그녀는 흑인 양재사에게 이렇게 편지를 썼다. "당신 말고는 이 세상에 친구가 아무도 없는 것 같아."

미국 역사상 에이브러햄 링컨만큼 존경받고 사랑받는 사람은 없다. 반면 미국 역사상 그의 아내만큼 지독하게 비난받는 여자도 없을 것이다. 그녀가 자신의 낡은 옷가지들을 팔려고 한 지 한 달도 채 되지 않아서 링컨의 유산이 최종 처분되었다. 총 11만 295달러였으며, 링컨 여사와 두 아들이 각각 3만 6765달러씩 똑같이 지급받았다.

링컨 부인은 아들 테드와 함께 프랑스로 가서 고독하게 지냈다. 프랑스 소설을 읽으며 시간을 보냈고, 미국인은 아무도 만나지 않았다. 그런데 얼마 지나지 않아 또다시 가난을 하소연했다. 그녀는 연방 상원에 연 5000달러의 연금을 지급해달라고 청원했다. 그 법안이 상원에 상정되자, 방청석에서는 야유가 쏟아졌고 의원들은 비난했다.

"이것은 비열한 사기 행위입니다." 아이오와 주 상원 의원 하웰이 소리쳤다. "링컨 부인은 남편에게 순종적인 사람이 아니었습니다. 그 여자는 모반에 동조했습니다. 그녀는 우리가 자비를 베풀 대상이 아닙니다!" 일리노이의 예이츠 상원 의원이 말했다.

극심한 비난 속에 안건 처리가 몇 달간 지연되고 나서야, 마침내 그녀는 연간 3000달러씩 받을 수 있게 되었다.

1871년 여름, 테드는 장티푸스에 걸려 심한 고통을 겪다가 죽었다. 유일하게 남은 아들 로버트는 그전에 이미 결혼했다.

친구도 없이 홀로 외롭게 지내던 메리 링컨은 망상에 사로잡히게 되었다. 하루는 플로리다의 잭슨빌에서 커피를 사놓고서도 독이 들어 있는 게 틀림없다며 마시지 않기도 했다.

또 한번은 시카고로 기차를 타고 가면서 주치의에게 전보를 쳐서 아들 로버트의 생명을 구해달라고 애원하기도 했다. 물론 로버트는 아프지 않았다. 역에서 어머니를 만난 로버트는 그녀가 안정될 때까지 그랜드 퍼시픽 호텔에서 일주일간 같이 있었다. 그런데 그녀는 한밤중에 툭하면 그의 방으로 달려왔다. 마귀가 자신을 죽이려 한다거나, 인디언들이 자기 뇌에서 철사를 끄집어낸다거나, 의사들이 자기 머리에서 철제 스프링을 꺼내고 있다는 등의 이야기를 쏟아냈다. 낮 시간에는 가게에 들러 이상한 물건들을 사들이기도 했다. 한번은 커튼을 칠 집도 없으면서 레이스 커튼을 300달러에 사기도 했다.

로버트 링컨은 착잡한 심정으로 시카고 군 법정에 어머니의 정신이상 심리를 신청했다. 12명의 배심원들은 그녀가 정신이상이라 판정했고, 그에 따라 그녀는 일리노이의 바타비아에 있는 민간 보호시설에 수용되었다.

13개월 후에 그녀는 보호시설에게 나오게 되었지만, 안타깝게도 치료는 되지 않았다. 이 가엾고 병든 여인은 외국으로 가서 이방인들 틈에서 살게 되었는데, 로버트에게 편지를 쓰긴 했지만 주소는 알려주지 않았다.

프랑스의 포에서 살던 어느 날, 그녀는 벽난로 위에 그림을 걸려고 사다리 위로 올라갔다가 사다리가 부러지는 바람에 허리를 다쳤다. 그래서 아주 오랫동안 걷지도 못했다.

임종을 앞두고 고국으로 돌아온 그녀는 스프링필드에 사는 에드워즈 언니의 집에서 남은 날을 보내며 입버릇처럼 이런 말을 되풀이했다. "언니는 내가 남편이랑 애들 곁에 갈 수 있게 기도해줘."

당시 그녀는 현금 6000달러와 7만 5000달러 상당의 정부 채권을 갖고 있으면서도 가난에 대한 터무니없는 공포로 계속 고통받았다. 또한 당시 육군 장관으로 있던 아들 로버트가 아버지처럼 암살당할 거라는 두려움에 사로잡혀 있었다.

그녀는 자신을 짓누르는 가혹한 현실에서 벗어나고 싶은 마음에, 사람들을 피해 문과 창문을 모두 닫고 커튼을 쳐서 방을 어둡게 한 뒤 대낮에도 촛불을 켠 채 지냈다.

주치의는 이렇게 말했다. "아무리 조언을 해도 링컨 여사는 밖으로 나가 신선한 공기를 쐬려 하지 않았습니다."

촛불이 켜진 외롭고 정적만이 감도는 방에서 그녀의 기억은 분명 잔인한 세월을 거슬러 올라가 마침내 젊었던 시절 소중했던 그때로 돌아갔을 것이다. 스테판 더글러스와 다시 춤을 추는 상상 속에서, 그의 정중한 매너에 매료된 채 그의 낭랑한 모음과 명쾌한 자음이 어우러지는 노랫소리를 들었을 것이다.

때로 그녀는 자신의 또 다른 연인이었던 링컨, 에이브러햄 링컨이라는 청년이 자신에게 구애하러 오는 모습을 떠올리기도 했을 것이다. 사실 그는 가난하고 볼품없는 모습에다 스피드의 가게 2층 다락방에서 지내며 열심히 살아가는 변호사에 불과했다. 하지만 자신이 열심히 자극하면 대통령이 될 수 있다고 믿었기에 그의 사랑을 얻기 위해 아름답게 보이려고 노력했다. 15년 동안 짙은 검정색 옷만 입었던 그녀도 그런 상상에 빠질 때면 슬그머니 스프링필드의 상점으로 내려가곤 했다. 그녀의 주치의에 따르면, 그녀는 실크와 드레스를 몇 트렁크씩 구입해서 짐마차에 가득 실을 정도로 쌓아놓았다고 한다. "그것들은 그녀가 결코 쓰지 않을 것들이었으며, 그 옷들을 모두 보관하는 방바닥이 꺼지지 않을까 걱정될 정도였다"라고 한다.

1882년 어느 평화로운 여름 저녁에, 이 가엾고 지치고 포악한 영혼은 평소에 기원하던 대로 해방을 얻었다. 마비성 발작을 하던 그녀는 언니의 집에서 숨을 거두었다. 그곳은 40년 전 에이브러햄 링컨이 그녀의 손에 '사랑은 영원하리라'라는 글귀가 새겨진 반지를 끼워주었던 장소였다.

링컨 묘지 도굴 사건과
링컨 유해의 이장

1876년, 어느 화폐 위조단이 링컨의 시신을 훔치려 했다. 놀라운 이야기인데도, 링컨 관련 책 중에 이 내용을 다룬 책은 거의 없다.

'빅 짐' 키널리 일당은 미국 비밀 검찰국을 역사상 가장 난처하게 만든 매우 지능적인 위조지폐 조직이었다. 그들은 1870년대 일리노이 주에서 링컨이 착실하게 옥수수를 기르고 돼지를 키우던 지역에 본거지를 두고 있었다.

수년간 이들 위조지폐 유통 조직원들은 전국을 은밀하게 돌아다니며 5달러짜리 위조지폐를 어수룩한 상인들에게 내밀었다. 이들은 위조지폐로 막대한 이익을 챙겼다. 하지만 1876년 봄에 이르러 이들에게 위기가 닥쳤다. 위조지폐 공급 물량이 거의 바닥난데다 위조지폐를 만드는 원판 조판공 벤 보이드가 붙잡혔기 때문이었다.

수입이 끊긴 빅 짐은 세인트루이스와 시카고에서 낌새를 살

피며 위조지폐를 만들 다른 조판공을 찾으려 몇 달간 노력했지만 허사였다. 결국 그는 소중한 벤 보이드를 무슨 수를 써서라도 석방시키기로 마음먹었다.

드디어 빅 짐은 에이브러햄 링컨의 시신을 훔쳐 숨겨놓는 사악한 방법을 생각해냈다. 자신이 링컨의 시체를 훔쳐 북부가 온통 소란스러워지면, 까다로운 조건을 내걸은 거래를 조용히 추진하고자 했다. 링컨의 신성한 시체를 건네주는 대신 벤 보이드의 사면과 더불어 많은 양의 금을 받으려는 계획이었다.

위험한 생각일까? 천만에. 일리노이 주 법에는 시체 절도에 관한 법이 없었다. 그래서 1876년 6월, 빅 짐은 준비에 착수했다. 그는 공모자 다섯 명을 스프링필드에 급파해 그들이 준비하는 동안 바텐더로 위장할 수 있도록 술집과 댄스홀을 차렸다.

그런데 불행하게도 6월 어느 토요일 밤에 그 바텐더들 가운데 한 명이 위스키를 너무 많이 마셨고, 스프링필드의 홍등가로 가서는 너무 많은 사실을 발설하고 말았다. 자신이 곧 엄청나게 많은 금을 갖게 될 거라고 으스댄 것이다.

그는 자세한 계획, 즉 7월 4일 밤에 스프링필드에서 불꽃놀이를 하는 동안 자신이 오크리지 묘지로 가서 링컨의 유골을 훔친 뒤 생거먼 강의 다리 아래에 있는 모래톱에 묻어놓을 거라고 떠벌렸다.

한 시간 후에 그 고급 유곽의 여주인은 경찰서로 급히 달려가 그 소름끼치는 소식을 전했다. 게다가 아침이 될 때까지 그 이야기를 또 다른 여러 남자들에게 하는 바람에 곧 마을 전체가 그 이야기를 알게 되었다. 결국 바텐더로 위장한 공모자들은 계획을 단념하고 그 마을에서 도망쳤다.

하지만 빅 짐은 그 계획을 포기하지 않았다. 단지 연기했을 뿐이었다. 그는 아지트를 스프링필드에서 시카고 웨스트 매디슨 가 294번지로 옮기고, 그곳에 술집을 차렸다. 술집 앞쪽에서는 그의 부하 테런스 멀렌이 노동자들에게 술을 팔았고, 뒤쪽 방에서는 위조 지폐범들이 비밀리에 회동을 했다. 그 술집에는 에이브러햄 링컨의 흉상이 있었다. 한편 루이스 G. 스웨글스라는 도둑이 이 술집에 수개월간 단골로 드나들면서 그들 조직의 환심을 사려고 노력했다. 그는 자신이 말을 훔친 죄로 교도소에서 두 번이나 복역했다고 말하면서 현재는 '시카고의 시체 도둑 일인자'라고 말했다. 또 그 도시의 의과대학에 해부용 시체 대부분을 자신이 공급하고 있다며 허풍을 떨었다. 당시는 전국적으로 묘지 도굴이 횡행하던 때라 그럴싸한 이야기였다. 교육에 필요한 해부용 시체가 필요했던 의과대학들은 새벽 2시에 눈 밑까지 모자를 눌러쓰고 불룩한 자루를 메고 뒷문으로 슬며시 다가온 사람들로부터 시체를 사곤 했다.

스웨글스와 키닐리 조직은 링컨의 묘지를 도굴하기 위한 상세한 계획을 마련했다. 그들은 긴 자루에 시체를 담아 짐마차 바닥에 던져놓고는 기운 넘치는 말들로 계속 바꿔가며 전속력으로 인디애나 북쪽으로 간다는 계획을 세웠다. 그리고 물새들만 날아다니는 인적 드문 그곳의 모래 언덕에 시체를 숨기기로 했다. 그 모래 언덕에서는 증거가 될 만한 모든 흔적들이 호수

위로 부는 바람에 실려 날아가는 모래 속에서 지워져버릴 것이었다.

시카고를 떠나기 전에 스웨글스는 런던 신문을 한 부 샀다. 그러고는 신문의 한쪽 부분을 찢은 뒤 남은 신문을 웨스트 매디슨 가 294번지에 있는 술집의 링컨 흉상 안에 집어넣었다. 11월 6일 밤, 스웨글스와 빅 짐의 조직원 둘은 찢어진 신문을 들고 시카고 앤드 앨튼 기차에 올라 스프링필드로 향했다. 그들은 시체를 훔친 뒤 그 신문을 빈 석관 안에 둘 생각이었다. 형사들은 한쪽 귀퉁이가 찢긴 그 신문을 발견하고는 분명 단서로 생각해 잘 보관할 것이었다. 그 뒤 온 나라가 흥분해서 떠들썩할 때, 조직원 중 한 명이 주지사에게 접근해서 협상을 하는 것이다. 20만 달러 상당의 금과 벤 보이드의 석방을 약속받은 뒤 링컨의 시신을 돌려주겠다고 제안할 생각이었다.

그렇다면 주지사는 범죄자들을 대변한다며 자신을 찾아온 사람이 사기꾼이 아님을 어떻게 알 수 있을까? 주지사에게 접근한 조직원이 바로 그 찢어진 신문의 다른 한쪽을 들고 가면 된다. 그러면 신문의 찢어진 조각을 맞춰본 형사들이 그를 도굴꾼의 진짜 대표자로 인정하게 될 것이다.

그 조직은 계획했던 일정대로 스프링필드에 도착했다. 그들은 스웨글스가 '빌어먹을 정도로 완벽한 시간'이라 부른 때를 골랐다. 11월 7일은 투표일이었다. 민주당은 그랜트의 두 번째 내각에 오점을 남긴 부정부패를 거론하며 수개월간 공화당을 비난해왔고, 공화당은 민주당원들의 면전에 남북전쟁의 '피의 셔츠(남북전쟁 당시의 어려움을 상기시키며 유권자들에게 호소하던 선거 전략—옮긴이)'를 흔들어댔다. 이 선거는 미국 역사상 가장 치열한 선거 중 하나였다. 그날 밤 흥분한 군중이 신문사 주변과 술집에 몰려다니는 동안, 빅 짐의 부하들은 어둡고 인적 드문 오크리지 묘지로 갔다. 그들은 재빨리 링컨의 무덤 철문에 채워진 자물쇠를 톱으로 자르고 무덤 안으로 들어가, 석관의 대리석 뚜껑을 지레로 비틀어 연 뒤 나무 관을 반쯤 들어 올렸다.

일당 중 한 명이 링컨 기념비에서 북동쪽으로 200미터 떨어진 협곡에 준비시켜뒀던 말과 마차를 가져오라고 스웨글스에게 지시했다. 스웨글스는 가파른 절벽을 급히 내려가 어둠 속으로 자취를 감췄다.

사실 그는 도굴꾼이 아니었다. 한때는 범죄자였지만, 이제는 비밀 검찰국의 정보원으로 일하고 있던 인물이었다. 골짜기에는 한 쌍의 말과 짐마차가 대기하는 대신, 기념비 인근에서 여덟 명의 요원들이 기다리고 있었다. 스웨글스는 곧장 그곳으로 가서는 사전에 약속한 신호를 보냈다. 그는 성냥을 그어 담배에 불을 붙이며 '워쉬'라는 암호를 속삭였다.

여덟 명의 비밀 검찰 요원은 발소리를 죽이며 숨어 있던 곳에서 나왔다. 모두들 총구가 위로 향한 연발권총을 손에 들고 있었다. 그들은 스웨글스와 함께 묘소로 달려가, 컴컴한 무덤 안으로 걸음을 내딛으며 항복하라고 말했다.

아무런 대답이 없었다. 비밀 검찰국의 지역 책임자 타이렐이 성냥불을 켰다. 그곳에는 관이 대리석 석관에서 반쯤 나온 상태로 있었다. 그런데 도둑들은 어디로 간 것일까? 형사들이 묘지 곳곳을 수색했다. 달이 나무 위로 떠오르고 있었다. 타이렐이 기념비의 테라스에 올라갔을 때, 조각상 뒤에 숨어서 자신을 쳐다보는 두 사람의 형체를 발견했다. 놀라서 당황한 그는 두 사람에게 총을 발사했고, 그들도 대응해서 총을 쏘았다. 그런데 그들은 도둑이 아니었다. 그는 자기 부하들에게 총을 쏘았던 것이다. 그사이에 30미터 떨어진 어둠 속에서 스웨글스가 말을 끌고 오기를 기다리던 도둑들은 숲으로 도망쳤다.

열흘 뒤 그들은 시카고에서 붙잡혔다. 그리고 스프링필드로 끌려와 구치소에 갇힌 뒤 밤낮으로 삼엄한 감시를 받았다. 이사건을 알게 된 사람들은 한동안 흥분하고 분노했다. 부유한 풀먼 가와 결혼한 링컨의 아들 로버트는 이 조직을 기소하기 위해 시카고 최고의 변호사들을 고용했다. 하지만 당시 일리노이 주에는 시체를 훔친 죄를 벌할 수 있는 법이 없었다. 만약 관을 훔쳤다면 관을 훔친 것에 대해서는 죄를 물을 수 있었지만, 그들이 관을 무덤 밖으로 갖고 나가지 않았으므로 관을 훔친 것도 아니었다. 그래서 시카고에서 가장 몸값이 비싼 변호사들이 할 수 있는 최선의 방법이라곤 그들이 75달러짜리 관을 훔치려고 공모한 혐의로 기소하는 것이었다. 그 범죄에 대한 최대 형벌은 징역 5년이었다.

하지만 이 사건에 대한 재판은 8개월 동안 열리지 않았다. 그사이 대중의 분노는 식어버렸고, 정치적 논의만 지속되었다. 이윽고 첫 번째 표결에서 네 명의 배심원이 무죄에 표를 던졌다. 몇 번의 표결이 더 진행된 이후에는 12명의 배심원들이 타협을 해서 도굴꾼들이 조일렛 감옥에서 1년형을 사는 것으로 판결이 났다.

다른 도둑들이 시신을 또 훔치려 할지 모른다고 링컨의 친구들이 걱정하자, 링컨 기념협회에서는 링컨의 시신을 철제 관에 넣은 다음, 일종의 지하실이라고 할 수 있는 지하 묘지 뒤편 축축하고 어두운 복도의 엉성한 판자 아래 2년간 숨겨놓았다. 그동안 링컨의 묘소를 찾은 참배자들이 경의를 표한 것은 빈 석관이었다.

여러 가지 이유로 링컨의 유해는 17번이나 옮겨졌다. 하지만 이제는 더 이상 옮겨지는 일은 없을 것이다. 이제 링컨의 관은 무덤 아래 1.8미터 높이의 강철과 콘크리트로 만든 크고 둥근 구조물 속에 매장되어 있기 때문이다. 1901년 9월 26일에 링컨의 관이 그곳에 안장되었다.

그날 관 뚜껑이 열렸을 때, 사람들은 그의 얼굴을 마지막으로 보게 되었다. 당시 그를 봤던 사람들은 그가 아주 자연스런 표정을 띠고 있었다고 말했다. 그가 세상을 떠난 지 36년이 흘렀지만, 미라를 만든 사람들이 훌륭하게 작업한 덕택에 생전의 모습을 그대로 유지하고 있었다. 얼굴빛이 조금 어두워졌고, 검정 나비넥타이의 한쪽이 약간 삭아 있을 뿐이었다.